Famous Mountains of the World

世界自然地理

编委会

主　　编　徐斌
编　　委　于薇　金伟　刘亚杰　党振发
本书撰稿　徐斌　金伟

長春出版社

图书在版编目(CIP)数据

世界名山 / 徐斌著. —长春：长春出版社，2007.6
（世界自然地理）
ISBN 978-7-5445-0446-1
Ⅰ. 世… Ⅱ. 徐… Ⅲ. 山—简介—世界 Ⅳ. K918.3

中国版本图书馆 CIP 数据核字（2007）第 075401 号

世界名山

著　　者：徐　斌　金　伟著
责任编辑：王生团
封面设计：王国擎

出版发行：長春出版社　　总 编 室 电 话：0431-88563443
发行部电话：0431-88561180　　读者服务部电话：0431-88561177
地　　址：吉林省长春市建设街 1377 号
邮　　编：130061
网　　址：www.cccbs.net
制　　版：恒源工作室
印　　刷：长春市利源彩印有限公司
经　　销：新华书店

开　　本：787 毫米×1092 毫米　1/16
字　　数：250 千字
印　　张：14
版　　次：2007 年 6 月第 1 版
印　　次：2012 年 3 月第 4 次印刷
定　　价：19.80 元

目录

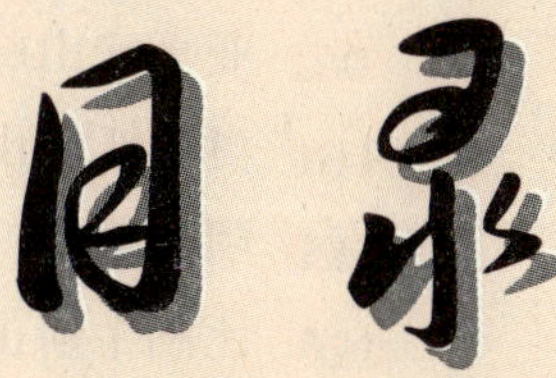

亚洲

永恒的雪裹冰封 隐藏着创世纪的大秘密

非洲

赤道雪峰壮丽深邃 闪亮出威猛的倚天长剑

欧洲

拱起大陆上脊 虚无缥缈在云里雾里

美洲

亿万年风雨沧桑 蜿蜒出远天的层峦叠嶂

澳洲

挺进雪岭绝域 向往最高最美的境界

永恒的雪裹冰封

隐藏着

创世纪的大秘密

亚洲

Mount Everest

珠穆朗玛峰

喜马拉雅山脉主峰
地球上第一高峰
征服珠峰是人类的一大壮举

Mount Everest

地理位置:位于中国和尼泊尔两国边界东段,地理坐标为东经 86.9°,北纬 27.9°。它的南坡在尼泊尔境内,为萨加玛塔国家公园,北坡在中国西藏境内,为珠穆朗玛自然保护区,二者接壤。

地质特征:由结晶岩系构成,曾经是新特提斯海(即古地中海)的一部分,大约从 6500 万年前开始隆起。到 1300 万年前左右,珠峰到达现在的高度。由于处于印度板块与欧亚板块的碰撞地带,现在每年依然以 1 厘米的速度长高。

基本地貌:山体呈巨型金字塔状,地形极端险峻,海拔 8848.13 米。雪线高度北坡为 5800 米~6200 米,南坡为 5500 米~6100 米。东北山脊、东南山脊和西山山脊中间夹着三大陡壁(北壁、东壁和西南壁)。在山脊和峭壁之间分布着 548 条大陆型冰川,总面积达 1457.07 平方千米,平均厚度达 7260 米。面积在 10 平方千米以上的山岳冰川有 15 条,最大的绒布冰川长达 26 千米,平均厚度达 120 米,最厚处超过 300 米以上。在它周围 20 千米的范围内,群峰林立,山峦叠嶂,仅海拔 7000 米以上的高峰就有 40 多座。

气候特点:珠峰地区及其附近高峰的气候复杂多变,即使在一天之内,也往往变化莫测。大体来说,每年 6 月初至 9 月中旬为雨季,强烈的东南季风会造成暴雨频繁,冰雪肆虐,气候极其恶劣。11 月中旬至翌年 2 月中旬,因受强劲的西北寒流控制,气温可达-60℃,平均气温在-40℃~50℃之间。最大风速可达 90/米。

动植物分布:珠穆朗玛峰国家自然保护区中珍稀、濒危生物物种极为丰富,其中有 8 种中国一类保护动物,如长尾灰叶猴、熊猴、喜马拉雅塔尔羊、金钱豹等。萨加玛塔国家公园中的珍稀动物有麝鹿、雪豹等,鸟类品种多达 118 种之多;植物以喜玛拉雅雪松和尼泊尔国花杜鹃为代表,还有银枞、杜松、银桦等名贵植物。

游览须知:在中国境内进入珠穆朗玛峰自然保护区时,要办理一张通行证,通行证的背面注明:在荒野区徒步旅行时,不要践踏娇嫩的植物或采摘任何植物,请在可行的路上行走。任何种类的垃圾请包装好带出或放入指定的垃圾箱内。在尼泊尔境内进入萨加玛塔国家公园时,要登记身份并缴纳进山费。

天外奇峰从海底崛起

喜马拉雅山是世界上最高大最雄伟的山系，却也是最年轻的山脉之一。据地质学家考证，7000万年以前，这里还是一片汪洋大海，在剧烈的造山运动中，喜马拉雅山骤然隆起，构成一道威武雄壮的陆上屏障。如此说来，印度洋上星罗棋布的岛屿，与绵亘于中国、印度、不丹、尼泊尔之间的峰峦叠嶂，居然是一脉相承，共同经历了地球上沧海桑田的巨大变化。

喜马拉雅山长达2500多千米，它所拥有的8000米以上的高峰就多达14座，尽显“地球屋脊”的风采，而在这高高的“屋脊”上，又耸立起一座昂首天外的奇峰，它就是珠穆朗玛峰。在藏语中，“珠穆”的意思为“女神”，“朗玛”为“第三”，“珠穆朗玛”合到一起就是“第三女神”。尼泊尔人则称它“萨加玛塔”，意思是“摩天岭”。西方人普遍称它为额菲尔士峰，那是为了纪念英国人乔治·额菲尔士，他担任过印度测量局局长，负责测量过喜马拉雅山脉。

从海底崛起的珠穆朗玛本身就足够神妙，它的峭拔冷峻无山可及，永恒的冰封雪裹中隐藏着创世纪的重大秘密，而流行在藏族同胞中的各种传说更为它笼罩上一层层神奇的色彩。相传珠穆朗玛原是一位天上的仙女，她有五个姐妹，大姐珠穆次仁玛，二姐珠穆丁结沙桑玛，四妹珠穆珠桑玛，五妹珠穆定格日卓桑朗玛。珠穆朗玛排行第三，却是五个姐妹中长得最漂亮的，而且性情最温和。她厌倦了天宫中绝俗的生活，喜欢人间烟火，于是就趁着天降大雪之机，背着父母和姐妹们偷偷下凡，降落到这片雪域圣地。那四位姐妹得知珠穆朗玛的下落后，便纷纷来到她的身边，与她朝夕相处。后来，她们化为喜马拉雅山脉的五大主峰，永驻人间，为首的珠穆朗玛就是当今世界最高峰，被藏族人民亲热地称之为“神女峰”。

在神话传说中，珠穆朗玛峰的很多特征都有来历。比如，珠峰气候恶劣，变化无常，那是因为珠穆朗玛下凡后，在晴日里显得特别妩媚动人。云魔时常来偷吻她的朱唇，风魔不时掀起她雪白的纱衫。温柔的女神被招惹得大发雷霆，便施出法术，让云魔在雪中打滚，让风魔在冰岩下哭泣。至于珠穆朗玛峰的峰顶那么平，则另有一段传说。

相传在人类还没有出现的时候，宇宙间有一位大神，名叫珠穆朗玛。为了不让天塌下来，他就一个人撑在天地之间，这一撑就是一万八千年。他实在撑不住了，就趴了下去，肉体变成了珠穆朗玛峰。他的身高只有3000米，所以他变成的山峰也只有3000米高。又过了不知多少年，盘古突然间醒来了，他见面前一团漆黑，就抡起大斧头一通砍，天和地又分开了。这回由盘古来支撑天和地。他感觉累的时候，就在珠穆朗玛峰顶上坐一坐，坐了几次就把峰顶坐得平平的。盘古最后也累倒了，就倒在了珠穆朗玛峰上，给它增加了几千米的高度。盘古呼出的气都留在了珠峰上，变成了雪，这就是珠峰奇冷无比的原因。

在藏族人民中间还流传着一个关于喜马拉雅山和珠穆朗玛峰的传说，竟然道出了山海巨变的秘密，与科学家考证的结果相呼应。那是很久很久以前，如今的喜马拉雅山区还是一片汪洋，海边生活着各种各样的飞禽走兽。忽然有一天，从海里冒出一条长着五个龙头的毒龙，喷出五种颜色的火焰和五种颜色的毒瘴，刹那间森林燃起大火，鸟兽们被毒瘴包围，眼见得奄奄一息。就在这时候，从天边冉冉飘来五朵彩云，幻化成五位仙女，她们与五头毒龙展开激烈的搏斗，终于降伏了毒龙。

灾难平息后，五位仙女正要返回天宫，获救的众生灵苦苦哀求，希望她们能留下来保护众生。五仙女大发慈悲，便答应留了下来。她们来到大海边，施展无边法力，只见汪洋渐渐退去，东边生长出茂密的森林，西边变成了万顷良田，南边长出了美丽的花草，北边变成了无际的草原。五位仙女来到西南边，化成了五座美丽的神女山，守卫着她们亲手建造起来的美丽家园。

这些传说在平时是可以当成故事来听的，而如果你有机会到珠峰地区游览，就会找到与它们暗合的物证。在海拔几千米的高山营地，你可能会随手捡到一块海螺化石。假如你不知道珠峰的历史，对这样的发现一定会感到惊诧。吃饭休息的时候，会有一些小孩子背着或捧着一堆“珠峰石”来向你兜售，有鱼有鸟，都是化石。不妨买一块带回家，那上边的痕迹可是几千万年前的描画呀！

珠穆朗玛峰冰洞

而对于科学家来说，这些化石的作用和意义就非同寻常了。古

珠穆朗玛峰油画

生物学家在与珠峰峰顶同属一个层位的岩层中发现了三叶虫、腕足类、海百合化石群，从而最终确定了珠峰峰顶岩层的年龄。这不是神话，而是科学，但这科学所揭示出来的地质事实又是多么的神奇啊！

征服地球“第三极”

地球有南极、北极，而珠峰号称地球“第三极”。近代以来，人类总是试图征服这三大“极点”，其中有科学考察的成分，有揭示自然奥秘的动机，但也不乏对荣誉的追求。短暂的登顶可以让人类自豪地宣布，地球上的任何高度都只能踏在人的脚下。但高山地带氧气稀薄，根本不适合人类生存，爬一爬小山可以说是体育运动，攀登珠峰这样的雪山，则是挑战人类自身的极限。这份豪情实在让人赞叹，但跃跃欲试者务必谨慎从事，每年都有十数条鲜活的生命魂断珠峰，那是非常严重的警示。

要想成功地攀登珠峰，首先要了解这里的气候特点。每年 3 月初至 5 月末是风季过渡到雨季的春季，而 9 月初至 10 月末是雨季过渡到风季的秋季。在此期间，高空风速会小于每秒 20 米，而且不会降雪，是登山的最佳季节。尤其是 5 月份，珠峰会出现一年中最好的天气，所以被称为登山的“黄金月”。

要想成功地攀登珠峰，还要知道登山的路线。攀登珠峰的基本路线只有南北两条，一条是从中国境内的北坡攀登，一条是从尼泊尔境内的南坡攀登。相比之下，南坡要比北坡容易得多，1953 年 5 月 29 日，新西兰的登山家埃德蒙·希拉里作为英国登山队队员与尼泊尔向导腾辛·诺尔基由南坡登上珠穆朗玛峰，成为有史以来第一支登顶成功的登山队伍。在此之前，曾有三支英国登山队攀登过珠穆朗玛峰，其中第三支登山队的安德鲁·欧文在登顶过程中失踪。他的遗体于 1999 年在海拔 8150 米处被发现，而他随身携带的照相机不见了，所以无法确定他是否为珠峰登顶成功的世界第一人。

从北坡攀登珠穆朗玛峰，除了要克服严寒、缺氧外，还必须越过两个最艰险的地带——“北坳”和“第二台阶”。“北坳”是珠峰与北峰之间的鞍部，海拔 7007 米，坡度平均在 70 度，好似一堵高耸的城墙屹立在珠峰的腰部。在“北坳”险陡的坡壁上，常年堆积着深不可测的冰雪，冰川裂缝纵横交错，冰崩、雪崩和暴风雪随时会发生，被称为“连飞鸟也难以穿过的天险”。“第二台阶”位于珠峰 8570 米至 8600 米之间，相对高度约 30 米，岩壁陡峭光滑，平均坡度在 60 度~70 度之间，它的顶部还有一座约 3 米高的垂直峭壁。从 1921 年到 1939 年，英国人连续派出 8 支登山队从北坡攀登珠峰，都遭到了失败，有人还丧失了生命。因此，他们把北坡称作是“不可攀缘的路线”“死亡的路线”。

另外，不管从哪个方向登顶，最后一关依旧充满危险。珠峰顶部是一条西北—东南走向的山梁，长 10 余米，宽不过 1 米，好似鱼脊，一旦刮起风来，这上边根本站不住人。如果赶上坏天气，即便顶峰近在咫尺，也不容你接近半步。

从中国一侧攀登珠穆朗玛峰的桂冠应该戴在中国人的头上，新中国登山队于 1955 年组建以来，一直都把从北坡登顶珠峰当做最大的梦想。1960 年 5 月 25 日凌晨 4 时 20 分，中国登山队的三名运动员王富洲、贡布（藏族）、屈银华，在严重缺氧的情况下，以惊人的毅力和出色的技巧，连跨险关，从北坡成功登顶，首次完成了人类从北坡征服珠峰的夙愿，也在世界登山史上书写出属于中国人的灿烂一页。

巧合的是，就在中国登山队在北坡向珠峰发起冲击时，一支印度登山

珠穆朗玛峰登山路线

登山运动员、右起：王富洲、贡布（藏族）、屈银华

Mount Everest

队正在从尼泊尔一侧攀登珠峰。中国登山队借着星光创造了人类登山史上首次夜登珠峰的奇迹，而印度登山队由于行动缓慢，没有抓住有利时机，结果因天气变坏而被迫宣告失败。

自中国登山队攀登珠峰成功后，中国人的登山史就不断续写出新的篇章。1975 年 5 月 27 日，中国登山队第二次从北坡攀登珠穆朗玛峰成功，藏族队员潘多成为第一个从北坡登顶珠峰的女性。1988 年中国与日本、尼泊尔登山运动员联合组队，首次实现了珠峰南北坡双跨。1990 年 5 月 7 日至 10 日，由中、俄、英三国登山运动员组成的和平登山队，分四批计 20 人相继登上这座世界顶峰，创造出了一次征服珠峰人数最多的世界纪录。

傲然挺立的珠峰已经彻底被人类踏在脚下了！珠峰只有一座，而目前已经开发出了 36 条攀登珠峰的路线，也就是说人类可以从 36 个角度征服珠峰。过去说登上世界第一峰能振奋民族精神，唤起民族的自豪感，而如今登顶已是习以为常。1978 年，两位西方人首次未带氧气瓶登顶成功。1980 年，一位波兰登山家第一次在冬天攀登珠峰成功。1998 年，美国的一位残疾人成功登顶。相信在今后的岁月里，肯定还会有人变着花样攀登珠峰，但不会再重新证明什么，或许这里最终只会成为检验人类攀登能力和意志品质最好的试验场。

行走在珠穆朗玛

尽管已有上千人分享了成功登顶珠峰的荣誉，但对于常人来说，想站到珠峰顶上那还是终身无法实现的梦想（很难想象能在这里建一条登山缆车），就连接近它的路程也是艰辛和漫长。能够在珠穆朗玛峰脚下走一走，尽可能在最近处瞻仰它的真容，就已经是最大地满足了。

对于只是想到珠穆朗玛观光的游人来说，到它的南坡是一个不错的选择。这里是尼泊尔的萨加玛塔国家公园，终年阳光灿烂，四季如春，远比寒风呼啸的北坡舒服多了。因为从这里登顶要比北坡容易得多，所以这里也比北坡热闹得多，各国登山队的旗帜迎风招展。若论自然景色，南坡也胜过北坡，低处的河谷

珠穆朗玛峰登山队员

Mount Everest

一带鲜花怒放，杜鹃花漫山遍野，和山上的皑皑白雪交相辉映。这里还给游人提供了很多便利条件，旅店的数量多达 82 个，位于海拔 3962 米处的香波其还建有一所现代化的旅馆，是世界上海拔最高的旅馆。香波其又建有一座高山机场，每天都有班机与加德满都往来，游人要想从空中俯瞰山景，可以乘专门的旅游客机。

进入萨加玛塔国家公园，首先进入眼帘的就是耸立在群峰之中的珠穆朗玛峰，深蓝的苍穹下，银白色的雪峰一尘不染，使人崇敬之情油然而生，即使力所不逮，也想最大限度地接近它。一般来说，能够登到海拔 5545 米的卡拉帕德观景台就可以让人心满意足了，在这里可以看到世界上海拔最高的日出。当群峰还在黎明中沉睡，绚丽夺目的彩霞就给珠峰披上了一件鲜艳的华服，那粉红的颜色一点点扩大，渐渐铺满了蜿蜒千里的喜马拉雅山脉。珠峰夕照同样举世无双。当夜幕慢慢地笼罩住了群山，唯有珠峰之巅还是一片金光灿烂，就好像女神的金色皇冠在夜空中闪烁。

说来也有趣，当你距离珠峰越来越近的时候，珠穆朗玛反倒显得不那么雄伟了，这大概就是诗人说的“只缘身在此山中”。它的南面有洛子峰（海拔 8516 米，为世界第四高峰）和卓穷峰（海拔 7589 米），东南面有马卡鲁峰（海拔 8463 米，世界第五高峰），北面有章子峰（海拔 7543 米），西面有努子峰（海拔 7855 米）和普莫里峰（海拔 7161 米）。这些世界顶级雪峰聚首一处，争辉比洁，在云海中时隐时现，好似以整个天幕为画布

Mount Everest

画出了一幅凝固的图画，气势无比壮观，置身其间的珠穆朗玛峰实在不大突出，给人以温婉的感觉，怪不得它在传说中被称为“第三女神”。

除了朝晖夕阳，珠穆朗玛峰还有两大奇景，其中之一就是“旗云”。旗云是旗帜云或旗状云的简称，它飘浮在峰顶，远望似旗，迎风摆动，形状姿态万千，时而像波涛汹涌的海浪，忽而变成袅袅上升的炊烟；一会儿如同高原雄鹰在凌空翱翔，一会儿好似古战场上万马奔腾。

旗云是珠穆朗玛峰特有的景观。它是由对流性积云形成的，往往自日出后产生，中午前后最为明显。下午三四点钟以后，由于对流强烈，积云迅猛发展，致使山顶常被云朵遮蔽，也就看不到旗云了。有经验的气象工作者和登山队员，可以根据旗云飘动的位置和高度，来推断峰顶风力的大小。比如，旗云拖得很长，顶部很低，这就说明山顶上正刮着强劲的西风；旗云的方向由峰顶东南一侧往西北移动，这就说明峰顶改吹东南风了，天气可能转阴，甚至降雪；如果旗云与峰顶平齐，那就说明峰顶正刮着九级大风。正因为珠峰旗云有着这样的作用，所以它被称为“世界上最高的风向标”。

珠穆朗玛峰的另一大奇景是冰塔林。在珠峰北坡海拔 5300 米到 6300 米的广阔地带，有着世界上发育最充分、保存最完好的冰川，这里举目所及，一片洁白，悬崖峭壁宛如古代的城堡，风化岩石形成的石柱、石笋、石剑、石塔成群结队，景色冠绝天下，被登山探险者们誉为世界上最大的“高山公园”。这一带最大的冰川叫绒布冰川，冰川上有一大片世间罕见的景致，由无数上尖下宽的冰塔组成，密如森林，形态各异，绵延数千米，所以得名冰塔林。

冰塔林是珠峰冰雪世界的代表。在低纬度气候干燥的海拔高度地区，由于太阳入射角度高，太阳光从冰川上面直射进冰川裂隙，引起从上到下的消融，这才形成了一个个高耸陡峭的冰塔。如果太阳入射角偏小，冰川从侧面开始融化，形成的冰塔就不会高而陡峭了。只有珠峰北侧才具备上面提到的各种条件，所以这里才会出现高峻秀美的冰塔林景观。

“大山之子”——夏尔巴人

1953 年，新西兰登山家埃德蒙·希拉里所在的英国远征小队来到珠峰脚下，出发前他们信心百倍，可到了珠峰跟前，才发现实际情况远比想象的困难得多。如果没有当地人做向导，他们即使能登顶，却不能保证活着下山。就在他们一筹莫展的时候，一个身强力壮的小伙子赶着一群牦牛从他们身边经过。希拉里走上前去，连说加比划，费了半天劲儿，才让他明白了自己的意思。这位小伙子名叫腾辛·诺尔基，他最终帮助希拉里登上了珠峰，一举改写了珠峰没有人类足迹的纪录。

腾辛·诺尔基成功登上珠峰后，当地居民送给他一个"雪山之虎"的美称，而印度人和尼泊尔人则为他的国籍打起了笔墨官司，都说他是本国的夏尔巴人。实际上，腾辛出生在西藏，他童年时代的大部分时光也是在西藏度过的。说腾辛·诺尔基是夏尔巴人也不错，"夏尔巴"的意思是"东方人"，传说这个民族的祖先是由中国西藏的东部迁徙到中尼边界的。他们主要聚居在喜马拉雅山海拔 4700 米的地区。长期的高山生活塑造了夏尔巴人特有的体魄，血液中血红蛋白浓度高于常人，肺活量大得惊人，血压很低，肌肉伸缩有力。所以，自从人类试图征服珠峰以来，夏尔巴人一直充当着向导和挑夫的角色，几乎每支登山队伍中都少不了夏尔巴人。他们不仅负责探路、开凿阶梯和铺设绳索，还要为登山者运送物资装备，提供后勤保障。而当各国登山队员在峰顶激动地展开国旗时，夏尔巴人只是平静地站在一旁，对他们来说，登山就是"上班"，是一种谋生的手段。

夏尔巴人与生俱来的登山天赋让来自平原地区的人感叹不已，英国登山家亚瑟·韦克菲尔德这样写道："这是老人、妇女、男孩和女孩组成的花花绿绿的搬运队伍，在海拔 6000 米的高度上，他们背着 80 磅的器材设备却能攀登自如，一些妇女甚至还背着孩子。晚上，这些'高山搬运工'睡在帐篷外边，只找一块大岩石挡风，他们似乎并不在乎夜里零摄氏度以下的低温。"

自腾辛·诺尔基以后，夏尔巴人中陆续涌现出了许多登山奇才。一个人能登上珠峰一次就已经是毕生的荣耀了，而有个名叫阿帕的夏尔巴人登山向导却先后 16 次征服了珠峰。西方的登山者通常需要三四天才能登上珠峰，而有个叫巴布的夏尔巴人只用了 16 小时 56 秒。1995 年，巴布还创造了在两个星期内两次登

Mount Everest

顶的纪录。2001 年 4 月，巴布在帐篷外拍摄落日余晖在雪山中形成的奇幻景象时，不慎滑入冰缝，献出了 35 岁的生命。

在人类攀登珠峰的历史上，夏尔巴人功不可没，他们创造出成功攀登珠峰人数最多、无氧登顶珠峰人数最多这两项世界纪录。还有个世界之最是他们用生命为代价创下的，那就是遇难人数最多。自 1953 年以来，已有 170 人死在登山途中，而夏尔巴人就占了 60 多人。夏尔巴人素来享有“大山之子”的美誉，他们善于攀登，却无法预测气候的变化，而每次大风雪过后，山脊和峭壁间无数的冰川裂缝都会变成“虎口”。早在 1922 年，就曾有 6 名夏尔巴人在雪崩中遭活埋，这是攀登珠峰最早的死亡记录。然而，夏尔巴人不会因为风险而轻易放弃这份职业，因为它的回报也相当高，登一次雪山可挣到三四千美元。

可观的收入极大地改变了夏尔巴人的生活方式。1953 年以前，在夏尔巴人的聚居地没有一所学校、医院，如今这里已经有了十几所学校，也有了医生和卫星电视，甚至还有了高山网吧。令人惋惜的是，夏尔巴人在摆脱贫困的同时，民族文化特色也在迅速丧失，方言、庆典、民歌和民族舞蹈等都快被新一代夏尔巴人忘光了。在尼泊尔的萨加玛塔国家公园里，很多地方都能看到碎石堆砌的玛尼堆，上边飘扬着五色经幡，夏尔巴人路过这里，总会口中念念有词，祈求上苍的恩赐与神灵的保佑。夏尔巴人还没有丢掉这个传统，但祈求的内容却改为顺利登上珠峰。夏尔巴人信奉佛教，每次攀登珠峰前，他们都要从腾布齐藏传佛教寺庙请来高僧喇嘛作法念经，保佑他们平安归来。这个时候，夏尔巴人真诚地相信佛法无边，这信仰的力量大概会让他们独特的文明传承不绝。

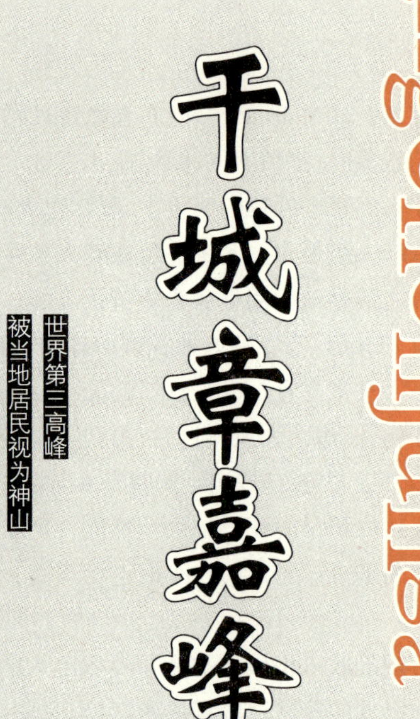

干城章嘉峰

Kangchenjunga

世界第三高峰

被当地居民视为神山

相传这里生活着野人

干城章嘉峰的知名度远远不及只高出它300多米的珠穆朗玛峰，但在珠峰被确认为世界第一高峰之前，它曾被以为是世界最高峰。而生活在干城章嘉峰两侧的尼泊尔人和锡金人，却不管它是否有世界第一的名头，每日里都向它顶礼膜拜，祈求赐福。在他们的心目中，干城章嘉峰就是一位能给人们带来幸福和安宁的神仙，只能尊崇而绝不能冒犯。所以，登山者们到了这里很不受欢迎，当地人害怕他们不懂礼节，万一惹恼了神灵，就会给人间带来灾难。

干城章嘉峰的名字一般认为来自藏语，意思是“五座巨大的白雪宝藏”，或“五宝雪山”。至于所藏宝藏为何，传说中第一座雪山珍宝是盐，第二座雪山珍宝是金子和松耳石，第三座雪山珍宝是佛教经典和增长财富的珍宝，第四座雪山珍宝是盔甲和武器，第五座雪山珍宝是谷物和草药。这些珍宝都归干城章嘉峰的神仙掌握，当地人每年都要举行盛大的仪式，以取悦神仙。

对于不知道这些传说的外来人，平时总是被密布的浓云笼罩起来的干城章嘉峰让人感觉不到什么仙气灵光，只是在乌云散去，天空渐渐晴朗的时候，那并肩而立的四座雪峰才露出了真面目，远远望去，就像是戴着银冠的四尊佛像，全身披挂着金色的袈裟。只有此时此刻，人们才会发现它确有“雪山之尊”的威严和风采。

1955年5月25日，英国登山队的4名探险者首次登上了干城章嘉峰顶，但他们在距离顶峰10米远的地方就停下了脚步。

地理位置：位于喜马拉雅山脉中段，坐落在尼泊尔和锡金的边界线上，地理坐标为东经88.07°，北纬27.42°。

地质特征：大约6500万年前，在地质学家称为“喜马拉雅造山运动”中，干城章嘉峰与珠穆朗玛峰以及周围的群峰逐渐隆起，在近300万年到几十万年之间，它的高度大幅度上升。据调查，它现在每年还以大约15毫米~50毫米的速度向上抬高。

基本地貌：峰顶以巨大的风化石形成三角形，海拔8586米。它的左右两侧并列耸立着三座高峰，西侧为海拔8438米的雅龙刚峰，南侧并列第一峰为海拔8496米的干城章嘉Ⅲ峰，在外侧与它并列的是海拔8476米的达龙刚峰（干城章嘉Ⅱ峰）。东坡的热姆冰川长达31千米，面积达130多平方千米，厚度达到300米。西坡有雅鲁冰川，西北坡有干城章嘉冰川和普鲁尔冰川。这些冰川的特点是流动快，裂缝较多。

气候特点：由于处于孟加拉湾暖湿气流控制区，降水量非常大，冰雪补给充足，形成多条冰川。山上气候神秘莫测，常常浓云密布，冰崩、雪崩频繁。

动植物分布：珍稀动物有麝鹿、雪豹等，雪线以下生长着大量杜鹃科植物，还有银枞、杜松等名贵植物。

游览须知：由于岩石风化严重，十分容易引起雪崩，很难攀登，不适合作为旅游的目的地。欲进行探险考察者，必须提前向尼泊尔文化部旅游及民航处登山科提出请求并提交考察计划。

他们这样做是为了信守诺言，也为了表示对当地居民的尊重。在登山之前，他们给当地人立下了字据，保证不到达离干城章嘉顶峰 10 米以内的地方。这个传统一直保持到现在，所以从严格的意义上来说，至今还没有哪个人真正登上了干城章嘉峰。

50 年后，尼泊尔政府和尼泊尔登山协会联合在首都加德满都举行干城章嘉峰人类登顶 50 周年庆典，尼泊尔登山协会主席在庆典上宣布了这样几组数字：截止 2000 年，仅有 146 人登上了干城章嘉峰，在 14 座海拔 8000 米以上的山峰中排在倒数第三名，且其中只有一位女性，而死于此山的则有 38 人；攀登珠穆朗玛峰的死伤率为 9%，攀登干城章嘉峰的死伤率为 22%。

尼泊尔位于喜马拉雅山南麓，素有“山国”之称，海拔 6000 米以上的山峰就多达 240 座。每年来尼泊尔旅游的各国游客中，每 5 个人就有 1 个人是来登山的。从尼泊尔人的本意来讲，凡是对登山不利的事情是不愿意多讲的。他们之所以说了干城章嘉峰的“坏话”，实在是攀登这座山的风险太高了。

且不说干城章嘉峰那令人惊惧的陡坡和刃背一般的山脊，仅仅是到达登山大本营就是一段漫长而艰苦的旅程，大约需要走 15 天时间。前往干城章嘉峰西南侧的那段路，将经过尼泊尔人迹最少的地区，这里没有可供借宿的小木屋，也没有现成的道路，最后的 4 天全是在冰川上度过。无论你选择从哪侧登山，都会遭遇到极为复杂的地形。由于山上岩石风化特别严重，很难在上面固定路绳，而在没有保护绳的情况下，即使是专业登山运动员，照样会提心吊胆。

棕熊

攀登干城章嘉峰最艰难的路段不是在接近顶峰的地方，而是在二号营地到三号营地之间。这里经常刮大风，积雪深度平均在 50 厘米左右，冰坡的坡度达 75 度左右，在某些地段可达 85 度以上，而且冰川上到处都是裂缝，一失足便有性命之虞。半个多世纪以来，许多登山勇士就是在这个地段不幸遇难的，当地人把这段路称为“魔掌”。

从登山运动员的角度来说，越是艰险越能刺激起征服的欲望，而对于一般人来说，这片寸草不生的冰雪荒原最大的吸引力在于“雪人”的传闻。在喜马拉雅山区的雪线之上，很可能生存着一种高原动物，它们有着猿类一样的身材，非常高大，身上覆盖着厚厚的灰白色的毛，长着一张和人差不多的脸。它们行动极快，有时会在厚厚的积雪上留下一串足迹。夏尔巴人称之为“夜帝”，意思是“居住在岩石上的动物”。干城章嘉峰一带是“雪人”活动最为频繁的地方，所以当地人又称它为“干城章嘉峰魔鬼”。

关于“雪人”的神秘传说最早来自夏尔巴人之口，好些夏尔巴人信誓旦旦地声称见过红发披顶的“雪人”。女作家吉尔宁在她那部引起轰动的著名探险记《雪人和它的伴侣们》里，描述了一群尼泊尔少女被十几个“雪人”尽数掳走的过程。关于“雪人”最早的比较可靠的报道出现在 1925 年，有一位希腊摄影师汤巴兹跟随一支英国地质探险队来到喜马拉雅山，进行科学考察。有一天，忽然一个人形动物闯入他们的眼帘，大概有 300 米远的距离。汤巴兹事后描述说：“毫无疑问，这个动物的体型确实很像一个人，直立行走并且偶尔停下时，会连根拔起或拉起一些矮小的树丛。与雪比起来它显得有点黑，但我能够辨认出它并没有穿衣服。”

汤巴兹及时地摁下照相机快门，把它拍了下来。他还来到那个怪物消失的地方，在雪地上发现了它的脚印，在外形上非常像人脚的形状，五个脚趾的痕迹非常清晰。他一共找到了 15 个脚印，每一个之间的距离大概有 30 厘米到 60 厘米。

近一个世纪以来，有关“雪人”存在的证据不断出现，有照片，有皮毛，有脚印，当然也有人声称与“雪人”打过照面，但部分学者对这些证据表示怀疑，根本否定“雪人”存在的人也大有人在。意大利著名登山家莱因霍尔德·梅斯纳花了 12 年的时间来研究“雪人”，最终他得出结论，所谓的“雪人”只不过是喜马拉雅山的棕熊而已。

不过，比较之下，相信“雪人”存在的人还是占大多数。前苏联曾是世界上寻找“雪人”最积极的国家，连国家领导人都给予高度重视。经过很多年的努力并没有取得什么进展，只得在上个世纪 60 年代告一段落，但是还有很多科学家对此矢志不渝，他们相信雪人是人类进化缺失的一环，如果能找到“雪人”，就有望填补从类人猿进化到人这中间的空白。

为了能找到“雪人”的踪迹，锡金政府组织过一个专门的考察队，在干城嘉峰山麓寻找了大半年，到头来一无所获。一支美国的考察队在尼泊尔境内找了一个半月，也没有发现雪人的任何蛛丝马迹。难道说那些传闻和证据都是假的吗？夏尔巴人对于组织探险队寻找“雪人”的做法嗤之以鼻，他们说这种动物会任意消失，只有在你不抱什么幻想的时候，才有可能见到它。

Fuji 富士山

日本第一高峰
日本民族的象征
被日本人民誉为“圣岳”

Fuji

中国有句名言，叫做“不到长城非好汉”；日本也有句名言，叫做“登上富士山顶峰的才是英雄”，还有一句名言叫做“未登过富士山的人是无知者”。所谓无知就是没有见识，富士山被日本人奉为圣岳，是平安吉祥的象征，称它为“不二山”，又有“玉扇倒悬东海天”的壮观景色，因而成为日本文学家、艺术家讴歌的主题。身为日本人却没有到过富士山，那实在是无知无识。既不甘心当不成好汉，又不想失去大开眼界的机会，于是富士山每年都吸引了数百万人前去攀登，每天都有成千上万的人登上峰顶。

日本人攀登富士山的历史十分悠久，据说始于平安时代（794~1192）中期。相传第一个冒险登上富士山顶的人是缘之和尚，下山时眉毛都被烤焦了。据他说，山顶处正流淌着炽热的岩浆。在他之后，一代代僧人接踵而来，并在山上建起了第一批木屋。如今生活在富士山地区的居民，据说都是缘之和尚的后代。到了江户时代，日本人把登富士山视为男人一生中必定要完成的一件大事，有的人甚至为此献出了生命。明治维新年间，攀登富士山之前要举行隆重的宗教仪式。古时候登富士山有很多清规戒律，其中有一条是不准女子登山。直到1867年，一位名叫巴尔克斯夫人的英国女子放胆登山，这才开创了女性涉足富士山的先河。如今每年大约有200多万人攀登富士山，真正能到山顶的只有40多万人，其中女性占一半。

攀登富士山的起点在山脚下的和平公园，这里有一座山门，门上挂着一双巨大的草鞋，门口还放着一双铁鞋。游人来到这里，都要上去穿穿铁鞋，摸摸草鞋，据说这样就会求得山神的保佑，一路平安。

富士山从山脚至山巅共有 10 个停歇点，如果步行，能走到第五个停歇点就不错了。如果坐汽车，可以直接到达第五个停歇点，从这里步行 4 个小时就可以攀到峰顶。如果你要只想观赏风光，那么爬到 2000 米处就完全可以了，这一带树木葱茏，一片青翠，景色非常秀丽。山北麓有五个小湖，从东往西围绕着富士山，好像镶嵌在山体上的一串明珠，统称“富士五湖”。五湖中最大的是山中湖，它在日本的高山湖泊中位列第三。湖水晶莹清澈，环境优美宁静，夏日可垂钓，严冬能滑冰。山中湖畔有座高 1140 米的大山，山顶有座“富士旅馆”。这家旅馆有一条特殊规定：入住旅馆后如果超过 1 分钟看不见富士山，立即退回住房费。五湖中最深的是本栖湖，水深 133 米，为日本第八深湖，它已被国际上正式列为“世界最美湖”之一。五湖中最小的是精进湖，站在它的北岸一览富士山的近貌以及湖中的倒影，是富士山北部景色的点睛之笔。

山西麓的白丝瀑布分成十余束细流涓涓流淌，形成一道宽 130 多米的水帘。旁边的音止瀑布则是另外一番景色，它好似一匹巨布从高处展开，声如雷鸣。南山麓的莽莽草原上牛羊满坡，别有一番情趣。这里还开辟了一个游猎公园，园中有 40 多种野生动物，游人可以驾驶汽车在园中观赏野生动物。富士山的整个山麓都能见到由火山熔岩凝结而成的山洞，最美的富岳风穴内的洞壁上结满了钟乳石似的冰柱，终年不化，称为“万年雪”，在光照下还会产生奇妙的折光，十分罕见。

如果你有足够的体力和兴趣，那就一定要攀到富士山顶峰。富士山不算太高，但要想登顶也不是一件容易的事情。自海拔 2900 米直到山顶，这一带覆盖着黑褐色的火山熔岩、火山砂，满目荒凉，没有一棵可扶的树，没有一株可抓的草，只有一条登山者踩出来的弯弯曲曲的小道，人们要用脚尖顶住砂土中的岩石，一步一步往上挪。过了海拔 3000 米的雪线后，不仅路越走越险，气温也骤然下降许多，人们要戴上手套，穿上棉衣，才能抵御山上的寒冷。

地理位置：位于日本本州中南部，东距东京约 80 千米，地跨静冈、山梨两省，面积为 90.76 平方千米，海拔 3776 米。

地质特征：现为休眠火山。自公元 781 年有文字记载以来，共喷发过 18 次，最后一次在 1707 年，此后一直处于休眠状态。

基本地貌：整个山体呈圆锥状，自海拔 2300 米至山顶一带均为火山熔岩、火山砂所覆盖，因此在这一地区既无丛林又无泉水；在海拔 2000 米以下至山脚一带，有广阔的湖泊、瀑布、丛林，风景极为秀丽。

尽管攀登富士山很艰难，还有受伤的危险，但每个登到山顶的人都认为不虚此行。站在富士山顶，只是站在了富士群峰最高的剑峰上，它的周围还簇拥着白山峰、药师峰、大白峰、伊豆峰、成就峰、驹峰和三岛兵峰。这八座山峰就像八片莲花瓣，赢得了“八瓣芙蓉”的美称。只有登上富士山顶极目远眺，你才能真正体会到日本诗人安积艮斋“万古天风吹不断，青空一朵玉芙蓉”这名句的真实意境。

只有登上富士山顶，你才能看到一块两米高的大石碑，上刻“富士顶峰3776米”的字样。还有一块大石上刻着“镇山之石”四个刚劲有力的大字，那是一位72岁的老人登上富士山后书写的。山顶上有一个很大的火山口，像一只大钵盂，日本人称之为“御体”。它的直径有800米，深220米，富士山就是以这个火山口为中心均匀地堆积起来的。

富士山是一座年轻的休眠火山，从8世纪到11世纪，它先后爆发过11次，其中以公元864年那一次最为严重，“轰然一声，山麓崩裂，飞沙走石，如海潮决裂”。它最近一次爆发是在1707年，喷射出来的黑色岩砂直达100千米以外的东京城，砂土远扬到400千米以外的地带。最早生活在富士山脚下的是日本的少数民族阿伊努人，他们肯定见到过富士山爆发的骇人景象，于是就流传出这样的传说：富士山中居住着一位司火女神，名叫FUJI，她一生气就会喷发火焰。汉字输入日本后，FUJI就被音译成了“富士”。

对于古代的日本人来说，攀登富士山具有朝圣的意义。富士山从下而上自古以来建有若干大大小小的神社，而坐落在顶峰的久须众神社和战间神社最为有名，不到峰顶，就不能在这里顶礼膜拜。而对于今天的日本人来说，攀登富士山最大的诱惑是观看日出，称为“御来光”。

凡是想观看日出的人，都要在海拔3250米处的“八合目”过夜，这里有很多木造小屋，专供登山客住宿。第二天凌晨4时左右，登山客们就纷纷起床，

气候特点：所在地区属温带季风气候，其南部属亚热带季风气候，具有海洋气候特征，冬季温和，夏季凉爽。山顶和山麓的气候相差十分悬殊，多达一二十摄氏度。山顶终年积满皑皑白雪，一年当中有一半以上的时间被笼罩在朦胧的云雾里。只有在气候干燥的秋冬两季，才可以一望无遗。

动植物分布：包含高山植物在内，富士山周围生长着2000余种植物，还有130多野鸟在这里生息。

游览须知：攀登富士山的最好季节是每年的7月初到8月底，这段时间山上气候比较稳定，又很少下雪，因此被定为登山节。

有的戴着头灯，有的挂着腰灯，有的拿着手电筒，成群结队地向山顶进发。

清晨，富士山顶染墨施黛，放眼望去，波涛翻滚的云层，一会儿如重峦叠嶂，一会儿像万马奔腾。忽然，淡灰色的云层上方露出一道金光，随着金色的光芒越射越多，白云被抹上了淡黄、橙色、浅紫的颜色。就在那颜色越来越亮的时候，一轮红日从五彩缤纷的东方一跃而出。红日驱赶着薄薄的云雾，漫山遍野朝晖尽染，刹那间异彩纷呈。这美妙而绚丽的景色，陶醉了富士山顶的登山客们，也引来一阵阵热烈的掌声和欢呼声。

要想登顶观日出，最好选择夏季去那里，而如果想观赏富士山的美景，那么一年四季都可去得。春天，满山樱花竞相开放，把富士山装点得格外妖娆。秋季，红叶满山，别有一番醉人的情趣。冬季，“富士白雪映朝阳”，一片北国风光。

富士山既可远观，又可近看，远观“巍巍一秀峰，举目趣无穷”，近看“云雾萦峦时，须臾绘百景”。不管是远观还是近看，富士山总是不肯轻易将它姣好的面目示人，而“青云一缕，横亘山腰”，总是用神秘的面纱将它打扮成羞涩的少女。一会儿碧空白云，一会儿烟雨弥漫，使得富士山面孔多变，也就非常耐看。

凡天下名山大川都连着神话传说或民间故事，更显其超凡脱俗，富士山也是一样。在有关富士山的传说中，有一则与中国人很有关系。相传当年秦始皇委派徐福率五百童男童女跨海寻找长生不老药，就来到了日本的富士山。在山中他发现了一种依靠山雾生长的“浜梨”（即玫瑰），结着红色的果实，吃了可以延年益寿。徐福大喜，赶紧报告国内，无奈此时秦始皇已经去世，徐福就自己吃了“浜梨”，并在富士山中居住下来。若干年后，徐福死了，变成了三只鹤，天天盘旋在富士山的原野上空。后来一只鹤落在福源寺中死去了，当地人便在寺中修建了“鹤冢”，纪念徐福的神灵。这座鹤冢就在日本的山梨县吉田市，位于富士山东北麓，不知道徐福的子孙有没有到那里去过，献上一束玫瑰花，慰藉一下那无可依漂泊着的灵魂。

Mountain Kumgang

金刚山

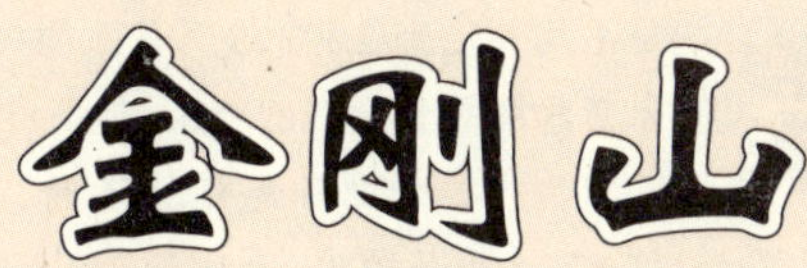

朝鲜五大名山之首
山上有朝鲜四大名寺
众多名胜都有奇妙的传说

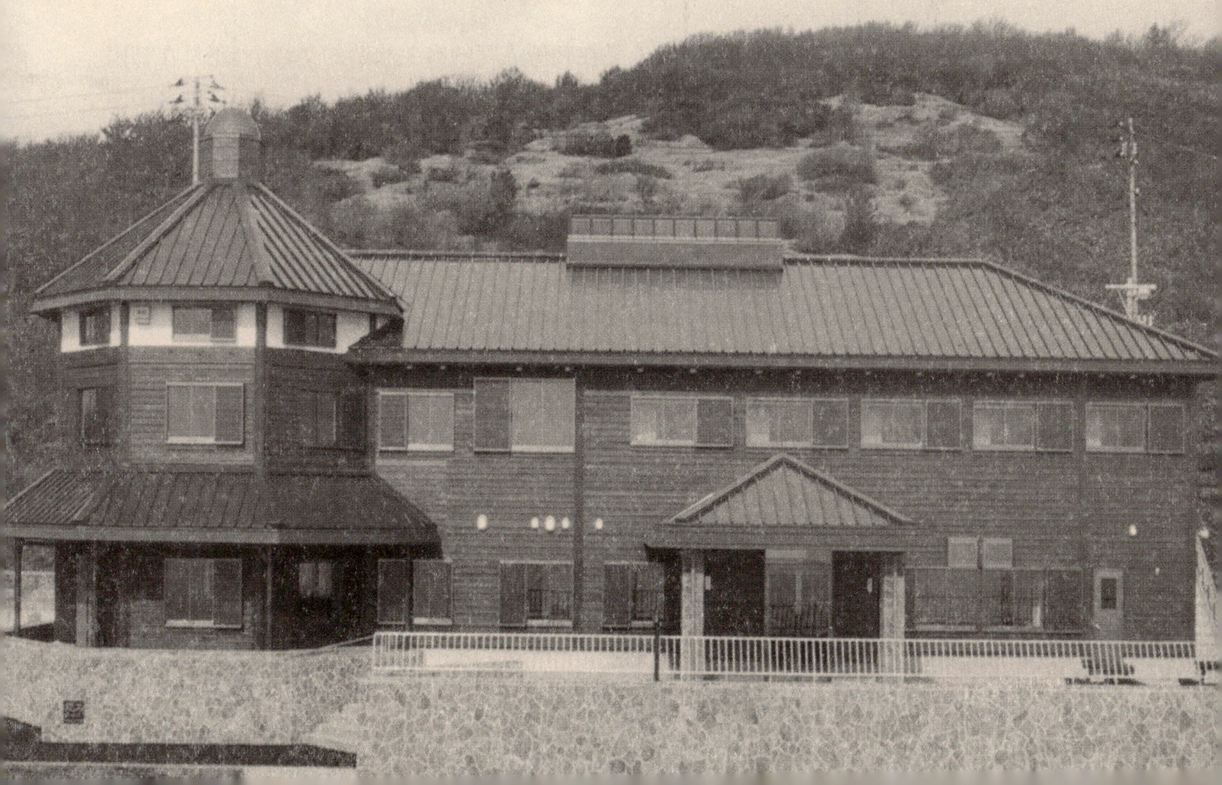

Mountain Kumgang

地理位置：位于朝鲜半岛中部，坐落在作为东西海岸分水岭的太白山脉的北部，行政区划上属于江原道高城郡、金刚郡、通川郡的一部分。南北长约 60 千米，东西宽约 40 千米，面积达 530 平方千米。

地质特征：在漫长的地质过程中，在隆起运动和风化、侵蚀作用下，山体上部的片麻岩不见了，数十米以下的花岗岩露出地表。

基本地貌：构成金刚山山体的花岗岩表面有很多纵横交错的节理（岩隙），在风吹雨打的外力作用下，加之山体本身的内力作用，节理处坍塌变形，形成了千姿百态的地貌奇观。金刚山的主峰是毗卢峰，海拔 1639 米。

气候特点：处于温带和暖温带的过渡地带，年平均气温为 11℃，1 月份平均气温为-2.1℃，8 月份平均气温为 23.6℃。这里是朝鲜半岛降水量和降雪量最多的地区，年平均降水量为 1500 毫米。

动植物分布：植物种类有 2256 种，其中特产植物有 100 余种，如金刚灯笼、金刚吊钟花、金刚沙参、金刚绣线菊等。动物种类有 38 种兽类、130 种鸟类、9 种爬虫类、10 种两栖类和 30 种鱼类。

游览须知：禁止携带手机、笔记本电脑、可放大 10 倍以上的望远镜、24 倍焦距的摄像机等物。160 毫米以下的照相机可以带入，但拍照要听从指挥。游览沿线部署了不少“环境巡视员”，其职责是保护环境不受污染，一旦发现有人在游览区内随地大小便、乱扔杂物或不在指定的地点吸烟，轻者罚款，重者抓进监狱。

“愿生高丽国，一见金刚山。”不论是在朝鲜人写的有关旅游的文章中，还是在韩国人发放的旅游手册中，只要一提到金刚山，总是要引用了这样两句诗，据说它出自中国宋代大文豪苏东坡的笔下，也有人说是李白写的。然而，遍查全唐诗和全宋诗，都找不到这无头无尾的两句诗，姑且算做朝鲜人巧妙的自夸。“不到金刚山，不算到朝鲜。”这才是朝鲜人自己的说法，但显然不如借用外国人之口说出来更有力度。

苏轼和李白没有见过金刚山，但很有可能听说过这座山的名字。《华严经》中就有关于金刚山的记载，说它有一万二千座山峰。唐代有个澄观和尚，他说离东海不远处有一座金刚山，上下左右四方山间的流水和沙子中都有金子，从远处看去就像金山。那个时候没有影像资料，仅凭口耳相传，苏轼和李白还不至于因为一座山而生出移居他国的念头，但如果他们真的见到了金刚山的奇峰怪岩、飞瀑流泉、密林奇洞、松林云海，那一定会给后人留下更精美的诗篇。

朝鲜半岛多山，金刚山、白头山、妙香山、七宝山和九月山合称五大名山，而金刚山能够名列首位，自有其不凡之处。先说金刚山的别名。盛夏时分，天上彩云朵朵，地上绿树芳草，人们宛如置身仙境，便叫它蓬莱山。初秋来临，满山枫叶好似铺上艳丽的锦绣，人们便叫它枫岳山。深秋以后，树叶凋零，凸显出满山的奇岩怪石，瘦骨伶仃，人们便叫它皆骨山。严冬季节，白雪皑皑，一片银装素裹，人们便叫它雪峰山。

一山多名那是因为人们实在一言难尽它应季变化的美景，而它的正名则体现出朝鲜人对它的热爱和尊崇。关于金刚山正名的来历有好多种说法：一说山上的石峰在阳光照耀下，犹如金刚石璀璨生辉；一说古时候朝鲜人认为这座山集中了人间所有最美丽的自然景致，便把它比做宝石之冠的金刚石；还有一说金刚是用来表示菩萨的牢固而不朽，也用来表示这座山的万世不朽。

登山要从山脚始，观山要从山顶瞰，金刚山更是如此。金刚山的主脊线从虎龙峰到毗卢峰再到五峰山，东部的山势雄状奇特，富有男性之美，被划定为外金刚区；西部的山势温柔秀丽，富有女性美，被划定为内金刚区；高城的南江河和通川的丛石亭、侍中湖一带的海边绝景统称为海金刚，以波涛石林美景而著称。三大“金刚”各有其绝佳之处，而且都附丽着美好的传说。

Mountain Kumgang

位于金刚山主脊线上的毗卢峰是金刚山的主峰，这里常年大风不断，所以山顶上的树木长得不高，而且全都半躺或全躺着，俗称偏躺树。站在毗卢峰上，就等于站到了金刚山最高的天然展望台上，东南面的将军峰、月出峰、次日峰、白马峰，北面的玉女峰、上登峰、五峰山等尽收眼底。黎明时分，一轮红日从东海上冉冉升起，日暮黄昏，一缕晚霞五彩缤纷，每天都是毗卢峰与太阳最早约会，又最晚作别，这成了金刚山亘古不变的两道最辉煌的景观。

与毗卢峰相邻的集仙峰云雾缭绕，给人一种朦朦胧胧、飘飘欲仙之感，难怪古人称它是神秘的灵山。相传古时候曾有五十三佛和九条龙在这一带争斗，九龙寡不敌众，落荒而逃，由于云雾遮掩，看不清前边有山，一头撞了过去，结果撞出了好几个奇异的山洞，于是得名"九龙洞"。

金刚山葛木神社

站在金刚山主脊线向东望去，便是外金刚区，这里的美景主要集中在万物相区和九龙渊区。万物相区由一系列奇峰组成，北有绵延的五峰山和水晶峰，南有以观音峰为主峰的观音山脉，代表了金刚山的山岳之美。这里有亭亭玉立如仙女的天女峰，有形似恶鬼令人生畏的鬼面岩，还有直插云霄的三仙岩，相传由三位神仙所化。位于万物相区正中央的天仙台海拔 936 米，相传天上的仙女为金刚山的景色所迷，便来到这里玩耍，由此得名"仙女台"。站在台上可以将万物相区的景色一览无余，尤其是那如枪尖或锯齿一般尖锐的石林，形状千奇百怪，真是万物之相俱全，万物相的名字便由此而来。

九龙渊区的主要名胜是九龙瀑布和九龙渊。九龙瀑布为朝鲜三大瀑布之一，从 70 多米高的崖壁上飞流直下，分成九岔，宛如九龙戏水。在九龙瀑布几万年如一日的冲击下，下边形成了一个深潭，相传有九条龙栖息在那里，所以称为九龙渊，深 13 米。九龙瀑水注入九龙渊里，声若雷鸣，震撼山谷。崖壁上"千文白练，万斛真珠"的诗句，为 1200 多年前的古人所写。

九龙瀑上面有个平台叫"九龙台"，站在台上，可以看见林立的绝壁之间，有一串清澈透明的大小池潭,如绿珠相连,层层泛银。其中最大的八个合称"八潭",因位于九龙洞上面,所以得名"上八潭"。上八潭景色秀丽,自古以来又流传着仙女和樵夫的神话传说,给这里的景色蒙上一层似真似幻的色彩。

很久很久以前,有一个年轻樵夫住在金刚山下面的小村子里。有一天,他到深山里砍柴,突然跑来一头小鹿,后边猎人在紧紧追赶。樵夫觉得小鹿非常可怜,就把它藏在柴里,把猎人支开了。为了感谢他的救命之恩,小鹿就告诉了他一个秘密。

这一天,樵夫到山上砍了一担柴后,就在上八潭附近躲了起来。过了一会儿,天空中出现了七色彩虹,八位仙女穿着带翅膀的衣服飞了下来。她们脱下衣服挂在树枝上,便下水嬉戏。樵夫悄悄地走过去,从树枝上取下一件衣服藏在石缝里。

天快黑了,仙女们才想起来该回去了,就匆忙穿上衣服飞上天去。有一个仙女找不到衣服,只得留了下来。樵夫走出来,把无处可去的仙女带回家。仙女被樵夫的憨厚淳朴所吸引,就与他结成夫妻,生儿育女,在人间过上了幸福生活。

有一天,樵夫把当年藏衣服的事情跟仙女讲了,又取出仙衣还给她。仙女看到衣服,对天宫的思念油然而生,便带着儿女飞走了。

仙女走后,樵夫非常悲伤,这时候那头小鹿又出现在他的面前,又告诉了他一个秘密。自从丢了衣服后,天上的仙女们再也不到上八潭来了,她们想沐浴的时候,便丢下一只大水桶舀水上去。樵夫按照小鹿的指点,来到上八潭藏好,等仙女们把水桶放下来的时候,就钻了进去。

樵夫就这样进了天宫,见到了妻子儿女,合家团聚,过上了快乐的生活。可是没过多久,他就看腻了天宫里的风光,怀念起金刚山那千变万化的美景。于是,他和仙女就毅然带着儿女重返金刚山。

仙女和樵夫的传说非常有名,因而金刚山中很多景观都与之附会。三仙岩对面有座"切斧岩",酷似一柄大斧子砍在岩石上,相传当年樵夫为了能见到山顶上的仙女一眼,就发力将斧头砍在岩石上,攀着它才爬了上来。

站在金刚山主脊线向西望去,便是内金刚区。内金刚区以峡谷、瀑布、深潭为主要景观,过去说游金刚山,就是游内金刚区。万瀑洞集中了金刚山最美丽的溪谷,这个

表训寺

Mountain Kumgang

名字就是瀑布相当多的意思。内金刚九城洞区的朝阳瀑布又叫玉永瀑布，号称金刚山四大瀑布之一。这里树丛茂盛，只有早晨时很短暂的时间阳光才能照到它，所以得名朝阳瀑布。朝阳瀑布高 31 米，宽 3 米，由两段组成。从上边落下来的瀑水笔直地落进下面的瀑壶里，然后溢出来，再倾进最下面的椭圆形的池沼里，规模宏大，景色美丽。

内金刚区有很多潭沼，以黑龙潭、琵琶潭、碧波潭、喷雪潭、珍珠潭、龟潭、船潭、火龙潭最为有名，合称“万瀑八潭”。为了与外金刚的外八潭相区别，又叫内八潭。珍珠潭的上边是高 13 米的珍珠瀑布，潭水像水晶一样清澈，旁边的岩石上刻着“水簾”两个汉字。龟潭右边的石崖底下有一块状如乌龟的石头，仰头伸颈，惟妙惟肖，龟潭便由此得名。这里山深林密，溪水散流，溪水对面刻在石块上的“天下第一名山”五个汉字格外引人注目。

金刚山连绵不断的群峰号称一万二千座，相传古时候有个担武葛菩萨（有时翻译成法气菩萨），他和他的一万二千个眷属经常在这里讲经说法。正因为有这样的传说，金刚山就成了朝鲜佛教的一块圣地。金刚山上遍布佛教遗迹，石塔、石灯、磨崖佛（岩壁上造成的佛像）、佛像、石碑等比比皆是，还有很多佛教寺院，最盛时有 8 万多座，其中表训寺、长安寺、榆岵寺、定阳寺合称朝鲜四大名寺。这四大名寺在历代战乱中全都遭到不同程度的破坏，如今保存比较完好的只有位于内金刚区的表训寺。内金刚区的长安寺大雄宝殿里保存着毗卢遮那佛，这就是金刚山主峰得名毗卢峰的由来。表训寺被奇峰异石、青鹤台、金刚台、法起峰等围绕其中，现在已经成为游人最好的歇脚之处。在通往表训寺的路上，有一带地势开阔而广大，得名花开洞。这里有一面高达 40 米的峭壁，上边雕刻着弥勒坐佛像，高 15 米，膝盖宽 9.4 米，脸长 3.1 米，眼长 1 米，耳朵长 1.5 米，手长 3 米，脚长 3.2 米，左边刻有“妙吉祥”三个大字。

Mountain Kumgang

它是朝鲜最大的石佛，已经被朝鲜政府指定为第 45 号国宝级文化遗产。被指定为第 41 号国宝级文化遗产的三佛岩也在这里，天然巨石上刻着弥勒佛、释迦佛、阿弥陀佛三位菩陀的大立像，散发出佛教文化的神韵。

内金刚区还有一处著名的遗址，它就是坐落在万瀑洞峡谷中的普德庵。高句丽时代，有个普德和尚为了潜心修道，就在 20 多米高的断崖绝壁上建起了一个小庵堂，与后边的一个山洞相连。这个山洞名叫普德洞。相传古时候有个普德姑娘，心地十分善良，与她的父亲住在这个洞中，父女俩相依为命。后人为了纪念她，就把这个洞取名普德洞，还在里边供奉着普德姑娘的玉像。普德庵本殿观音殿只有一间平房，两边靠着 7.3 米高的青铜柱支撑起来，周围用铁丝固定下来。每当山风吹过，殿中的地板就会发出吱吱的响声，有摇摇欲坠之感，却抵抗住了数百年的风雨侵袭，堪称神奇。

海金刚区由三日浦区、海金刚小区和丛石亭组成。三日浦自古就号称朝鲜八大景观之一，相传古代一位国王因贪恋这儿的美景而三日忘返，所以得名三日浦。这里有一个波平如镜的淡水湖，西侧有 36 座山峰环绕湖面，松林苍翠，阁亭遍布，湖边草绿花香，湖内碧波粼粼，着实令人流连忘返。海金刚小区是一道绝妙的海岸风景线，屹立在海水中的石林，岸上的松树和沙滩，还有蔚蓝色的大海上的连天碧浪，彼此融为一体，形成了极为壮美的景观。丛石亭的景色更是世间奇绝。海面上的石柱有四角、五角、六角、八角，形状各异，有立有卧，或相连或相对，还有根植于石柱上的千姿百态的松树，处处皆可入画。这里最有代表性的景观是四仙峰，四根高达几十米的石柱相向而立，宛如四位仙人聚首倾谈。他们在说些什么呢？那一定神接千载的造化大秘密。

俯瞰金刚山

Mountain Myohyang

妙香山

朝鲜五大名山之一
号称“朝鲜第一名胜”
山中普贤寺为千年古刹

Mountain Myohyang

地理位置:位于朝鲜平安北道、慈江道和平安南道交界处,距朝鲜首都平壤150千米。东西、南北距离各为28千米,面积为375平方千米。

地质特征:由前寒武纪花岗片麻岩构成,山体经过长期地质时代多次发生的地壳运动、侵蚀作用和沉积作用而形成。

基本地貌:呈东北—西南走向,平均海拔约1000米,高峰秀丽,森林茂密。有几座并肩屹立的山峰海拔都在1500米以上,主峰毗卢峰海拔1909米,是朝鲜半岛西海岸的最高峰。

气候特点:属温带气候,年平均气温为8.3℃,1月份平均气温为-10.5℃,8月份平均气温为23.7℃,年平均降水量为1308毫米。

动植物分布:山上生长着1170多种植物,生活着33种兽类、133种鸟类和20多种鱼类。

游览须知:从平壤到妙香山有山间公路可通,长150千米,路面平坦宽阔,交通非常便利。

“三千里江山皆名胜,未见妙香山莫谈景。”作为朝鲜最著名的旅游胜地之一,妙香山山高谷深,峰顶白云缭绕,满山古木参天,遍谷郁郁苍苍,每年都能引来大量的国内外游人。而一年之中,春花烂漫的季节最为迷人,漫山遍野姹紫嫣红,馨香飘溢,那香味既来自山花,又来自松柏,加上山势神秘奇妙,所以得名妙香山。

妙香山又称沸流山、太白山,早年曾探明这里的地下有一座金矿,但四季四景的妙香山要比金子贵重得多,于是人们就放弃了开采。妙香山地下贵过金子的地方,就是举世罕见的地下名胜“龙门大窟”。它是一个石灰岩洞窟,由两大主窟和30多个支窟组成,总长6千米,最高处达40米,最宽处达60米。洞窟里的钟乳石奇诡万态,俯仰百状,万物洞、石花洞、铁壁洞、百花洞、金刚宫等景如其名,一一游去,会不断给人带来惊喜。

妙香山地面贵过金子的首先是这里逶迤的群峰,如卓旗峰、圆满峰、千台峰、千塔峰、香炉峰、五仙峰、法王峰、七星峰、元万峰等,一座座山中处处可见悬崖陡峭,峡谷深邃,流水清澈,瀑布倒挂,宛如一幅幅天然的水墨画。

妙香山美水更美,山水交融,把妙香山装点成了一位清丽出尘的美女。山中多见溪瀑相连,水流如精灵一般辗转腾挪,跌宕出一道道山中美景。上元洞附近的金刚瀑布自32米高处奔流直下,气势非凡。武陵瀑布从斜插在山中几十米的大岩石上飞流下来,撞击在大盆似的石槽内,激起10多米高的水柱,然

Mountain Myohyang

后画出一个巨大的半圆，直泻千丈悬崖之下，蔚为壮观。170米高的散珠瀑布飞珠溅玉，俨如白雪纷飞。落差84米的龙渊瀑布是一个别具特色的卧式瀑布，它的顶端有一个直径3米、水深1.5米的"龙潭"。从海拔1388米的法王峰流下的条条溪水汇聚龙潭之中，再沿着岩壁飞流转下，远远望去，既似一条矫健的白龙欲上云端，又如一条舞动的白练自天而下。

在散珠和龙渊两大瀑布飞泻的岩盘上，矗立着一座名为上元的庵堂。此庵建于高句丽时代，后遭毁坏，现存的建筑是1580年重修的。上元庵的楼台殿阁古朴幽雅，庵内还有一棵盘根错节的老菩提树，与周围不加雕饰的自然景色十分和谐。

妙香山的自然风景如此奇绝，有些游客居然不为所动，一到妙香山就直奔国际友谊展览馆而去，这只能说明后者有着非凡的吸引力。国际友谊展览馆是一座绿瓦白墙的宏大建筑，重檐歇山屋顶是传统的朝式风格，内部却是非常现代化的布局和装修，混凝土电动大门重达数吨，两侧有军人守卫。馆内所展出的全是各国政要及民间友人向朝鲜两代领导人金日成和金正日父子赠送的珍贵礼品，多达10万件以上。展厅的墙上悬挂着一幅巨大的世界地图，上面布满了指示灯，亮灯的就表示该国送过礼物，而不同的颜色则表示礼物来自政要或来自民间。这里展示的礼品堪称琳琅满目，大者如汽车、火车包厢，小者如领花、袖扣；高贵者如铂金、钻石，低廉者如竹笠、草编，简直是应有尽有。这繁多的礼品中也不乏令人大开眼界的稀世珍品，如重达55千克的巨型象牙、堪称东方之最的精美地毯、如洗面盆大小的纯银大碗（柬埔寨人送的）、栩栩如生的非洲狮子标本。金日成去世后，中国政府送来的金日成蜡像也摆在这里，其逼真程度可以达到百分之百。这里还有一幅用蝴蝶翅膀粘贴而成的金日成画像，其构思之巧妙，令人叹服。因为展品太多，这座展览馆光本馆就辟有120间展室，如迷宫一般，一天根本走不完。

既来妙香山，必谒普贤寺。普贤寺落成于公元1042年，由24座殿阁（243间）组成，初期为汉传佛教华严宗的一座寺院，后改为曹溪宗（禅宗）的一处福地。寺内的主要建筑物有大雄殿、万岁楼、解脱门、天王门等。朝鲜祖国解放战争期间，普贤寺的中心建筑大雄殿等14幢建筑和7400多件文物曾被美国飞机炸毁，现在的寺院是战后重新修建的，但那些文物却从此绝迹。

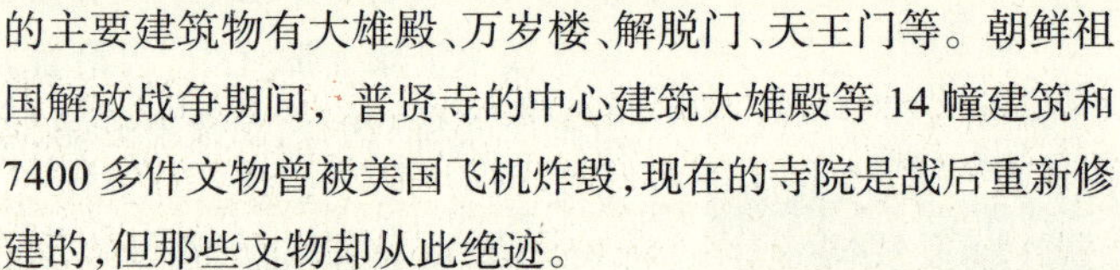

普贤寺是朝鲜历史上佛、法、僧三宝地位很高的古刹。壬辰卫国战争（1592~1598）时，从庆尚南道梁山的通度寺移来部分释迦舍利，在这里建立起了释迦佛祖舍利塔，后来又从庆尚南道陕川的海印寺移来了《八万大藏经》全套刻本。这套佛教经典刻于13世纪，多达6780卷，雕工细腻，印刷精美，墨色鲜明，加之保存完整，不愧为朝鲜的“国宝”。如今这套珍贵的佛经被严格保护了起来，游人只能隔着玻璃柜一瞻其风采。万岁楼上保存有李朝时期500多年的政府日志《李朝实录》，是朝鲜的宝贵史料。普贤寺还是一个名僧辈出的地方。16世纪的著名高僧、朝鲜爱国僧人兵将西山大师在这里度过了后半生，17世纪反后金侵略期间，这里又涌现出了许多爱国僧人兵将。

普贤寺中有两座塔，一座是四角9层塔，一座是八角13层塔。那座八角塔用花岗石雕琢建造而成，在每个八角形飞檐上端都悬挂着风铃，一共有104个，微风吹来，就会发出一阵阵轻快悦耳的响声，如果游人能够入境随缘，或许能沾染到这座千年古刹的些许灵气。来普贤寺游览，最好能有所赠予。朝鲜的寺庙都由政府出资进行修缮，僧侣们的衣食则依靠信徒们的施舍。佛门净土，暮鼓晨钟，却与人间烟火断不得联系呀！

Adam's Peak

亚当峰

斯里兰卡南部最高峰
斯里兰卡第二高峰
被各大教派视为共同的圣地

地理位置:位于斯里兰卡中南部,西距斯里兰卡首都科伦坡约40千米。

地质特征:整个斯里兰卡岛的地质构造上与印度原为一体,后因保克海峡和马拿尔湾的沉降才与印度分离。亚当峰也与印度大陆上的山脉一样,随着数亿年前的造山运动从低地隆起。

基本地貌:海拔2243米,呈圆锥形,高大挺拔,山势险峻,景色秀丽,周围群山环抱,有大小山峰200多个。

气候特点:属热带海洋性气候,终年高温多雨,夏季最高气温可达35℃,1月份最低平均气温在22℃左右,但山上气温要低十几度。年降水量为2300毫米。

动植物分布:遍山灌木,每年12月到第二年5月,山上都会飞来大批蝴蝶。

游览须知:为了防止迷路,最好找当地人当向导。在山上不能询问到山顶还有多远,这是粗鲁的甚至不虔诚的行为。人们相遇时只说"Karunavai"或用平安的祝福互相问好。

亚当峰又名圣足山,指的是山顶那座建在平坦岩石上的小庙内,有一个长1.5米、宽0.8米的凹陷大坑,好似一个巨人的足迹。如果说这真是人的足迹，那么人有两足，为什么偏偏留下一个脚印呢？按照基督教的说法，当年人类的始祖亚当偷吃了伊甸园里的生命之果，被上帝贬下凡来，他生出懊悔之心，就在这里来了个“金鸡独立”，一站就是1000年，硬生生地在高山之巅留下了一个脚印。

佛教徒却不买基督教的账，他们认为这个足迹是佛祖留下的。在僧伽罗语中，亚当峰被称为“斯里·帕达斯塔纳雅”或“萨马纳利雅”，它的保护神是斯里兰卡的名神沙摩。相传佛陀曾三次降临斯里兰卡，第三次降临时，在亚当峰顶遇到了沙摩。佛陀站在峰顶向他宣讲佛法，沙摩从此皈依佛教，而亚当峰顶就留下了这个大脚印。

伊斯兰教对这个大脚印另有说法，他们声称先知穆罕默德曾在这座山上停留过，于是就留下了这个脚印。印度教徒称这是大神湿婆的足迹，他在跳创造世界的舞蹈中，留下了这个脚印。天主教徒则认为这是圣托玛斯的足迹，公元前50年，圣托玛斯带着耶稣去南印度，途经亚当峰，就在山顶留下这个脚印。

这类虚无缥缈的事情从来都是各说各有理，无法评判是非，于是亚当峰就成了世界上独一无二的被佛教、印度教、伊斯兰教、天主教、基督教徒们共同顶礼膜拜的圣山。每年从12月中旬到来年2月，前来进香朝圣的各派信徒络绎不绝。

通往亚当峰的小路有三条，位于西南坡上的那条山道距离最近，两旁还有铁链，人们可以扶着铁链拾级而上，所以大部分游客都选择这条路登山。而那些登山朝圣的信徒则更多地关注于沿途能敲多少次钟。每逢高处的山洞里都挂着一口钟，信徒们见钟就敲，一路敲上山。山顶的小庙门口也挂有一口钟，信徒们要把这所有的钟都敲响，才能心满意足。佛教徒每走到一定的地方，还要停下来向路边的灌木丛中扔一根针。相传释迦牟尼曾在这些地方停下来过，缝补自己衣服上的破洞。

来到半山腰，这里有一条小河，信徒们都在这里停下来，用冰冷的河水沐浴手脚，有人甚至全身沐浴，以便精力充沛地向峰顶攀登，但更重大的意义是洗涤尘世的污秽，再去瞻仰圣迹，不然恐怕亵渎神灵。岁末年尾，虽然山下温度尚可，这里却是寒风刺骨，而许多朝圣者只穿着薄纱般的衣服，有的还穿着凉鞋，唯一可以抵挡寒风的只有戴在头上和肩膀上的白布或毛巾。这些人当中不乏年长的老者和体弱的病人，但他们依然能够顶着寒风，一步步走完5000多级水泥修筑的台阶，直上峰顶，所凭着的全是一种精神呀！

经过四五个小时的攀登，峰顶遥遥在望。这里的台阶几乎呈 90 度垂直状，走在这里要格外小心，速度便慢了许多。在人多的季节里，朝圣者们往往要在这里排成队，等上半个多小时才能登到顶部的小平台上。到了这里，最重要的事情自然是朝拜那个神圣的足迹。那个大脚印里终年积水，清澈见底，朝拜者用手蘸水拂面，据说可以避邪消灾。如果真能如此，爬亚当峰就太值得了。

不光每年信徒们来这里朝圣，还有一群群黄色的小蝴蝶也好像被一股神圣的力量所吸引，每年都在朝圣季节里，舞动着绢纱般的翅膀，飞过奔腾呼啸的瀑布，薄雾环绕的山谷，飞过成千上万在山路上艰难跋涉的朝圣者的头顶，来到了如尖刀般陡峭的亚当峰顶。到了这里，它们就悄无声息地死去了。

科学家们至今仍搞不懂这些蝴蝶为什么每年都要来此"朝圣"，如果是迁徙的习惯使然，那么有什么理由让它们把这么高的山顶当成种群的最后归宿呢？佛教徒则一脸庄严地说，这并没有什么奇怪，生命不过是轮回，这些蝴蝶并没有死，而是转世投胎去了。以亚当峰顶作为生命的起点，那是极为睿智的选择。

上得山来，很多人并不急于下山，他们宁肯忍受一夜的阴冷潮湿，也要等待第二天一早观看日出。如果能赶上晴天，人们就会皆大欢喜，当绚丽的阳光照亮了墨蓝浩瀚的远山近壑，山顶上就会发出阵阵欢呼声。如果赶上阴云密布，或是阴雨霏霏，人们就不免会有些沮丧，再在山上等一夜那是不可能，只有往山下走。回首望去，云雾中亚当峰似乎更加神秘了，不禁让人联想起那些神秘的蝴蝶，莫非冥冥之中真有一种力量在掌握着生命的韵律吗？大自然是一部无字天书，人类要想彻底读懂它，绝不是一朝一夕的事情。

Mount Kinabalu
京那巴鲁山

东南亚第一高峰
别名“中国寡妇山”
奇珍异草连绵不绝

Mount Kinabalu

地理位置:位于加里曼丹岛北部,距离马来西亚沙巴州首府京那巴鲁83千米,俗称神山。

地质特征:海拔4095米,又译基纳巴卢山、金乃巴罗山。它的形成有150万年的历史,隆起于喜马拉雅和新几内亚地壳之间,这里的地壳造山运动仍在进行中,每年以0.5厘米的速度长高。

基本地貌:岩崖崎岖,峰峦峥嵘,山体粗糙而黝黑,遍山覆盖着未经任何污染的原始森林。

气候特点:属热带雨林气候,高温多雨,年平均温度通常在22℃~30℃之间。每年的11月至次年的2月进入雨季,不适合去那里旅游。

动植物分布:有超过1200种的野胡姬、40余种橡木,还有漫山遍野的野杜鹃、野兰花,最独特的要数世界上最大的花朵莱佛士花和神奇的猪笼草。

游览须知:登山前必须先锻炼身体,还要到国家公园注册。每8位新攀登者要聘请一位向导,以保护登山者的安全。有高山反应的游客应事先准备好药品。

马来西亚沙巴州最令人称道的名胜,就是州首府以之命名的京那巴鲁山。为了保护这座名山,马来西亚人特地建了一座京那巴鲁公园。

当地人称京那巴鲁山为"神山",在当地土著卡达桑人的语言中,"京那巴鲁"意为"朝拜灵魂的地方"。卡达桑人相信人死后灵魂都会回到这座山上,并认为山顶附近岩石上常见的苔藓就是他们祖先灵魂的食物。这座山还有个别名,叫"中国寡妇山"。好古怪的山名呀!关于这个山名的由来,当地流传着许多故事,内容大同小异,却同样哀艳而悲烈。

第一个故事版本说的是很久很久以前,一位中国的年轻商人来到北婆罗洲(即加里曼丹岛),与一位美丽的卡达山族姑娘结为夫妻。后来,这位中国商人北上回归故里,临别前许诺爱妻日后团圆。不料这位中国商人一走便渺无音讯，美丽的姑娘日夜遥望北方，但望穿秋水也不见夫君归来。后来，她登上神山顶峰，眺望海上南来的帆影，最终化为石头，永远守望在高山之巅。当地人念她情真，便将这座山命名为“中国寡妇山”。

第二个故事版本说的是很久很久以前，有兄弟两人到广州外海打鱼，不料遇到台风，漂流到了沙巴。兄弟俩落地生根，娶妻生子。但哥哥十分怀念故乡，就回中国探亲去了。怎知哥哥一去不返，大嫂便每天站在神山顶上遥望，直到最终老死在山上。后人感念于这段凄切的爱情故事，便把此山命名为“中国寡妇山”。

第三个故事版本说的是很久很久以前，一个年轻的中国小伙子只身一人来到北婆罗州，登上神山，杀死了山中的蛟龙，夺下龙珠。当地部落把他视为英雄，就将酋长的女儿许配给他。这个故事的结尾与第一个故事一样，那姑娘最终变成了望夫石。

望夫成石的传说很多民族中都有，大概是象形的石头催生了这类故事，但它们的后边都隐藏着无数的辛酸，痴情女子负心汉，爱情本是两个人的事儿，而到头来总是女人变成了石头。

京那巴鲁山

带着这份感慨爬京那巴鲁山，也许会让你更有决心爬到山顶，看一看到底有没有来自南海的帆影。远远望去，它那粗糙而黝黑的山体线条粗犷，特别具有阳刚之美，但山上铺有栈道，无须什么登山技术和装备，只要有耐心坚持到底，就能登顶，因此成了众多徒步旅行者心中的“圣地”。当年那痴情的女子都能够爬到山顶，除了爱情的力量，还有它本身就不太难爬的原因在里边。

攀登京那巴鲁山的乐趣并不是唯一的登顶，沿途的青山绿水鸟语花香会让游人陶醉，减轻攀登的疲劳。这座山植物生态非常特异，在不同的气温、地质和地势，都有不同的植物生长。沿着登山的栈道，一边攀爬一边欣赏连绵不绝的奇珍异草，让人赏心悦目，这里还有一大片没有受过任何污染的原始森林，与亚马逊原始森林并称“地球的两只肺”。

按照京那巴鲁公园管理部门的规定，游客登山必须聘请当地向导。这样做除了有保护登山者人身安全的目的，还藏有监视游客的意图在内。京那巴鲁山是动植物的天堂，最难得的就是世界上独一无二的猪笼草。猪笼草是一种吃“荤”的植物，长椭圆形的叶子末端有一个瓶状的小叶笼，上边有盖，瓶口的边缘和瓶盖能分泌蜜汁，引诱昆虫。瓶口很光滑，昆虫滑落瓶内后就被瓶底分泌出的液体淹死，分解成营养物质，被猪笼草慢慢地吸收。游人行走在京那巴鲁山道上，尽管累得汗流浃背，还不会忘记瞪大眼睛往两旁搜索。一旦见到了猪笼草，就会引起一阵尖叫，附近的人也都会围上来看个新鲜。每当这时候，当地向导就会瞪大着眼睛站在旁边，随时准备阻止游客动手动脚。

登山的过程中有不少乐趣。京那巴鲁山自然生态保护得很好，沿途设有6个休息亭，它们的附近总有很多小松鼠嬉戏耍闹，一点儿也不怕人。在热带雨林中穿行时，最过瘾的要数过树顶吊桥。那吊桥只能过一个人，下面有十几米高，走在上边似乎摇摇欲坠，胆小的游人会吓得挪不动脚步，而喜欢恶作剧的游人却故意在桥上摇来晃去，引来一片尖叫和欢笑。

对于一般游人来说，从山脚爬到海拔3000多米的拉班拉打营地，就应该很满足了。这里有一个观景阳台，绿色的平原一望无际，天然风景美不胜收。如果你还想往上爬，那就要掂量一下自己的意志力和体力。从这里到峰顶全是花岗岩，山体形态百变，攀登起来艰难得多，幸好岩壁上布有白色的长绳可供助力。

到达神山上最高营屋——海拔3810米的沙叶沙叶营屋，对登山者又是一个槛。如果你在这里返回，会获得一份黑白的登山卡，表示你登上了京那巴鲁山；如果你能登上罗氏峰顶，就会得到一份彩色的登山卡。既然已经费尽千辛万苦爬到了沙叶沙叶营屋，大概没有人会放弃向顶峰冲刺的机会。

从沙叶沙叶营屋到峰顶这一段更为难走，光秃秃的一片，全靠着安全绳一步步往上挪。根据官方记录，第一个登顶的人是英国殖民政府的官员休·罗厄爵士，罗氏峰就是因他登顶后而命名的。1851年，他和随行者花了两个月时间才来到京那巴鲁山下，而当年他登顶显然要比现在的人吃力多了。

在成功地攀越了一堆乱石之后，罗氏峰终于被踩到了脚下。站立山巅，观赏旭日东升，连绵的云海波澜壮阔地展开，真是气象万千。在这里观看落日的景象同样壮观。京那巴鲁山前后没有任何阻挡的山体，山脚下不是低矮的山丘，就是平坦的海洋，站在海拔4000的高处观赏零海拔的落日过程，那真是无比奇妙的视觉"大餐"。沙巴州号称世界三大落日观赏地之一，不登京那巴鲁山，你会觉得它是浪得虚名。

下了京那巴鲁山，会有工作人员催着你去办登山证书，而游人此刻最向往的是一头扎进山脚下的波令温泉。这是一个露天的温泉浴场，那温滑的泉水不仅会洗去你的一身尘土，还能舒缓肌肉的疲劳。据说这里的泉水中含有硫磺，能治皮肤病，还有美容的奇效呢！

Mountain Ararat

阿拉拉特山

土耳其最高峰
汇聚许多神话传说
传说中诺亚方舟的着陆地点

地理位置:位于伊朗与亚美尼亚的边界处,主峰在土耳其境内,距伊朗边境约16千米,距亚美尼亚边境约32千米。耸立在阿拉斯河谷地以西,坐落在东托罗斯山北侧山脉的东端,直径约40千米。

地质特征:山体为火山喷发物组成,呈锥体。

基本地貌:有两个峰顶,大阿勒山海拔5165米,为土耳其最高峰,顶部终年覆雪;小阿勒山海拔3925米,位于大阿勒山的东南面。两峰之间有一条长约13千米的山脊相连。

气候特点: 属亚热带高山气候, 1月份平均气温为-2℃~12℃,7月份平均气温为24℃~26℃。

动植物分布:山脚下是一望无际的辽阔平原,在山上海拔1500米~3500米的山坡上有良好的牧场。

游览须知:尽管阿拉拉特是一座死火山,但山顶还时常冒着有毒气体。这种气体会引起呕吐等高山反应,使得许多探险队无法成功登顶。这座山不适合一般人攀登。除非获得土耳其政府的特别允许,外国人不准进入阿拉拉特山区。

根据《圣经·创世纪》的记载,大约6000年以前,人世间充满了强暴、仇恨和嫉妒,只有诺亚是个善良的人。上帝大为恼火,决定发一场大洪水毁灭地上的罪人。上帝还不算太绝情,事先悄悄叮嘱诺亚造一条大船,要他带着家人去逃难。诺亚是个老实人,老实人便听话,上帝怎么说他就怎么做,乖乖地用歌斐木造好了一艘大船,这就是“诺亚方舟”。就在诺亚600岁那年的2月17日这一天,上帝打开了天窗,倾盆大雨从天而降,而且一下就是整整40天,世界变成了一片汪洋大海,连最高的山峰都低于水面7米,世间所有的生物无一幸免,只有诺亚和他的家人躲进了大船,才逃过了这场大劫难。临上船时,细心的诺亚还将世界上每种生物都带了一对。幸亏诺亚想得周到,才繁衍出如今欣欣向荣的人类和生物界。

这场大洪水持续了150天才渐渐消退，诺亚一家人坐着大船漂呀漂，直到7月17日这一天才着陆，所停的地方就是阿拉拉特山上。又过了几十天，诺亚打开方舟的窗户，放出一只鸽子去打探消息，由于遍地是水，鸽子找不到落脚的地方，又飞了回来。7天之后，诺亚又把鸽子放出去，黄昏时分，鸽子飞回来了，嘴里衔着橄榄叶，显然是从树上啄下来的。诺亚由此判断，地上的水已经消退了。后世的人们用鸽子和橄榄枝来象征和平，其出处就在这里。

这样的故事本来是应该当成神话来听的，但阿拉拉特山确实存在，有人就想去看个究竟，到底那山上有没有那艘与人类命脉息息相关的方舟。公元前300年，巴比伦的一个祭司治贝斯曾在一本书中写道，有人在阿拉拉特山亲眼见到过诺亚方舟。13世纪意大利著名的旅行家马可·波罗离开中国后，也曾到过阿拉拉特山，他在日记中这样记道：诺亚方舟依然停泊在某一座高高山峰的极顶之上，那里终年积雪，不仅不会融化，而且随着冬雪的增加，积雪越来越厚，将方舟淹没于千年积雪之下。

既然如此言之凿凿，不能不让历史学家、考古学家、探险家们怦然心动。从1792年开始，不断有人登上阿拉拉特山顶，却不见方舟的踪影。1883年，一次大地震使阿拉拉特山的一个地段裂开了一道大口子，突然露出了一条船，大约高12米~15米，因为它的一大部分嵌在冰川里，所以无法估计它的长度。当时有个赴地震灾区考察灾情的委员会，其所有委员都看到了这条船。

这个消息震惊了全世界，此后，寻找诺亚方舟的热潮席卷全球。

1916年，俄国飞行员罗斯克维斯基在执行完侦察任务后，沿着土耳其与伊朗边境飞回基地。在飞临阿拉拉特山顶上空时，他突然发现了一个像房子那么大的船体。船的一侧有门，其中一扇已毁坏。他当即拍了照片，回去后就立即上报。接到报告后，沙皇尼古拉二世曾下令组织一支探险队，但由于爆发了十月革命，探险队未能成行。

Mountain Ararat

第二次世界大战后，一位土耳其飞行员再次在阿拉拉特山上发现了船体，也拍了照片。美国照相测量专家蒙登贝格对这张照片做了放大处理，测出船身长为150米，宽为50米，除去加

Mountain Ararat

工过程中的人为误差外，与《圣经》中关于诺亚方舟的记载基本吻合。

法国探险家费尔南·纳斯曾于1952年、1955年、1969年三次到阿拉拉特山探险。1955年7月5日，他和12岁的儿子拉斐尔在山中的冰湖里找到了一块木料，形状酷似诺亚方舟的残骸。于是，他们带上这块木料回到法国，先后交给法国、西班牙、埃及的一些大学及研究所进行鉴定。经碳14测定，这块木料至少有5000以上的历史，很可能是用歌斐木制成的建造物的一部分。

根据一些航空与航天照片的显示，在阿拉拉特山的冰川中确实存在着某种木制建筑结构，它看上去非常像一艘木船。但也有人对这些发现表示怀疑。这也难怪，如今造假的技术太高超了，让人防不胜防。1993年，一支考察队前往阿拉拉特山去寻找诺亚方舟的遗迹，很快就传来好消息，不仅挖出了一艘完整的大船，其形状如《圣经》上描述的一模一样，还在船头的舱房内找到一具“中年男性尸体”。教皇听说后十分惊喜，立刻派权威人士前往考察，最后认定这具尸体就是诺亚本人。可是没多久，有人就从照片上看出了破绽。那位“诺亚”身穿一件带帽子的棕色坎肩式长袍，坎肩下面露出长袖白衬衣。而在诺亚生活的年代，人们刚刚掌握了纺织的本领，怎么能做出这么精美的服装呢？

关于诺亚方舟最大的疑问，在于《圣经》中的记载的大洪水是不是真的发过。假如那场大洪水真的淹没了地球上所有的高山，即使不算珠穆朗玛峰，只以阿拉拉特山为计算标准，那也需要世界上的所有大洋都上升到5165米的高度，大概要补充2643亿立方千米的水。这么多水从哪里来？即便把地球所有的地下水都挤出来，让所有的冰川都融化，也没有这么多水。再说，这么多水能流到哪里去呢？即便整个地球都是空了，也装不下这么多水呀！

当然，不能否认远古时代地球上某一局部发过洪水，也许那时候有人靠着船只逃得性命，后来又把船留在阿拉拉特山一带。如果事实就是如此，人们寻找方舟还是有些意义的。只不过人类真正要警惕的是不能让罪恶不停地繁衍，如果这个地球上到处充斥着战争、饥饿、贫穷和阴谋，那么无须上帝动手，人类就把自己毁灭掉了。到了那个时候，又到哪里去寻找新的诺亚方舟呢？

赤道雪峰 壮丽深邃

闪亮 著

威猛的倚天长剑

乞力马扎罗山

Kilimanjaro

非洲第一高峰
素有『非洲屋脊』之称
地理学家称之为『非洲之王』

Kilimanjaro

乞力马扎罗本来是个很拗口的名字，但自从1936年大名鼎鼎的美国作家厄内斯特·海明威发表了短篇小说《乞力马扎罗的雪》以后，这个名字却在文学爱好者中变得朗朗上口。1952年，美国的20世纪福克斯公司出品了同名电影，乞力马扎罗山孤傲的形象又给人们留下了难以磨灭的印象。

乞力马扎罗确实有着震撼人心的力量。当年海明威来到它的脚下，曾满怀激情地发出这样的赞叹："广袤无垠，嵯峨雄伟，在阳光下闪着白光，白得令人难以置信。"作为世界上最大的独立式山脉，又位于辽阔的东非大草原上，乞力马扎罗山拔地而起，高耸入云，俨然是一位守护着非洲大陆威武雄壮的勇士，那份气势远非他山可比。它那雄伟的蓝灰色的山体戴着白雪皑皑的山顶，在赤道的骄阳下闪闪发光，更是壮丽的自然奇观。在斯瓦希里语中，"乞力马扎罗"就是"光明之山"的意思。由于从印度洋吹来的海风在这里受到阻挡，乞力马扎罗山顶和山腰经常云雾缭绕，就好像给它罩上了一层面纱。只

地理位置：位于坦桑尼亚东北部，邻近肯尼亚，坐落于南纬3°4′，距离赤道仅300多千米，是坦桑尼亚和肯尼亚的分水岭。整个山脉东西绵延50千米左右，总面积为756平方千米。

地质特征：乞力马扎罗山实际上有三座火山，通过一个复杂的喷发过程将它们连接在一起。最古老的火山是希拉火山，它位于主山的西面，曾经很高，据认为伴随着一次猛烈的喷发而坍塌，现只留下一高3810米的高原。次古老的火山是马文济火山，附属于最高峰的东坡。三座火山中最年轻、最大的是基博火山，它巨大的火山口构成的扁平山顶，构成了乞力马扎罗山的特征。

基本地貌：乞力马扎罗山有两个主峰，一个叫基博，另一个叫马文济，两峰之间有一个10多千米长的马鞍形的山脊相连。基博峰海拔5895米，是非洲第一高峰，马文济峰海拔5149米。南面低坡带水源充足，土地肥沃，有农田和茂密的森林；北坡降雨少，土壤多为多孔性熔岩。

气候特点：气候跨度很大，从山脚向上至山顶由热带雨林气候直至冰原气候。山麓的气温高达59℃，峰顶的气温常在-34℃左右。

动植物分布：森林地带的野生动物有大象、水牛、大羚羊、疣猴、印度豹、南非野猪、树猫、美洲豹等。偶尔还有狮子出没。植被繁茂，独特的植物有德肯尼半边莲、乞力马扎罗千里光、蜡菊等。

游览须知：乞力马扎罗是最易于登顶的世界高峰之一，任何正常人都可以在向导和搬运夫的帮助下，花五六天时间征服这座山。攀登乞力马扎罗山有三条比较容易的道路，一般不需要专业的登山设备，每年都有大约1.5万人试图攀登乞力马扎罗山，其中有40％的人能成功登顶。但从其他路线攀登比较困难，如果从冰川一侧攀登，必须是专业登山人员。

有在黎明时分或黄昏时刻，偶尔云消雾散，它才会显露“真身”。这个时候，人们即使站在200千米以外的地方，也能看见它那被太阳照得五彩缤纷的雪冠。

说起来还有个笑话。早在2000多年前，古希腊人托勒密就在地图上标上了这座火山，可是后来却被不明真相的欧洲人抹去了。他们没有机会目睹这种赤道奇景，竟然不敢相信它的存在。

土生土长的非洲人不会对乞力马扎罗山视而不见，在非洲人的心目中，这座气象万千的大雪山骚动着的原始的生命力，和粗犷剽悍的非洲人具有同样的性格，因此把它看成有着灵性的神山，很多部族每年都要在山脚下举行传统的祭祀活动，拜山神，求平安。散居在乞力马扎罗山脚下的瓦查戛族更是把这座山奉若神明，认为它就是一切生命的源泉。瓦查戛族人给死者下葬时，一定要让死着面对着基博峰的方向。

关于这座神山，非洲民间还流传着这样的传说：很久很久以前，天神恩盖想搬到乞力马扎罗山上来住，以便在高山之巅俯视和赐福他的子民们。盘踞在山中的妖魔鬼怪不愿意天神在这里定居，就在山腹里点起了一把大火，滚烫的熔岩随着熊熊烈火喷涌而出。妖魔的举动激怒了天神，他呼来了雷鸣闪电瓢泼大雨把大火扑灭，又召来了飞雪冰雹把冒着烟的山口填满。从此，乞力马扎罗山就变成了一个冰雪世界，被暴雨冷却的熔岩变成了肥田沃土，让人民耕耘收获，过上了美好的日子。

千百年来，乞力马扎罗地区人民的生活并不十分富足，但日子过得平静而安宁，直到19世纪，德国殖民者首先侵入了这片美丽多娇的土地，他们竟然以主人自居，把早有定名的乞力马扎罗山说成是他们的“新发现”，还把这当做“功绩”铭刻在石头上。如今这方“功德碑”仍竖立在坦桑尼亚莫希市一所老式洋房的大门前，不过那“功绩”连德国人也不当真了。

20世纪初，英国殖民者也插足到这块土地上来，肯尼亚成了英国的殖民地。

有一年德国皇帝威廉过生日，伊丽莎白女王竟别出心裁地把乞力马扎罗山的基博峰当成"寿礼"送了出去，将它命名为"威廉皇帝峰"，演出了一幕充满殖民主义色彩的滑稽剧。乞力马扎罗山原在肯尼亚境内，英国女王这么一慷慨，它就并入了德国的殖民地坦桑尼亚。1962 年坦桑尼亚共和国成立后，将基博峰正式命名为"呜呼鲁峰"，取"自由"之意。

乞力马扎罗山有两个主峰，基博峰是其中之一，在查加语中，"基博"的意思就是"黑白相间"。所谓白，指的是这里常年白雪皑皑，山顶有一个直径 2400 米、深 200 米的火山口，口内四壁是晶莹无瑕的巨大冰层，底部耸立着巨大的冰柱，从高空往下俯视，就像群山环抱着一只晶莹的大玉盆；所谓黑，指的是这里有不少黑色的岩石，裸露在冰雪的外边。从远处望去，山坡冰川悬垂，雪线冰瀑盘旋曲折，好像一条条蜿蜒的玉蟒在阳光下熠熠闪烁。

在这样一个高寒地带，本来不应该有生命存在，但根据记录，这里最高的开花植物蜡菊就生活在 5670 米处。更让人惊奇的是，1926 年当地的传教士理查德·鲁易施博士竟在山顶发现了一具冻僵的美洲豹，这件事还被海明威写进了《乞力马扎罗的雪》。鲁易施很有勇气，设法割下它的一只耳朵。不久，不知它被什么人搬走了，从此再也没人看到过。1962 年，威尔弗雷德·泰斯格等人在海拔 5000 米处遇到了 5 条野狗，他们攀到基博峰顶的时候，它们就待在距离他们 300 米左右的地方。然而，每年有数千人登上基博峰，却极少有人在峰顶一带看见过动物的踪迹。

与基博峰并肩而立的是乞力马扎罗山的另一主峰马文济峰，顺着一条马鞍形的山脊，可以从基博峰一直走到马文济峰，但要走一个多小时。在查加语中，"马文济"的意思就是"破碎"，指的是它的山顶有一个破火山口。和基博峰一样，这里也是覆盖着冰雪，经常被滚滚蒸腾的白色雾气遮盖得严严实实，而一旦见到它挺拔俊秀的真面目，没有人不感叹于它的大度雄浑。

乞力马扎罗山一直以“赤道雪山”而闻名天下，它的顶峰以前曾完全被冰雪覆盖，其厚度超过100米，冰川一直向下延伸，直至海拔4000米以下，而现在乞力马扎罗山顶的冰川只剩下了一小块。这里的原因科学家们众说纷纭，有的说是火山正在增温加速了融冰过程，有的是说这是全球变暖的结果。但不管怎么说，山顶200毫米的年降水量，不足以与融化而失去的水量保持平衡，这里的冰川只能是越来越小。据保守的估计，乞力马扎罗山的冰帽将在2200年后全部消失。假如有一天，这赤道雪峰的奇观永远保留在影像资料中，真不知该如何形容那份巨大的遗憾。

乞力马扎罗山虽然山势高耸，但与世界上其他的高峰相比，攀登起来并不十分困难。一个名叫莫扎特·卡陶的巴西人曾创下了在17小时30分钟内上下山的世界记录。但对于普通的登山者来说，还是要拿出几天时间，从山脚慢慢游起。离开山麓一望无边的热带森林，穿越北坡低矮的灌木丛，再踏上高山地带的苔藓地衣，依次领略从热带到寒带的不同气候，会让每一位登山者都终生难忘。

乞力马扎罗山以它的雄奇之美赢得了各国游客的赞叹，有人把它形容为“武士头上的银盔”，有人把它比为“绿叶托扶着的翻心白莲”，有人把它赞叹为“赤道天上的冰湖”，而非洲人则把它称做“草原之帆”。生活在如海一般辽阔的东非大草原上，每天都凝视着壮丽深邃的大雪山，不动的乞力马扎罗山似乎有了动感，恍惚中幻化成无风自动的船帆，从远古向未来缓缓地驶去。

Mount Kenya

主峰为非洲第二高峰
吉库尤族人的“祖山”
山上生长着肯尼亚国花

地理位置：位于肯尼亚中部，横跨赤道，坐落在肯尼亚首都内罗毕东北方193千米处，距肯尼亚海岸480千米。

地质特征：为上新世死火山，在它的活动期（约310万年~260万年前）其高度可能达到6500米。山体由粗面玄武岩组成，火山口受强烈侵蚀和切割形成高耸山峰，由结晶状霞石正长岩构成其最高峰。

基本地貌：火山岩经长期的风雪侵蚀，形成三个V状的冰峰，山顶终年积雪，其中基里尼亚加峰海拔5199米，为非洲第二高峰，主要山峰还有涅利昂峰（海拔5188米）、莱纳纳峰（海拔4988米）。众峰之间被7条河谷分开，冰川融化形成了32个高山湖泊，辐射状水系多注入塔纳河。西坡和北坡为草原，东坡和南坡为低树、高草植被，海拔1500米~3000米处为茂密森林，森林带上多为竹林。

气候特点：3月~4月气温最低，7月~8月气温最高。白天气温温差很大。3月~6月的湿润期较长，12月~2月为短暂的干燥季节。降雨量范围从北方到东南斜坡，由900毫米一直增大到2300毫米。海拔2800米~3800米处常年存在一条降雨云带。大约4500米以上的地区大部分降水为降雪。

动植物分布：植被种类随海拔和降雨量而变化。高山和次高山花卉丰富，较干旱地区和海拔较低处非洲圆柏和罗汉松生长占优势，西南和东北较湿润地区柱子红树占优势。生活在这里的动物有大林猪、岩狸、白尾獴、非洲象、黑犀牛、鼩鼱、岩狸、麂羚等。森林鸟类有绿、鹰雕、长耳猫头鹰等。

游览须知：攀登主峰对登山技术要求比较高，而略低一些的莱纳纳峰，只要身体比较强壮，就可以轻松登顶。

肯尼亚的国名就得自于肯尼亚山，而“肯尼亚”在当地吉库尤族人的语言中意为“白山”。它地处赤道，平时烟雾缭绕，峰顶若隐若现，在晴朗的日子里，远远地就能望见它连绵的山峰上覆盖着皑皑白雪，与山坡上绿色的森林形成了鲜明的对比。每当黎明时分，清晨的曙光首先映红了它白色的峰顶，它的影子则笼罩住了周边的大草原，明与暗的交界不停地变幻，不断地描画出崭新的图景。

祖祖辈辈生活在肯尼亚山麓的吉库尤族人叹服于它的神奇，历来把它视为“祖山”，相传天神恩盖就居住在山上，那里有一个永恒的光明王国。吉库尤族人每当举行祭祀祈祷仪式时，都要面朝肯尼亚山顶礼膜拜。所有吉库尤族人建的房子都面向着它，使得每个吉库尤族人早晨一睁开眼睛，就能让这座神圣的高峰进入自己的眼帘。

白与绿相映的肯尼亚山曾是赤道上一道令人叹为观止的风景。但令人忧虑的是，这千万年来为雪白头的肯尼亚山竟面临着“谢顶”的危险。根据肯尼亚著名环保组织“绿带运动”发出的警告，在过去的100年里，肯尼亚山的冰雪已经消失了九成，如果不能有效地遏制破坏森林和工业污染的状况，肯尼亚山将在25年到50年内变成顶部没有冰雪覆盖的“秃山”。这样的结果吉库尤族人当然不愿意看到，但是他们在山上伐木、割柴、烧炭、采蜜，一年年地蚕食着这里的森林。他们以肯尼亚山为神，却不懂得“神山”是要人来保护的。

肯尼亚山的主峰基里尼亚加峰突兀险峻，只有专业登山者或当地人才敢尝试攀登。在过去的近20年中，共有45名登山者在这里殒命，这个记录足以让一般的旅游者望而却步。但这并不妨碍到肯尼亚山游览，那瑰丽的山区景色依然对人有着强烈的吸引力。巨大冰河形成的山谷紧靠着群山，景象蔚为大观；海拔较低的山坡上遍植咖啡、剑麻和香蕉，满目热带风情；山脚下水晶般清澈的山涧溪水里游弋着许多鳟鱼，让人恍惚间到了水乡泽国。

Mount Kenya

见山而不登在别处是个遗憾，在肯尼亚山却未必如此。如果你能遍观这里特有的野生动植物,那绝对是不虚此行。

肯尼亚山中珍禽异兽特别多，出现在乌干达国旗上的国鸟皇冠鹤就生活在这里。皇冠鹤又叫“皇冠鸟”,头顶长着金色的羽毛,好像戴着一顶皇冠。它歌喉婉转,体态优雅,行走起来颇有皇家的威仪。两鹤结为终生之后,一方遇难,另一方总是舍生相救。一方死去,另一方总是长时间哀鸣不已,且绝不另寻新欢。皇冠鹤对爱情的专一和忠贞,可谓世所罕见。

非洲的野生动物曾经滥遭捕杀，而皇冠鹤这样珍贵的禽鸟却能过着平静无忧的生活,跟长期流传在东非各部落中间的大量传奇故事有关。一则故事说,一只皇冠鹤惨遭捕杀后,无数同类飞来泣别、送葬,那景象真是感天动地。捕杀者见状,悔愧终生。另一则故事说,有人偷吃了一只鹤蛋,天神发现后便告诉了鹤群。于是,千万只皇冠鹤一齐飞来,将偷食者团团围困,啄瞎了他的两只眼睛,使他永远见不到光明。

皇冠鹤与秃鹳是一美一丑两个极端。秃鹳头顶上的毛非常稀疏，脖子裸露在外,专食腐肉。以肉为食的鸟儿应该有坚牙利爪才行,比如秃鹫,它的嘴像锋利的钩子,可以撕开动物尸体的厚皮,秃鹳只是嘴巴粗壮有力一些。秃鹳的生存智慧在于巧妙地借用强者的力量，它们经常尾随在狮群之后,拾取狮子留下的残肉;它们还常跟秃鹫为伍,秃鹫爱吃动物的内脏,秃鹳就取食腐尸的肌肉,彼此各得所需。

与皇冠鹤相比，同样生活在肯尼亚山中的非洲大羚羊就不那么幸运

Mount Kenya

了。由于毛色美丽，肉质鲜美，它们遭到了人类大量捕杀。1994年，最后一只野生的非洲大羚羊在肯尼亚山死去。如今肯尼亚山国家公园中人工喂养了近40只非洲大羚羊，还有400只生活在美国的动物园中。肯尼亚山曾经是非洲大羚羊最快乐的家园，而如今这家园虽在，它们却被关在栅栏中，成了可怜的囚徒。

在肯尼亚山中的森林里，还生活着十分珍贵的非洲金猫。它属于猫科动物，人们对它的生存情况所知不多，只知道它们似乎喜欢吃各种啮齿类动物、爬行动物、鸟以及小型哺乳动物，有时候也会袭击家禽家畜。它们的个头差不多是家猫的两倍，平均身长约75厘米~140厘米，站立高度足足有50厘米；长着绿色或棕色的漂亮眼睛，鼻子和嘴在那圆圆的小脑袋上显得宽大而突出；耳朵后面的毛色是黑的，耳尖上还有一小簇黑毛；尾巴有身体和头部的一半长，尾巴上方有时候会有明显的暗色环线。尽管它被称为“金猫”，实际上并非全身都是金棕色的，也有银灰色或石板灰色的，这种毛色的金猫又被称为“银猫”。金猫的四肢和腹部内侧往往点缀着美丽的斑点，有的金猫甚至全身都有斑点。

在肯尼亚山北部斜坡和深达4000米的峡谷中，生活着这里特有的瞎鼠。它是一种在地下穴居的鼠类，眼睛已经完全退化了，没有外耳，尾巴也消失了。它的头很大，门齿发达，它在地下挖洞的时候，更多的时候是用头去顶，用门齿去啃，可能这样要比用前肢去挖掘更为方便一些。

肯尼亚山区不仅有很多珍稀动物，也有很多珍稀植物，其中最为著名的一种兰花，就是被肯尼亚人奉为国花的肯山兰。肯山兰的叶片又宽又厚，好像一条条碧玉雕成的带子。娇小洁白的花朵由六片椭圆形花瓣组成，花朵中心有一个娇媚的小红点，几十朵小花连成长长的一串，整整齐齐排列在两侧的红心小白花悠然下垂，无风自动，别具魅力。肯山兰是肯尼亚人的最爱，他们专门成立了肯尼亚兰花会，共同分享美丽高雅的肯山兰带给他们的生活乐趣。

Mount Rwenzori 鲁文佐里山

神秘的月亮山

山顶为冰雪永久覆盖

跨越赤道的三大山岳之一

Mount Rwenzori

地理位置:位于乌干达西部与刚果交界处,坐落在东非大裂谷的一侧。它从赤道线起,自西南朝东北方向绵亘约120千米,最大宽度50千米。

地质特征:在地质学上,鲁文佐里山脉是由一块巨大的结晶岩块陆地向上隆起,然后剧烈倾斜而形成的,前后历时不到1000万年。西部地势高峻,向东渐趋低下。与多数非洲雪峰不同,它不是由火山形成的,而是一个巨大的地垒,由6块互不相连的巨岩形成6座山峰。

基本地貌:平均海拔3000米~4000米,最高点玛格丽塔峰海拔5109米。整个山脉有近40条冰川,有冰川发育的山峰6座。大山间隘口遍布,峡谷穿插,山坡上森林密布,河谷上游有冰川和小湖。东侧雪线海拔4511米,西侧4846米。

气候特点:气候随山体高度和朝向而变化,每天的温度在15℃~21℃之间来回变动。南坡较为潮湿,是降水最多的地区。在湿度最高的11月,降雨量多达510毫米,年降雨量为1500毫米~2000毫米。山上的云层低至海拔2700米,山顶经常是云雾缭绕,不见天日。

动植物分布:海拔1200以上的优势树种有雪松、樟树和罗汉松,海拔4200米以上地带的常见树种有千里光、半边莲和金丝桃等。哺乳动物有大象、黑犀牛、小羚羊、肯尼亚林羚、疣猴、霍加披等。还有不少于37种的地方性鸟类和14种蝴蝶。

游览须知:虽然高度不及乞力马扎罗山和肯尼亚山,但它更难攀登。由于这里的湿度很大,所以登山者要准备好既保暖又防水的衣服。

Mount Rwenzori

鲁文佐里山是一座奇特的山，它还有一个奇特的别名——“月亮山”。这个名字最早是由一位希腊商人传到外界，但无从知道他是否到过这座大山。公元150年，著名的希腊地理学家托勒密经过考察，绘制出世界上最早的一张非洲地图。地图上标明，在赤道附近有好几座雪山，其中一座就是“月亮山”。他还推测，尼罗河的水就来自这座山融化的雪水。没有人知道为什么要用这样一个名字来称呼鲁文佐里山，也许它终年戴着银白色的雪冠让人联想到天上银白色的月亮。

长期以来，托勒密的说法一直受到置疑，甚至被当成好事者编造出来的神话。在烈日炎炎的赤道附近，竟然会有一座终年积雪的大雪山，这显然与人类的常识不合。直到过了1700多年，托勒密的“神话”才得到证实。1888年，英国探险家亨利·斯坦利来到这里，当一座白雪封顶的高山映入他的眼帘时，他最初的感觉是难以置信，甚至认为这也许是“上天在跟自己的眼睛开玩笑”。随后他仔细地询问了当地人，才知道这确实是一座雪山。

斯坦利的这个发现，引起了欧洲各国探险家和地理学家的极大兴趣。1906年，西班牙著名探险家杜克·阿布鲁齐来到东非，在当地山民的帮助下，成为第一个登上月亮山最高峰的欧洲人。他根据自己获得的第一手资料，绘制成图，并为这一带的主要山峰、要隘和冰川定名。从这以后，鲁文佐里山的真正面貌才第一次被世人所认识。

在当地土语中，“鲁文佐里”的意思是“浓云密雨”。阿布鲁齐当初登山时，正是雨水和云雾给他留下了极为深刻的印象。由于来自西部大西洋和东部印度洋上的潮湿气流经常在这里交汇，使得山上每年有三分之二的日子或大雨滂沱，或细雨霏霏，一座座山峰总是被浓云密雾缠绕着，很不容易看到它们的真容，常常是几天中只露面十几分钟，又躲到云雾后边。雨水的过度淤积又在山坡上形成了几米厚的烂泥浆，行走起来十分不易。

鲁文佐里山偶露峥嵘的时候，会让远道而来的探险者格外惊喜，赤道上竟有终年不化的白雪，这本身就是自然界的奇观。而鲁文佐里山更为奇异的地方，还在于它所散射出来的光芒并不完全来自积雪，它本身也能发光。鲁文佐里山最初形成时，地壳运动产生出的炽热和高压造就出大片覆盖在花岗岩上的云母片岩，它们能放射出荧光来，入夜后会看得格外清楚，甚至会照亮脚下的道路。

丰富的降水和雾气的包裹，使得这里的气候非常湿润，再加上饱含腐殖质的酸性土壤，催生出漫山遍野茂盛的植物。它们简直是在疯长啊！山脚一带的雪松、樟树和罗汉松最高的能生长到 49 米。在热带雨林消失的地方，竹子长到了 15 米高，而且生长得极为密集，野兽钻不进，就连无孔不入的阳光也穿不透。当年阿布鲁齐攀爬鲁文佐里山时，沿途经常见到一种名叫半边莲的植物，它们长到 9 米多高，所开出的烛形花穗竟有 2 米多高。在海拔 3000 多米以上的地带，苔藓、蕨类以及长长的彩带般的地衣恣意生长，没有树木与之竞争，它们不仅长得出奇地高大，而且形状奇特，给这一带平添了阴森、虚幻的气氛。山上的巨型石南树更是会给欧洲人留下深刻的印象。干燥的石南树枝可以扎绑成束，做成扫把，自古以来就深受欧洲人的喜爱，而传说中女巫就是骑着石南树枝做的扫帚在空中飞来飞去。如果用这里的石南树做成扫帚，恐怕能把一群女巫载到天上。

鲁文佐里山脉奇特的环境还维持着一个复杂奇特的动物群落。在高大的林木间，人们常常会看见一条彩色的光带一飘而过，赶快睁大眼睛看吧，它不是红头鹦鹉就是蓝冠蕉鹃。在沼泽地边缘和开阔的林间空地上，成群的大象、黑犀牛、小羚羊、肯尼亚林羚等在自由自在地觅食。这里最有名的栖息动物要数山地大猩猩了，它们和黑猩猩是近亲，长得又高又壮，但彼此性情截然不同，黑猩猩性情暴躁，而山地大猩猩性情非常安详，不吃肉食，除了植物的嫩芽和木髓外不吃其他东西，自然也就不会攻击其他动物。山地大猩猩过着群居生活，大约 10 只为一群，由一头雌性或雄性的“银背”大猩猩当“家长”，带着“一家人”到处游荡。它们吃起东西来非常贪婪，一吃就是一大片，它们离开后，那个地区便像遭了劫掠一般，满目疮痍。要过好几个月，那里的植物才会恢复生机。由于遭受到人类直接迫害和丧失生态环境的双重灾难，山地大猩猩已经处于高度濒危状态，目前尚存的野生山地大猩猩还不足 400 只。

生活在鲁文佐里山中的霍加披也是一种十分奇特的动物。它是世界上仅存的与长颈鹿有亲缘关系的动物，属长颈鹿科古麟亚科，但它的脖子短得多，身体很矮，四条腿也很短，让人很难与高傲的长颈鹿联系到一起。霍加披是科学家 20 世纪初期在刚果境内发现的，它的发现填补了生物进化史上从普通动物到长颈鹿之间的空白，同时也让人们对进化论再次产生怀疑。优胜劣汰是进化论的动力，脖子短的鹿淘汰了，脖子长的鹿生存下来，霍加披无疑属于应该被淘汰的劣者，可它为什么能生存至今呢？顺便说一句，霍加披被发现以后，人类在地球上就没有再发现大型陆生动物物种了。

Mount Rwenzori

鲁文佐里山有“三奇”,一奇是人们熟悉的赤道映雪,另两奇就鲜为人知了,一是山中居住着身材矮小的布孔乔人,二是布孔乔人曾建立起一个难以降服的小王国。赤道映雪虽然难得一见,但耐心等待总有机会,布孔乔人和他们的王国却几乎与外界隔绝。不知有多少人试图进山探奇,要么被恶劣的气候阻遏,要么遭到山民的拦截,几乎没有人如愿以偿。

鲁文佐里山朝向刚果的西坡非常陡峭,而朝向乌干达的东坡则比较平缓。山坡上和山脚下居住着属于班图语系的布安巴人和布孔乔人,其中布孔乔族人数较多,现在约有30万人,大部分住在山脚下的平原上,以农耕为业。另有6万多人住在半山腰,一边种田一边狩猎。布孔乔人的最大特征就是身材敦实矮小,大多在1.60米以下。“布孔乔”是外族人对他们的称呼,意为“山地矮子”。而他们自称“布伊拉”或“鲁文佐鲁鲁”,意思是“雪山山民”。

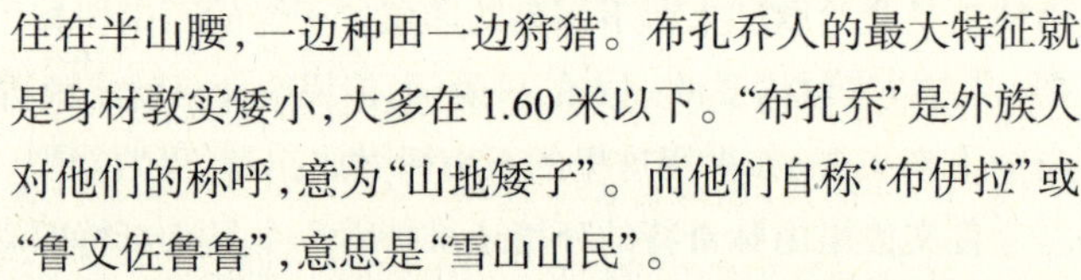

布孔乔人为什么长得如此矮小呢?当地流传的神话说,很久很久以前,月亮山发生了大断裂,从断裂的罅缝中蹦出一对身材矮小的男女。他们就是布孔乔人的祖爷爷祖奶奶,共同繁衍出成千上万的“小矮人”。而根据科学家实地考察,布孔乔人矮小的身材是后天形成的。布孔乔人最初生活在乌干达东部的埃尔冈山区,大约在13世纪前后,他们迁移到了鲁文佐里山区。这里生活着一些土著居民,就是现今仍聚居在中非地区的俾格米人,身高一般在1.40米。布孔乔人与俾格米人相互通婚后,俾格米人的遗传基因在混血后代的身上得到显现,这就造成了现今的布孔乔人普遍身材矮小。

别看布孔乔人长得矮,但他们膂力过人,善使弓箭,猎杀野兽是他们的拿手好戏,而当遭到民族歧视与民族压迫时,他们又能用这些简陋的武器维护民族的尊严。20世纪50年代,布孔乔人联合布安巴人开展“鲁文佐里运动”,要求自治。乌干达摆脱英国殖民统治获得独立后,鲁文佐里运动的领导人要求将这两个部族的聚居地定为一个单独行政区,但遭到拒绝。于是,穆基拉内在一些酋长的支持下,率领一批人啸聚山林,宣布成立独立的“鲁文佐鲁鲁联合王国”,并自任国王。1966年9月,穆基拉内去世,传位给他的儿子查理士·基森博,继续占山为王。

鲁文佐鲁鲁联合王国的疆土蜿蜒在鲁文佐里山海拔2000米左右的山坡上,

国民有七八万人，首都是设在一个名叫布希基拉的小山庄里。王宫是几间棚屋，以木为桩，以竹为墙，以草为顶。这个王国中没有任何通讯设施，国王的谕旨全靠击鼓、唱歌和吹口哨来传递。王国有一支500人的军队，由国王兼任总司令，自授陆军元帅衔。这支军队中的士兵大多打着赤脚，手持长矛、弓箭、棍棒、石块，"尖端武器"不过是第一次世界大战前后制造的50支步枪。尽管他们的武器极其原始，但依仗着山势险峻，林木茂密，还有布孔乔战士的机警和勇敢，让乌干达政府军的每次征讨都无功而返回。

1980年12月，密尔顿·奥博特总统重新执政，宣布奉行和解与不报复的民族政策，呼吁全国各部族人民团结起来重建国家。他多次派人到月亮山，希望和平解决历史遗留下来的问题。经过多次谈判，双方终于达成协议，生在深山中的基森博国王平生第一次走下月亮山，正式把鲁文佐鲁鲁联合王国的权力移交给中央政府。

延续20年的鲁文佐鲁鲁王国的问题圆满解决了，鲁文佐里山恢复了往日的宁静，布孔乔人又过了安稳的生活。按照协议，肯尼亚政府将优先考虑发展布孔乔人聚居地区的经济、文化和教育事业。经过几十年的努力，布孔乔人在生活方式和观念上都与时代接近了许多。男人们穿上了西装，女人们穿上了连衣裙，遇到正式场合，还会穿上足有七八厘米厚的特制高底皮鞋，看来他们挺在意自己的身高，也许是恐怕被高个子们瞧不起。

Ngorongoro Crater

世界上最完整的火山口
野生动物的诺亚方舟
非洲野生动物最集中的地方

Ngorongoro Crater

地理位置：位于坦桑尼亚中北部，坐落在东非大裂谷的东支，处在恩戈罗恩戈罗自然保护区中，整个面积约8.1万平方千米。

地质特征：千百万年来，在地心的巨大压力下，熔岩从地壳断层的薄弱处不断向地面喷出，形成一连串的火山，即今天东非的“火山口高地”。恩戈罗恩戈罗火山就是这些火山中的一座。它以前是圆锥形，高度为现时的两倍。250万年前锥体最后一次爆发，把所有熔岩喷出，锥体顶部下塌成凹穴，只剩下火山口西北边的圆桌山。在地质学上，把山火爆发或塌陷而成的火山口称为破火山口。

基本地貌：恩戈罗恩戈罗火山海拔2135米，火山口宽度为14.5千米，深度从610米~762米不等，底部直径约16千米，占地总面积广达264平方千米。它的外缘有6座海拔3000米以上的山峰拔地。

气候特点：属热带雨林气候，年平均气温在20℃左右，但昼夜温差极大。降雨主要集中在12月到第二年的5月。

动植物分布：多见金合欢灌木丛。火山口内估计有30000只动物，其中有50多种大型哺乳动物、200多种鸟。

游览须知：火山口内只容许汽车行驶，但不允许驶离道路。有三条路可以进入火山口，其中两条路比较难行，最好是由熟悉情况的专业司机开车，还应聘请当地向导。

在世界上为数众多的破火山口中，恩戈罗恩戈罗火山只能排在第六位，但它的边缘保持得比较完整，大致成圆形，在破火山口中又能名列前茅。非洲人将其称为“恩戈罗恩戈罗”，就是“大洞”的意思。更形象地说，它就像一个硕大的盆子，扣在了东非大裂谷带上。

站在火山口边缘上往下观看，那惊人的深度令人头昏目眩，而若是站在观景平台上，透过巨大的玻璃窗望去，有了安

全感，你就会被火山口中的美景所吸引。雨季过后，这里的山坡上绿草茵茵，如同毛茸茸的地毯，除了零散的金合欢树和裸露的岩石外，都是一片均匀的颜色。绿草中这里一片粉红，那里一片鹅黄，牵牛花、雏菊、百合花、菖兰花、矮千手、羽扇豆、三叶草竞相开放，万紫千红，还有罕见的蓝色苜蓿，肥沃的火山土上盛开的花儿似乎比别处的花儿更加鲜艳，把整个火山口打扮成了一个倾斜的色彩缤纷的调色巨盘。探身望向火山口底，弯弯曲曲的流水闪闪发亮，而位于盆地中央的马佳迪湖，在夕阳映照和微风吹拂下泛起了金色的涟漪。

峰顶见到的景色再美，却不是恩戈罗恩戈罗火山的精华。到别的山去，登顶便是大功告成；而到了恩戈罗恩戈罗火山，登顶只能算歇脚，下到火山口里才算到了目的地，才能领略到这里极为独特的风貌。

与非洲辽阔的大草原相比，这里的环境要局促得多，却生活着大约 30000 只动物，有斑马、瞪羚、大角斑羚、豹、豺，还有大量的黑犀牛，角马的数量最多，有 15000 余只，称得上整个东非野生动物世界的缩影。生活在大草原上的食草类动物都非常警觉，它们聚成大群，即使在午睡时也都有同伴在轮岗值班，以防遭到猛兽偷袭。而在这里，人们常常会看到这边几只羚羊，那边几只斑马，都在低头吃草，毫无戒备之意。快看，就在离开羚羊、斑马不远的草地上，一头庞大的雄狮躺在路边，肚子鼓鼓的，四肢摊开，在暖洋洋的阳光下酣然大睡。这是一头饱餐后的狮子。一般来说，狮子吃饱后往往能连续睡上 18 个小时。

难道说这里的狮子、猎豹、鬣狗、豺狼是吃素的吗？当然不是。天下的肉食动物都吃肉，只是经过多少年来的演化，这里形成一个有利于食草类动物的食物链，食肉类猛兽的数量较少，光是老病而死的食草类动物就足够它们吃的了，也就没有必要大动干戈了。不过，在每年一二月份的繁殖期间，肉食动物会捕捉大量食草动物的幼崽，以供哺乳的母兽和断奶后的幼兽食用。这样做在客观上有一个好处，那就是防止食草类动物繁殖得太多太快。

尽管免不了天敌的袭扰，但恩戈罗恩戈罗火山口还是能成为食草类动物的诺亚方舟。每当旭日初升的时候，火山口内的地面上就会飘来一片片黑点，走到近处便能看清，那是成千上万只正在吃草的角马和斑马。这里水丰草美，即使在干旱季节里泉水和河流也不会完全干涸，食草动物们用不着像大草原上的同类那样，每年都要为寻找水源和新鲜草场而长途迁徙。由于火山口边缘把内外隔绝开来，这里形成了一个天然的禁猎区，动物们也用不着担心人类的捕杀。

恩戈罗恩戈罗火山口内聚集着太多的食草类动物，它们每天所吃掉的植物论以吨计，但人们完全用不着担心它们会闹饥荒，大自然有能力维持着供需的复杂平衡。斑马吃植物的粗硬部分，而将多汁的部分留给羚羊。角马咀嚼下来的草皮残渣激发了新芽的生长，而这正好成全了以此为生的瞪羚。除了草地，这里还生长着一些金合欢树和灌木丛，它们的身上虽然都长着尖锐的棘刺，仍然成为许多动物的食物来源。矮个子的羚羊喜欢吃金合欢树的嫩枝，高个子的高角羚喜欢吃灌木丛，大象和长颈鹿则喜欢吃长成的树枝和树叶。

金合欢树不算高大，却让这里的动物感到十分亲切。烈日当空的时候，狮子会躲到它的树荫下乘凉；身上痒了，就挨着它的树干蹭几下。大雨滂沱的时候，角马们会跑到树下来躲雨，它又成了天然的大雨伞。凶猛的豹子则把它当成了观察哨所，站在高枝上四处张望，一见到猎物便一跃而下；捕杀到猎物后，豹子又会把它的枝桠当成贮藏室，让惯于抢掠的鬣狗望树兴叹。黑颊织布鸟用草织出一个巢，挂在金合欢树的棘刺上。它要在草变黄之前吸引雌鸟来成双成对，如果遭到雌鸟的拒绝，它就要用更大的气力重新织出一个巢来。那些已经“娶妻生子”的织布鸟也大意不得，阴险的盾鳞脊背蛇正潜伏在树枝间，准备大吃雏鸟。

动物们得益于金合欢树，也不自觉地造福于金合欢树。住在棘刺基部的蚂蚁会喷射酸性液体，把那些食叶的昆虫打得抱头鼠窜。金合欢树的种子成熟后，被高角羚和大象等吞食，又随着粪便排出来。这些种子长着坚硬的外壳，只有经过动物体内消化液的软化，才能够破壳萌芽。粪蜣螂翻吃动物粪便时，把这些种子埋入土中。于是，

一棵新的金合欢树就生长起来了。

动物们吃得饱饱的，就自动地向马加迪湖畔集中。这个湖没有出口，经过长期蒸发，水中含盐量甚高，在阳光的照耀下放射着深蓝色的光芒。动物们在这里可以补充体内盐分的不足。马加迪湖附近有不少沼泽地，河马在湿泥中打滚，大象和黑犀牛安详地低头喝水，而啄牛鸟则专门啄食躲在犀牛皮上的寄生虫。

恩戈罗恩戈罗火山口不仅是野生动物的福地，还是鸟类们天堂般的栖息地。全年在这里栖居的有鸵鸟、鸨、黑雕和白兀鹫等。每当雨季来临时，许多欧洲候鸟如白鹳、黄鹡鸰和燕等，为了逃避北方寒冷的冬天，纷纷来到这里享受温暖的阳光。而每当春天到来时，几百万只的火烈鸟（红鹳）又会聚集在马佳迪湖边，泛出大片的淡红色，远远望去，如同一块巨大的翡翠周边镶嵌着一串红色的宝石。有时候火烈鸟排成一队，在浅水中跳着整齐的舞步；有时候它们拍打着美丽的翅膀，直立在水面上表演"特技"。而当它们成群结队地在湖面上空盘旋时，天地之间就好像笼罩上一幅玫瑰色的薄纱。

为了保护这块天赐宝地，坦桑尼亚政府早在1959年就把火山口及其周围约8300平方千米的地方划为自然保护区，区内禁止建造房屋，对马赛人在火山口内放牧的牛的数量也有严格的限制。在马赛人的眼里，每年上万的游人不过是匆匆来去的过客，而他们才是这片土地的主人。他们喜欢这里浓烈的动物气味，喜欢这里被阳光晒干的青草，而他们自己也融入了这古老的景色中，直到天荒地老。

Atlas 阿特拉斯山脉

绿色的天然屏障
地跨非洲三国
名称来自古希腊神话

Atlas

地理位置:位于非洲大陆西北角,西南起于摩洛哥大西洋岸,东北经阿尔及利亚到突尼斯的舍里克半岛。全长约1800千米,南北最宽处约450千米。

地质特征:阿尔卑斯造山运动中褶皱成山,由中生代和第三纪沉积岩褶皱组成。拥有非洲最广大的褶皱断裂山地。因为造成褶皱的压力是由北向南推挤的,所以整个山脉呈东北东—西南西走向。

基本地貌:由一系列平行山脉组成,分为南北两支。北支摩洛哥境内称里夫阿特拉斯,海拔2000米左右;阿尔及利亚和突尼斯境内称泰勒阿特拉斯,西窄东宽,最高峰朱尔朱拉山海拔2308米。南支西部称摩洛哥阿特拉斯山,由大阿特拉斯、中阿特拉斯、外阿特拉斯等山组成,海拔多在2000米以上,多陡峭高峰,最高峰图卜卡勒山海拔4165米;东部阿尔及利亚境内称撒哈拉阿特拉斯,其高度稍低。

气候特点:大部分地区属地中海型气候,夏季炎热干燥、冬季温和多雨,但区内气候差异很明显。山脉西南部年平均气温约25℃,山脉东北部年平均气温约21℃。降雨量自西向东减少。

动植物分布:山区森林面积约800万公顷,分布在湿润的北坡,特产树种有栓皮栎、雪松等。

游览须知:阿特拉斯山脉海拔2000米以上的地带,一年之中降雪时间长达5个月。夏季时山下骄阳似火,山上白雪皑皑。

阿特拉斯山脉在摩洛哥

阿特拉斯山脉地处非洲，而它的名称却来自古希腊神话。阿特拉斯在古希腊神话中是泰坦神的名字，他力大无穷，与普罗米修斯是兄弟。普罗米修斯因为盗取天火给予人间而违犯了天条，使得阿特拉斯受到株连，被宙斯惩罚去支撑天和地。在希腊语中，“阿特拉斯”的原意就是“忍耐”和“支持”。相传阿特拉斯站立的地方就是阿特拉斯山脉的所在，于是人们就以阿特拉斯命名了非洲西北的这条山脉。后来又传说阿特拉斯居住在一望无垠的大西洋，人们又用阿特拉斯给大西洋命名。

作为神话人物，阿特拉斯已经成为世人心目中顶天立地的形象。他并非没有可能摆脱那日复一日的惩罚，只可惜机会来了他没有抓住。古希腊英雄赫拉克勒斯想盗取圣园中的金苹果，但那里有巨龙看守，无法得手，他便去找普罗米修斯指点迷津。普罗米修斯建议他去找阿特拉斯帮忙，阿特拉斯欣然允诺，便把背上的重负暂时卸给赫拉克勒斯，自己来到圣园，杀死巨龙，摘取了金苹果。阿特拉斯尝到了自由轻松的滋味，哪里还肯背负青天，就把金苹果丢在赫拉克勒斯脚边的草地上。赫拉克勒斯假装愁眉苦脸地表示，这么沉重的苍天他恐怕背不了多久，需要去找一副垫肩来。赫拉克勒斯信以为真，就把苍天接过来，让赫拉克勒斯去找垫肩。赫拉克勒斯脱身后，捡起金苹果就走了。可以想象得出阿特拉斯当时会气成什么模样，不气歪鼻子那就奇怪了。

作为一条山脉，阿特拉斯也有巨人的气概，它犹如一条绿色的长龙，拦住了撒哈拉大沙漠的滚滚黄沙，维护住大西洋沿岸平原的一片葱绿。

阿特拉斯山脉的西南起点在摩洛哥境内。假如说如今的阿特拉斯山脉确实是大力士阿特拉斯所化，那么受益最大的便是摩洛哥。斜贯全境的阿特拉斯山挡住了来自南部撒哈拉沙漠的热浪，加之濒临大西洋和地中海的地理位置，使得摩洛哥气候温和宜人，四季花木繁茂，赢得“烈日下的清凉国土”的美誉，还有“北非花园”的美称。

非洲国家大多干旱，与摩洛哥毗邻的阿尔及利亚大部分国土都被世界最大的沙漠撒哈拉沙漠所覆盖，深受缺水之苦，而摩洛哥却是地面水和地下水都十分丰富，而这全靠着有“天然水塔”之称的阿特拉斯山的恩赐。摩洛哥有三条大河，分别是乌姆赖比阿河、木卢亚河、塞布河，它们都是从阿特拉斯山发源的。摩洛哥又是北非少有的“雪之王国”，阿特拉斯山海拔2000米以上的地方，一年之中降雪的时间长达5个月。冬季，山下温暖如春，山上积雪覆盖；夏季，山下骄阳似火，融化的雪水从山上淙淙流下。摩洛哥人从古代起就在山下建起了一个个水塘，拦截雪水灌溉农田。

摩洛哥境内的阿特拉斯山上森林茂密，除了松林等成材林外，还有大量的经济林。从阿特拉斯山脚到海拔2000多米的地方，一片片栎树漫山遍野，粗大的树干要两三个人才能抱得过来。栎树是一种落叶乔木，又称栓皮栎，其树干从里到外分为木质层、软木再生层和软木层，割下来的软木可以用来加工软木制品。人们所熟悉的红酒瓶塞，就是软木做成的。软木的生长极为缓慢，一次割取后要经过10年左右才能再次生长成熟，因此十分珍贵，被誉为“木中黄金”。而摩洛哥盛产软木，产量仅次于葡萄牙居世界第二位。

如果你想知道阿特拉斯山如何造福于摩洛哥，可以到摩洛哥的历史名都非斯看一看。非斯坐落在中阿特拉斯山北麓海拔410米处，这里有一条不大的山谷，郊外丘陵环绕，山坡上橄榄树郁郁葱葱，越过丘陵便是一望天际的大平原，小河沟渠纵横，流水潺潺，物产丰富，有“肥美的土地”之称。

非斯城始建于公元前808年，据说是伊德里斯二世在汪达尔人毁坏的城址上重新修建起来的，这位伊德里斯是伊斯兰教创始人穆罕默德的曾孙，摩洛哥第一个伊斯兰王朝（伊德里斯王朝）就是他开创的。“非斯”这个名字是由“法斯”演变而来的，“法斯”意为“金色的斧子”。相传当年这座城市破土奠基时，有人在面向圣城麦加的方向发现了一把金色的巨斧，伊德里斯二世认为这是吉兆，就把这座城市命名为“法斯”，后来“法斯”变成了“非斯”，并一直沿用到今天。

在阿拉伯语里，“法斯”还有“鹤嘴锄”的意思。这个名字也是有来历的。有一天，伊德里斯二世拿出一把锄头，让手下的人传看。当地人从未见过这种形似鹤嘴的锄头，觉得很惊奇。伊德里斯二世命人用这把锄头翻地，想试试它是否管用。手下人一试，发现用它翻地又快又好，连声称赞。后来，这种锄头传到民间，很快就被人们采用。为了纪念这一有意义的发明，人们便将伊德里斯二世居住的城市称为“法斯”，即今天的“非斯”。

走进非斯城内，仍然是泉水遍地，当地人称之为“圣泉”。在拥有270根圆柱的卡拉万纳清真寺里，在摩洛哥最古老的寺院昂达吕西昂清真寺里，在著名的卡鲁因大学院内，都能看到常年流水的喷水池。掬一捧冰凉的泉水拂在脸

上，若你是虔诚的信徒，心中就会荡起一丝颤音，回转在洁净的天地之间。

非斯城中有一条非斯河穿城而过，这在阿拉伯城市中也是比较少见的。河上那一座座石桥玲珑别致，连接着右岸的安达卢区和左岸的凯鲁万区两岸的城区。公元818年，700名穆斯林教徒被罗马人从安达卢驱逐到这里，他们就在非斯河右岸定居下来。7年后，300名凯鲁万人在非斯河的左岸建造了自己的家园。如今的安达卢区和凯鲁万区依然保持着中世纪的风貌，街道狭窄曲折，有时两个人相互让道，一个人竟要站到街旁的店铺门里。这里的街道两旁挤满了店铺、作坊，很多店铺都把商品直接摆到店外。

非斯城的代表颜色也泛着水的特质。人们都知道，摩洛哥名城卡萨布兰卡以白色闻名，而非斯则以蓝色著称。蓝色很容易让人联想起蓝天大海，联想起水流。非斯的蓝色由何而来呢？漫步在非斯旧城，你自己就能找到答案。非斯一向盛产马赛克，而马赛克以蓝色为主。房子的外面贴着蓝色的马赛克，清真寺的地面上铺着蓝色的马赛克，商店中陈列的马赛克工艺品更是蓝得可爱，仿佛闪动着水的润泽。

摩洛哥境内的阿特拉斯山脉西段南支通常被称为小阿特拉斯山脉，全长400多千米，起于大西洋岸边的白色海滩，如同一条绿色长带伸向撒哈拉大沙漠。这条山脉海拔不过2000米左右，但风景如画，沿着它走一趟，历来是最受欢迎的旅游线路。

通向小阿特斯拉山脉的天然入口在大西洋边上的阿加迪尔，这儿一年之中至少有300个阳光灿烂的日子，是冬天进行日光浴的理想场所。离开阿加迪尔出发，沿着苏斯河一直往前走，就会来到被一道漂亮的赭红色围墙围起来的塔鲁丹特市。它的四周全是肥沃富饶的平原，北面是冰雪覆盖的阿特拉斯山脉，南面有撒哈拉沙漠。来到这里，不少游客已经迫不及待地去攀登阿特拉斯山了。

越过苏斯河岸上的那片地势平缓的耕地，就来到了小阿特拉斯山区的绿洲提乌特。它掩映在一片墨绿色的棕榈林中，一座坚固的石塔高高地矗立陡峭的山坡上，好似明信片上的风景画。当你听说电影《阿里巴巴和四十大盗》曾经在这里取过外景时，一定不会感到惊讶。

从提乌特开始，山路越来越陡峭，与路边的峡谷与峭壁一同弯弯曲曲地向前延伸，一座座锯齿状的山峰不断地变幻着色彩，有紫色、绿色，也有黄色、粉色，抑或深红，光怪陆离，令人目不暇接。等你走到近前，才会恍然大悟，这些缤纷的色彩并不是阿特拉斯山的本来面目，而是点缀在山坡上的零落村庄、孤立的房舍和小巧的清真寺，它们大多搭建在巨石上，还精心地涂上了各种颜色。

小阿特拉斯山脉的无数峰峦绘就了一片气象万千的自然景观，而它的真正中心在南面的泰夫劳特城。周围的塔状群山宛若一道雄伟的防御城墙，将泰夫劳特小镇拱卫起来。城中的房舍都是用深红色砖块砌成的，四周栽满无花果、棕榈、仙人掌、巴旦杏树，一到春天，便成了花的海洋。日暮时分，粉红色的群山间闪耀着如火的霞光，仿佛红透了半边天。倘若你还有兴致，不妨去镇外登山。那里的悬崖峭壁线条分明，岩石奇形怪状，蔚为奇观。

阿特拉斯山脉在阿尔及利亚

小阿特拉斯山区之旅的终点在比提兹尼特，这里有一条与大西洋平行的归途直达阿加迪尔，而喜欢猎奇的人或许会一时心血来潮，继续向南一路走下去，进入撒哈拉大沙漠，也就进入了阿尔及利亚的境内。阿尔及利亚得益于阿特拉斯山的要逊于摩洛哥，它的大部分都位于阿特拉斯山主山系的东侧，这里气候干燥，树木稀少，与西侧的满坡森林形成鲜明的对比，但这里的山坡和沙丘上长满了阿尔法草。这种草富有韧性，用它做原料可以生产出各种夹板和包装材料，还可以用它编织出各种工艺品，它又是优质的造纸原料。阿尔及利亚的阿尔法草产量居世界第一位，为它赢来一个“阿尔法草原王国”的别号。

阿特拉斯山脉向东进入阿尔及利亚国境后，宽度和高度大减，而最后到了突尼斯境内，山的特征更是大大减弱，变成了碎浪余波。所以，当人们说起阿特拉斯山脉时，常常会把突尼斯一笔带过。然而，阿特拉斯山脉与阿尔及利亚的关系就不那么简单了。它的境内有一条撒哈拉阿特拉斯山脉，与阿特拉斯山主山系相平行，紧靠着撒哈拉大沙漠。撒哈拉阿特拉斯山脉虽然高度略低，但对于撒哈拉大沙漠上随风移动的沙丘起有很大的抑制作用。再加上它的背后又是一道比它还高的山脉，这样就彻底断绝了风沙北上的可能。在这样两条山脉的保护下，阿尔及利亚沿地中海一带的很多城市便繁荣了起来。

阿尔及利亚的首都阿尔及尔是地中海南岸最大的海港城市之一，它背靠着阿特拉斯山脉的布拉查利亚群山，整个城市依山而建，旧城建在山上，新城建在山下。这里终年绿草如茵，林木茂盛，花开不断，站在高处俯视全城，近处郁郁葱葱，远处水天相接，景色优美迷人，素有“花园城市”的美称。由此联想起“北非花

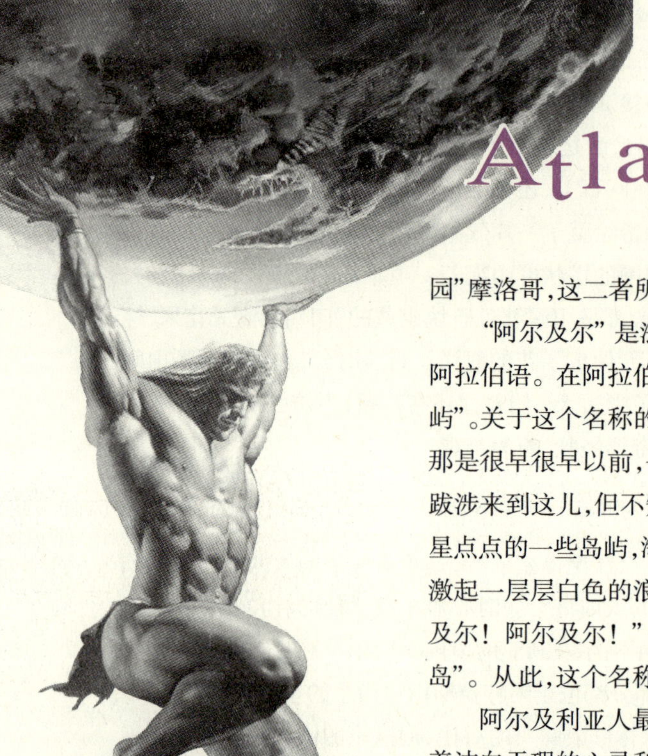

园”摩洛哥，这二者所要感谢的都应该是阿特拉斯山。

“阿尔及尔”是法文译名，最早是西班牙人转译自阿拉伯语。在阿拉伯语里，“阿尔及尔”意为“白色的岛屿”。关于这个名称的来历，当地还有一段美丽的传说。那是很早很早以前，一批阿拉伯先驱者不畏艰险，长途跋涉来到这儿，但不知到了什么地方，只见海面上有星星点点的一些岛屿，海水随风扬起，冲击着岛边的岩石，激起一层层白色的浪花。其中有个人脱口而出：“阿尔及尔！阿尔及尔！”其意为“快瞧呀！那些白色的群岛”。从此，这个名称便一直沿用到今天。

阿尔及利亚人最喜欢白颜色，他们认为白色象征着洁白无瑕的心灵和安居乐业的环境。阿尔及利亚人最喜欢穿白色的阿拉伯长袍，而城中的建筑也一律都是白颜色的。从海面上望去，只见山坡上高低起伏的白色建筑物在终年常绿的树丛中时隐时现，就像一片片白色的贝壳漂在蔚蓝的地中海上。

阿尔及尔还是一座历史悠久的古城，早在公元前7世纪，腓尼基人就在这里建起了港口。最能体现这座城市古老风韵的地方是它的旧城区，而旧城区中最富有阿拉伯民族特色的是位于东北一带的卡斯巴区。“卡斯巴”这个名称来源于一座古堡，它至今还遗留在山顶上。卡斯巴区的房屋多为二至三层楼房，用稍加雕琢的石头依着山坡砌成，密密麻麻地排列在一起。这里的街道多半为台阶式，从早到晚拥挤着熙熙攘攘的人群，两旁的店铺连成一片，橱窗里摆满了各种手工艺品。清晨或傍晚漫步在这里，那一家家清真小吃店里散发出阵阵诱人的香味，宏伟高大的宣礼塔上传来响亮而有节奏的呼唤祈祷的声音，使人们好像走进了一个神奇的世界。早在1992年12月，这里就被联合国教科文组织列进世界人类文化遗产名单。

拱起大陆之脊

蛮无飘渺在云里雾里

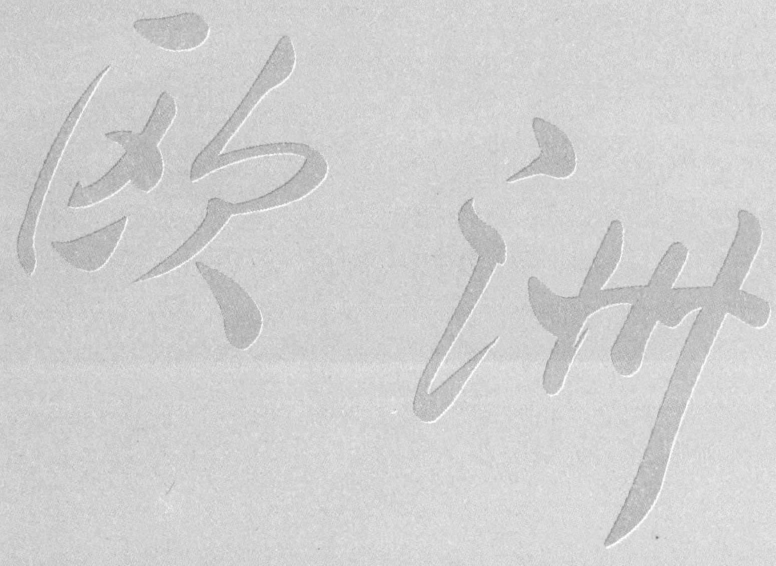

Alps
阿尔卑斯山脉

欧洲最高大雄伟的山脉
有"欧洲之魂"的美誉
冬季运动之乡

Alps

地理位置:西起法国东南部的尼斯,经瑞士、德国南部、意大利北部,东到维也纳盆地,呈弧形贯穿法国、瑞士、德国、意大利、奥地利和斯洛文尼亚六个国家,绵延 1200 千米。长约 1200 千米,宽 130 千米~260 千米,东宽西窄,总面积约 22 万平方千米。

地质特征:大约在 1.5 亿年以前,现在的阿尔卑斯山区还是古地中海的一部分,随后陆地逐渐隆起,形成了高大的阿尔卑斯山脉。整个山区的地壳至今仍不稳定,地震频繁。

基本地貌:近百万年以来,欧洲经历了几次大冰期,阿尔卑斯山区形成了典型的冰川地形,许多山峰岩石嶙峋,角峰尖锐,山区中还有很多深邃的冰川槽谷和冰碛湖。直到现在,阿尔卑斯山脉中还有 1000 多条现代冰川,总面积达 3600 平方千米。阿尔卑斯山除了主山系外,还有四条支脉伸向中南欧各地。平均海拔在 3000 米左右,最高峰勃朗峰海拔 4810 米。

气候特点:阿尔卑斯山脉的气候成为中欧温带大陆性气候和南欧亚热带气候的分界线,冬凉夏暖,大致每升高 200 米,温度便下降 1℃,在海拔 2000 米处年平均气温为 0℃。整个阿尔卑斯山湿度很大,年降水量一般为 1200 毫米~2000 毫米。海拔 1800 米地区,有雪的日子可达半年;2500 米地区,有雪的日子可达 10 个月;2800 米以上地区,则终年积雪。阿尔卑斯山区常有焚风出现,引起冰雪迅速融化或雪崩而造成灾害。

动植物分布:植被呈明显的垂直变化,山脉南坡 800 米以下为亚热带常绿硬叶林带,800 米~1800 米为森林带,下部是混交林,上部是针叶林,森林带以上为高山草甸带。动物主要有阿尔卑斯大角山羊、山兔、雷鸟、小羚羊和土拨鼠等。

游览须知:冬天,阿尔卑斯山区经常阳光普照,而中部地方则相反,阴霾密布,因此冬天是阿尔卑斯山最好的旅游季节。许多地方有电缆车直达山巅。登山的游人如果遇险,有直升飞机提供救助,山里还有专门治疗骨折、摔伤的医院。

西阿尔卑斯山——勃朗峰

亿万年前，一场惊心动魄的造山运动席卷南欧大陆，上帝用他的魔手造出了千峰万壑，这就是今天人们看到的阿尔卑斯山。它处在欧洲各大山脉的汇合点上，笼而统之，整个欧洲的所有山脉都处在它的统治之下。在它的率领下，欧洲大陆才得以骄傲地挺起了宏伟的身躯。

从狭义上来说，阿尔卑斯山脉要远远小于阿尔卑斯造山运动所取得的成果，通常只指从地中海的热内亚湾到奥地利的维也纳之间的山脊和谷地。这一区域又常常被细分为三个部分，一部分是从地中海到瑞士边境的大圣伯纳德山口附近的西阿尔卑斯山，一部分是从大圣伯纳德山口到博登湖之间的中阿尔卑斯山，第三部分是从博登湖到斯洛文尼亚的东阿尔卑斯山。

西阿尔卑斯山是整个阿尔卑斯山主山系中最狭窄的一段，也是高峰最集中的山段，其中首屈一指的就是位于位于法国和意大利边境上的勃朗峰。如果不算处于欧亚大陆接壤处的厄尔布鲁士等山峰，勃朗峰就是欧洲第一高峰。它不是一座孤立的山峰，还包括塔古尔勃朗、莫迪、艾吉耶、多伦、韦尔特等9座海拔超过4000米的山峰。远远望去，群峰鳞次栉比，重重叠叠，云雾缭绕，奇形怪状，悬崖峭壁随处可见。有的山峰宛如利刃直插云霄，有的山峰仿佛通天宝塔没入云端，而山顶终年积雪的勃朗峰则像一位顶盔披甲的将军，大有领袖群雄的风采。“勃朗”在法语中是“白”的意思，概括的就是它作为雪峰的显著特征。当年英国诗人拜伦面对着雄伟而瑰丽的勃朗峰，抑制不住内心的喜悦和惊奇，挥笔做诗，称它为“群山之王”。

勃朗峰

勃朗峰以其险峻闻名欧洲，令无数的登山者和游客心仪神往，现代登山运动诞生在这里，在某种程度上来说属于必然。在勃朗峰海拔3000米~4000米的雪线附近，生长着一种野花——“高山玫瑰”，要想采摘到这种野花，那是相当困难，却能给人带来幸福。很久很久以前，阿尔卑斯山区的居民中就流行着这样的风俗：当小伙子向姑娘求爱时，为了表示他对爱情的忠诚，就要不畏艰险，攀登勃朗峰，采来“高山玫瑰”，献给自己心爱的姑娘。长此以往，这种风俗就演变成了一种广大群众喜闻乐见的登山运动。

把登山运动和动人的民间传说联系到一起，会增加些浪漫色彩，但根据比较可靠的史料，事情是这样的：1760年，日内瓦一位名叫奥拉斯—贝内迪克·德索绪尔的年轻科学家，在考察阿尔卑斯山区时，对勃朗峰的巨大冰川发生了浓厚的兴趣，然而他没有攀上去，就在山脚下的沙莫尼村口贴上一张告示："为了探明勃朗峰顶上的情况，谁要是能够登上它的顶峰，或找到登上顶峰的道路，将以重金奖赏。"布告贴出后，并没有人响应，一直到了 1786 年，才由沙莫尼村的医生帕卡尔邀上石匠巴尔玛，结伴登上了勃朗峰。一年后，德索修尔请巴尔玛当向导，带着一支 20 多人的队伍登上了勃朗峰。现代登山运动便由此而兴起，并得名"阿尔卑斯运动"。

登山运动有两大流派，一种是金字塔式，另一种是阿尔卑斯式。金字塔式也叫喜马拉雅式或者亚洲式，由大量民工和向导帮助登山者将物资搬运上山，沿途扎营、修路绳，当攀登者快要接近山顶的时候，要将多余的装备留在营地，再做最后的冲顶。阿尔卑斯式攀登没有后援，不进行前期运输和修路，也不携带氧气，完全依靠自身能力登顶。这后一种攀登方式形成于阿尔卑斯山脉，所以得名。它对攀登者个人的综合能力有极高的要求，历来是世界一流登山家追求的境界。换句话说，在真正的登山家的心目中，单枪匹马登上勃朗峰，要比花费大量人力物力登上珠穆朗玛峰荣耀得多。

德索绪尔当年攀登勃朗峰时，对这里的交通不便有深切的感受，便提出了一个宏伟的设想，在法国和意大利之间修一条隧道，横穿西阿尔卑斯山。由于各种因素的制约，这一设想始终未能付诸实施。直到 1958 年，法意两国才达成协议，各自从本国境内动工开凿隧道。1962 年 8 月双方会合，1965 年公路隧道建成通车，全长 11.6 千米，路面宽 7 米，四季畅通无阻。这条公路隧道的建成使法意两国的交通面貌大为改观，巴黎到罗马的路程缩短了约 220 千米。如今人们在勃朗峰前会看到一尊铜像，他手臂高举直指峰顶，他就是那位有"阿尔卑斯画家"美称的奥拉斯—贝内迪克·德索绪尔。

勃朗峰山下旅馆

中阿尔卑斯山——少女峰

中阿尔卑斯山的南麓是瑞士，北麓是法国和德国，大部分在瑞士境内，这里山体幅度变宽，地势有所降低，却是整个阿尔卑斯山系中景色最美的一段。

在中阿尔卑斯山众多高耸的山峰中，以号称阿尔卑斯山“皇后”的少女峰最为秀美。少女峰位于瑞士因特拉肯市正南方，海拔 4158 米，差不多是珠穆朗玛峰的一半。在瑞士的民间传说中，这座山曾让天使为之心醉。有一次天使来到凡间，看到了美丽的少女峰，便被它迷住了，就在山谷中居住下来，为它铺上了无尽的鲜花和森林，镶嵌上了银光闪烁的珠链，还为它许愿说：“从现在起，人们都会来亲近你，赞美你，并爱上你。”

让天使为之倾倒的山峰该是怎样的姿容曼妙呀！它映在晨光中的剪影亭亭玉立，好似一个脉脉含情的少女翘首远望。雪线以下绿树郁郁葱葱，青草漫山遍地，好像少女穿着绿色的百褶裙；雪线以上一片洁白，亮晶晶的冰川光彩夺目，缭绕的云雾好像半掩着那娇怯的女郎。

少女峰的主要山峰有三座，呈东西向排列，由东而西分别为老人峰、僧侣峰和少女峰。“老人”出自德语，意思是“我在这里”；“僧侣”出自奥地利的一种马的名字；“少女”的原意则是“修女”。僧侣峰横在老人峰和少女峰之间，使它们无法挨到一起，因此产生出种种美好的传说，也为艺术家提供了创作素材。

Alps

Alps……

少女峰看似温婉，却难于攀登，为了让游人能够轻松上山，瑞士人从1896年开始，花了16年的时间，在山上修了一条铁路。为了躲开滑坡和积雪，这条铁路有相当长的部分建在山腹内的隧道里，曾被誉为20世纪初期的一大工程奇迹。直到科技高度发达的今天，人们乘坐着火车向峰顶进发，仍然要感叹当年开拓者们的无比勇气和毅力。

接送游人上下少女峰的火车，是一种特殊的齿轨火车，行驶时发出吱吱嘎嘎的声音，速度缓慢，却像瑞士手表一样给人以精准有力的感觉。齿轨火车的特点就是在每节车厢底盘上安有两个巨大的齿轮，路轨正中加了一条齿槽，列车行驶时，齿轮紧卡齿槽，只能前进，不会下滑，保证了行车安全。上山途中，齿轨火车会在两个位于隧洞中的小站停5分钟左右，乘客可以下车，通过隧洞中凿石开出的几扇大玻璃观景窗，欣赏隧洞外面阳光灿烂的冰雪世界。少女峰的齿轨火车又叫云霄火车，它最终抵达的地方少女峰站海拔3454米，是全欧洲海拔最高的火车站。

1996年，瑞士人发扬先人建设少女峰登山铁路的勇气和智慧，在少女峰海拔3571米的地方，建起了欧洲最高的观景台——斯芬克斯观景台，还架设了瑞士最快速的升降机（垂直高度110米，25秒钟可抵达）。站在这里，长达23.6千米、覆盖面积达117平方千米的阿来奇冰川可以尽收眼底，它是阿尔卑斯山中最长的冰川，也是山中最让人惊心动魄的景色。遇到天气晴朗的日子，甚至能看到远在法国境内的浮日山脉和远在德国境内的黑林山。

从少女峰顶往山下走，一过山半腰，就好似一下子从冬天来到了春天，翠绿的青草铺满山坡，灿烂的山花随风摇摆，牛群像散步一样在悠闲地吃草，清脆的牛铃声在山谷中回荡。一位上了年纪的山民吹起那长长的山笛，笛子的一头弯曲向上，如同一只巨型烟斗，悠扬的笛声随风飘荡开来，与这里安详恬淡的生活相得益彰。

除了少女峰外，中阿尔卑斯山还有不少高峰，如富尔峰、马特峰、艾格尔峰、明希峰等。富尔峰又名罗莎峰，位于瑞意边境，海拔4634米，为瑞士最高峰，也是仅次于勃朗峰的阿尔卑斯山第二高峰。马特峰海拔4478米，形似金字塔，被当地人称为“角”。而对于一般的游人来说，那些海拔4000米以上的高峰更适合远观，而海拔只有3200米的铁力士峰更具有吸

引力。铁力士峰是瑞士中部的最高峰，峰顶上积雪终年不化，山间有千年不化的冰川，能够体现阿尔卑斯山的多面风貌。登山的路比较好走，只要你有勇气就可一试，而如果你懒得动弹，可以乘坐缆车直接登顶。登山的缆车需要换乘三次，第一段缆车是有座位的密封型小缆车，一次可以坐 6 个人，只能上升到海拔 1000 米处。从海拔 1000 米到 1800 米的缆车是无座位的密封缆车，最多能容纳 50 人，没有窗，但缆车四周是透明的，可以四下观景。第三段缆车最为独特，它是世界首创的旋转缆车，车厢能做 360 度的旋转，游人在环顾四望中便登上了铁力士令人晕眩的峰巅。

瑞士拥有 200 多个滑雪场，号称“滑雪天堂”，而这正是沾了阿尔卑斯山的光。铁力士峰的滑雪场排不进瑞士著名的滑雪场之列，但它那长达 82 千米的专业雪道足以让人享受雪上飞驰的乐趣。对于那些胆小的人，可以去坐用橡胶圈制成的欢乐滑雪座，载着你在斜坡道上冲滑而下，势如奔马，既安全又刺激。然而，最让人羡慕的还是那些身上穿着色彩鲜艳的滑雪服，在雪地上画出各种优美弧线的高手们，他们好像雄鹰一样在高坡上自由翱翔，使得这冰天雪地的世界一下子变得生动活泼起来。

号称高山滑雪“麦加圣地”的圣莫里茨高山滑雪场也位于阿尔卑斯山脉的中心地带，这里曾经成功地举办过两届冬奥会。这里的高山滑道在海拔超过3000米的地方，银白色的山坡陡斜雄伟，初学者绝对不敢问津，但可以欣赏专业运动员的精彩表演。从陡峭而崎岖不平的雪坡上向下滑降，同时做出后跳、踢腿、翻跟头等动作，那属于自由式滑雪，其实就是一种特技表演。越野滑雪和像空中飞人一样在雪坡上跳跃，那属于北欧式滑雪。阿尔卑斯山式的滑雪是指沿雪坡滑降，基本动作有直降、横渡和转弯。这种滑降方式和阿尔卑斯式攀登一样，都是最早兴起于阿尔卑斯山区，于是就得到了与阿尔卑斯山相同的名字。

东阿尔卑斯山——大格洛克纳山

东阿尔卑斯山的余脉一直绵延到多瑙河谷，占据了奥地利的大部分国土，所以人们常常把奥地利说成是东阿尔卑斯国，又称它为“山地之国”。“阿尔卑斯”是“草地”的意思，当地人把介于树线与雪线之间的高山草地叫做“阿尔卑斯”，而奥地利山地的旖旎风光恰恰体现出了阿尔卑斯山恬静优美的田园风景。山谷里森林茂密，条条小溪和山泉汇集成小河，顺着山势流淌，山间草地上鲜花盛开，肥壮的牛羊在山坡上吃草，牧羊人高唱着悠扬的牧羊曲，美妙的歌声回荡在山谷之间，犹如一幅美丽的画卷。

东阿尔卑斯山要比西、中阿尔卑斯山海拔低得多，高峰不多，往东逐渐变成了小山丘，这一带的最高峰要数大格洛克纳山了。它是阿尔卑斯山在奥地利境内的最高峰，海拔3797米，有“奥地利屋脊”之称。山上海拔2418米处建有瞭望台，可供游人环望这一带绮丽的风光。

大格洛克纳山属于奥地利最大的上陶安国家公园的一部分，园中的盘山公路被联合国教科文组织定为世界文化与自然双重遗产。一条公路为什么会赢得这样的殊荣呢？只有身临其境，你才会频频对此首肯。

从世界自然遗产的角度看，它的沿途穿越了阿尔卑斯山脉的许多自然奇观，每跨过一个高度，就会出现一段独特的植物景观，宛如一个自然生物博物馆。从世界文化遗产的角度看，它修建于1930年~1935年间，长达50千米，宽只有7米，最高处达海拔2500米。这条路质量很好，路面平坦，绕山而上，状如飘带，其建造之艰辛和维修的难度体现了人类的知识与力量，所以被称为“阿尔卑斯山梦之路”。在奥地利旅行从来都是一路畅通，唯有这条公路上设有收费站，从这个侧面可以看出这条公路的珍贵程度。

大格洛克纳山中最壮丽的景色应数帕斯特泽冰川，它长8千米，宽3千米。游人们拾阶而下，来到宛若石头的冰川上，温度陡降，狭长而深邃的冰缝令人生畏，无不小心翼翼地挪动着脚步，谨慎地与这世界奇观接触。在冰川边上设有一个1960年留下的标记，它说明在过去的40多年间，这条冰川下降了40多米。照这样的速度，用不了多久，这条冰川就很可能在这个地方消失。

Alps……

横亘在欧洲中部的阿尔卑斯山曾给欧洲南北交通造成了极大的障碍，19世纪中叶以前，还没有建起隧道，高大陡峭的西阿尔卑斯山和东阿尔卑斯山很难横跨，人们只有到东阿尔卑斯山去，那里有不少低矮的山隘通道可以穿越。在这一带，德国通往意大利的最短路线有两条，一条是走埃伦贝格山峡、费恩山口和雷申沙伊德克山口，另一条是走沙尔尼茨和勃伦纳山口。经过萨尔茨堡山口和克恩滕山口的路线比较长，走的人也少。还有一条路线是经普勒肯山口和塔利亚门托河谷，可以直接到达意大利的“水城”威尼斯。如今，随着一条条隧道的相继建成，昔日的天堑变成通途，穿越阿尔卑斯山不再是什么难事了。

Mount Saint Michel

圣米歇尔山

天主教第三大圣地
号称“西方奇迹”
有“法国的泰山”的美誉

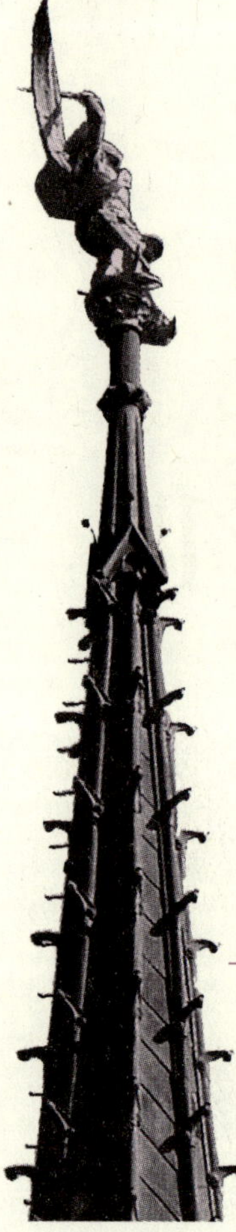

Mount Saint Michel

地理位置:位于法国北部诺曼底和布列塔尼之间,坐落在圣马洛海湾中一个巨大沙洲中部的小岛上,面对着英吉利海峡的诺曼底海岸。地属芒什省,距离海岸2千米。

基本地貌:小岛长900米,由耸立的花岗石构成,经常被大片滩涂包围,只有在涨潮时才成为岛。圣米歇尔山呈圆锥形,海拔78米。

气候特点:属湿润海洋性气候,冬季温和,平均温度为7℃,夏天凉爽,平均温度为16℃。四季多雨。

动植物分布:山下有宽阔的草场,草场上有成群的绵羊。

游览须知:岛上的东西很贵,同样的东西花一半价钱就能在诺曼底买到。圣米歇尔山的入口处张贴着海水涨退的时间表,切记于潮涨时远离岸边的沙地。在大涨潮期间,涨退之差距可达12米~14米,当潮水以高速涌至时,如走避不及,会被海水淹没。

Mount Saint Michel

如果只以高拔而论,圣米歇尔山根本无望排进名山大川的行列。与其称它为一座山,不如说是一个小丘。但由于它背靠浩瀚的大海,周围是一大片空旷的沙地,没有树木遮蔽,因此显得比实际高度要高得多。从海上望去,它就像一个巨大的圆锥孤零零地浮动在白色的浪花上,难怪19世纪法国文学大师雨果送给它一个“海上金字塔”的别名。

“山不在高,有仙则名。”让圣米歇尔山扬名天下的仙人就是米歇尔。圣米歇尔山原名同巴山,古时候荒无人烟,是凯尔特人敬神的地方。相传在公元8世纪初,居住在阿弗宏许地区的奥贝主教在睡梦中见到了米歇尔天使,天使指示他在岸外刚被海水送来的一堆岩石上建设祈祷所,奉米歇尔为守护神。米歇尔是基督教传说中著名的武天使,守护着天堂入口,英勇无比,曾经战胜过魔鬼撒旦。他还负责称量人类的灵魂,区分善恶;引领人们进入天堂,使他们免受恶鬼的诱惑。随便做了个梦,奥贝主教并没在意,没想到同样的梦一连做了三次,当米歇尔第三次在奥贝梦中出现时,他显然已经失去了耐心,用手指在奥贝脑门上戳出一个洞。奥贝不敢怠慢,赶紧着手动工。在阿弗宏许的圣维杰宝物室，至今还可以见到一个留有指孔的头盖骨，据说那就是天使米歇尔用手指戳出来的。

同巴山不高却陡峭，空手攀登尚且不易，别说在上边建屋造殿了。可是在宗教信徒们的心目中，神的旨意是绝对不可以违抗的。无数的教士和劳工们肩抬手提，从布列塔尼各地运来整根的木椽和四方的石料，小心翼翼地经过暗藏杀机的流沙，再一步步拉上山顶。在这个过程中，曾有数十条满载着建材的船只被汹涌的海浪打进海底，而被海浪冲得不知去向的运输马车更是不计其数。材料凑齐了，还要将花岗岩山头铲得平平整整，在没有火药和十字钢镐的情况下，其难度可想而知。多亏了当时的人们心中充满了对上帝的虔诚信赖和对圣米歇尔的敬畏，才克服了那些难以想象的艰辛，最终在山顶建成了一座教堂，命名为圣米歇尔教堂，而这座小山丘从此就改名为圣米歇尔山了。

13 世纪时，人们在原先那座小教堂的基础上建成了气势恢弘的圣米歇尔大教堂，它是一座与巴黎圣母院同时期的著名建筑，哥特式的尖顶高耸入云，整个教堂竟比赖以存在的小山高出近两倍。在教堂钟楼顶端矗立着金色的大天使圣米歇尔的雕像，他手持利剑，直指苍穹，十分壮观。这座雕像也是教堂的最高点，实际上起到避雷针的作用。由于地处山顶，原先那座小教堂屡遭雷击，而有了这个独特奇妙的设计后，大教堂便安然无恙，不知内情的信徒们还以为是大天使用神力庇佑着诺曼底的大地。

圣米歇尔山上不仅有雄浑壮观的圣米歇尔大教堂，还有以梅韦勒修

道院为中心的6座建筑，它们共同组成了一个典型的哥特式建筑群。这些建筑是在800年间时断时续建成的，风格各异的众多建筑师和艺术家都在那些坚硬的花岗岩上留下修整和雕凿的痕迹，但整体风格却和谐一致。每一条拱线，每一条花纹都向上冒出尖顶，所有尖顶错落有致，井然有序，形成了一股向上飞升的合力。从上面看每一层尖顶都在基本相同的层面上，但它们底下的建筑石基却相差甚远。

当山上的古老教堂变得拥挤不堪时，这里又开始了法国建筑史上奇迹般的扩建工程。一般的教堂扩建总是横向发展，而这里因为花岗岩石的地基左右前后都没有扩展的余地，新教堂只好朝纵向发展。最令人叹为观止的是，这里的扩建不是在旧址上重建新屋，而是将旧教堂的屋顶完全填实，在上面直接建起崭新的教堂。被填平的教堂就是被称为"地下的圣母堂"的古教堂。这里由罗马式的大石柱支撑起来，改为储存食物和收留贫穷朝圣者的地方。在法国大革命期间，这里曾经做过监狱，囚禁过一些著名人物。事实上，直到1863年，法国政府才停止向这个小岛流放犯人。

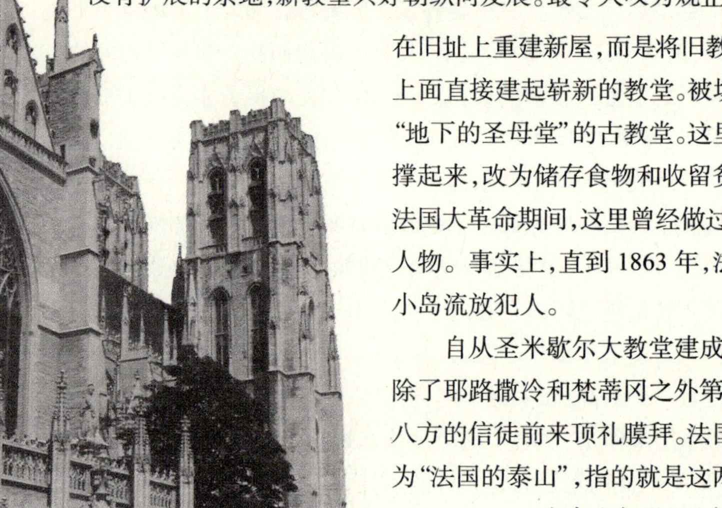

自从圣米歇尔大教堂建成后，这里就成为天主教除了耶路撒冷和梵蒂冈之外第三大圣地，吸引了四面八方的信徒前来顶礼膜拜。法国前总统密特朗把它赞为"法国的泰山"，指的就是这两座山都是朝圣之地。

去泰山朝圣，至多是又苦又累，而到圣米歇尔山朝圣，却要冒着生命的危险。首先是包围着这座孤岛的流沙地带特别可怕，表面平坦光滑，内部的暗流却像蛇一样能缠住人腿，如果在慌乱中不能及时拔出双腿，整个人就会被流沙吞噬。其次是这里的潮水以落差巨大而著名，每当望月和朔月涨大潮时，海水就会从15千米以外的大西洋奔涌而来，以每小时10千米的速度向圣米歇尔山挺进，势如万马奔腾，只是短短十几分钟的时间，就把圣米歇尔山变成一座海上孤岛。而过了不久，潮水又会退得干干净净，只留下一片被水弄湿的沙泥。在春季和秋季，海水涨落的落差可达到15米高。曾经有好多试图趟过海水上山的信徒，因为不了解这里海潮来去无常的特性，结果稀里糊涂地被卷走了。

在1337年至1453年的英法百年战争中，圣米歇尔山曾遭到英国人的围攻，有

圣米歇尔山城堡

Mount Saint Michel

119 名法国骑士躲进了山上的修道院里，他们依靠着围墙和炮楼，抗击英军长达 24 年之久，创造出了一项人类战争史上的奇迹。帮助法国骑士们创造奇迹的就有这里的潮水。他们每次只要坚守半天，势如奔雷的涨潮就会淹没通往陆地的滩涂，于是就为他们赢得宝贵的半天休息时间。在那场旷日持久的战争中，圣米歇尔山成了诺曼底地区唯一没有陷落的军事要塞，却有 100 名骑士献出了生命。从此，圣米歇尔山便成了法国人的骄傲。百年战争结束后，法王路易十一亲自批准在这里成立圣米歇尔骑士团。骑士们盔明甲亮，身披绣着金丝银线的宽大斗篷，背后飘扬着陪伴着他们浴血奋战的大旗，那时刻让法兰西人觉得扬眉吐气。

如今，来圣米歇尔山观潮已经成为欧洲人旅游的重要项目。当年帮助法国骑士坚守孤岛的潮水仍然浩大而迅猛，但人们已经了解了它的脾气，不会觉得它恐怖，反倒觉得它有趣，称它为欧洲最具戏剧化的潮水。每当大潮涌来的时候，山上的大喇叭里不断地用五六种不同的语言发出警报，催促人们把停车场上的汽车开走。而总是有人故意和时间与潮水玩一把惊险的游戏，直到最后一刻才去开车，一旦来不及，汽车就会像玩具一样被潮水漂浮起来。至致游人在沙滩上玩得忘情，以至于被潮水围困的情形更是时有发生，只好水淋淋地等待救援了。

过去，前往圣米歇尔山的交通十分不方便，人们到山上朝拜或游览都必须乘船。1875 年，人们在陆地与小岛之间修筑起一条大堤，顺着它就可以直接进入圣米歇尔山。在大堤离小岛两三米的海面上还搭建起一座小桥，这是小岛唯一的出入口。过了小桥，经过三道大门，便来到了岛上唯一的街道上。街上的小商店鳞次栉比，游人熙熙攘攘，可以在这里买到许多纪念品。游人在这里的历史博物馆中可以看到15世纪~18世纪法国的铜版画和大理石雕像，还有19世纪风靡法国的透景画和古代名人雕像。此外，博物馆里还陈列着古代的各种兵器和各种文物。从博物馆出来，沿着石阶来到圣米歇尔山的最高处，眺望碧波万里的大海，那飞银扬雪的浪涛拍打着金色的滩涂，景色分外壮美。

千百年来，圣米歇尔山一直游走在“陆地”和“海岛”这两种身份之间。潮水来了，它威严屹立在惊涛骇浪之上，亮出了冷漠而高傲的面孔；潮水退后，树绿沙白，天蓝风清，它又换上一副平易近人的面孔。潮来潮去，山定水绕，日复一日，年复一年，使它赢得了“西方奇迹”的美称，可是由于泥沙的长期沉积，使得这一带海底逐年增高，退潮之后，小岛周围的海底已经完全露出了海面。照这样发展下去，几十年后，圣米歇尔山就有可能变成陆地的一部分。为了保护这个珍贵的文化遗产，联合国教科文组织和法国当局正在积极采取补救措施，其中之一就是拆除通岛长堤，代之以天桥，以便海浪能够重新冲刷圣马洛海湾，让这个童话一般的人间仙山永远屹立在大海之中。

Schwarzwald 黑林山

德国著名的旅游胜地
冬季运动的中心地区之一
世界著名的矿泉疗养胜地

黑林山不是一座山的名字，而是一片并不连绵的山区。海拔高度由南向北逐渐降低，东部和北部山势渐缓，山峰由陡峭变得浑圆而平坦，低矮的山丘不过500米，最高峰费尔德山也不过海拔1493米，如果放在峰峦叠嶂的阿尔卑斯山中，简直就是一抔土石。然而，这里却是德国人最喜爱的旅游胜地，他们来到这里不是为了爬山，而是为了休闲和疗养。

黑林山的自然环境确实值得称道。山上森林密密匝匝，参天古树好像撑开了一把把巨伞，遮天蔽日，使林中很难见到一丝光线，因此极其幽暗，人在其中仿佛被笼罩在黑漆漆的夜色中，“黑森林”就是由此而得名。黑林山

地理位置：位于德国西南端，坐落在巴登—符腾堡州的斯图加特市西部，沿莱茵河和法国、瑞士相接。

地质特征：主要由古老的结晶岩组成，由岩浆在地表下侵入固体岩层后，冷凝固结而形成块状结晶体。

基本地貌：为一块起伏缓和的高原山地，东北—西南走向，南北长160千米，东西宽20千米~60千米不等。西麓与莱茵河谷地相连，山势陡峻，东坡较缓。一般海拔在500米~1000米，最高峰费尔德山海拔1493米。多峡谷、盆地、湍流、瀑布和矿泉。

气候特点：气候温和湿润，7月份平均最高气温为25.5℃，1月份平均最低气温为-1.4℃。年均降雨量在690毫米左右。

动植物分布：西、南坡多葡萄园，东、北坡富云杉、冷杉和松林。常见的动物有狐狸、鹿、鹰、野鸡等。

游览须知：木雕业是这一地区的传统工艺，有各色人物、工具和乐器等。

Schwarzwald

在德语中的意思就是“黑色的森林”，这一地区也常被称做黑森林。

黑森林开发的历史并不长，过去由于交通闭塞，人迹罕至，再加上森林密布，沟壑纵横，猛兽横行，据说还有野人出没，许多恐怖而神秘的故事越传越远，令人望而生畏，称它为“地狱谷”。在罗马帝国统治时期，一支罗马军团行军打仗路过这里，官兵们又累又渴，恰好这一带有很多矿泉水池，他们就痛痛快快地狂饮起来，有人干脆跳进泉水中洗个凉水澡。他们惊奇地发现，这里的泉水不仅能解除人体的疲劳，还能治疗皮肤病、关节炎。后来，一群修道士来到这里，发现黑森林一带的山谷中阳光充足，土质肥沃，而且远离尘嚣，环境幽静恬淡，正是修身养性的“世外桃源”，他们便在这里建起了修道院，成了黑林山的第一批定居者。

第二次世界大战后的最初几年，西德的经济状况十分糟糕，当地居民不得不上山砍伐木材，用于盖房和取暖，使得黑森林的大片森林遭到破坏，水土流失现象越来越严重。德国政府痛下决心，采取有力措施，禁止滥砍乱伐，并且拨款支持当地人用速生树种造林。经过几十年的努力，黑森林又恢复了昔日的风采。山间天然牧场多多，绿草萋萋，好像一块块绿色的地毯铺在树林之间，成群的牛羊在山坡上吃草，好像天空中飘来一朵朵白云。山坡上数不清的泉眼常年流淌着清甜的泉水，形成了无数的小河，最终汇入莱茵河。林间农舍小镇若隐若现，一派田园风光。来到这里，人们恍惚间来到了瑞士。

黑森林地区一年四季都有好景致。春天，林间鲜花盛开可踏青；夏日，树木林立可避暑；秋季，满山色彩斑斓可赏景。到了冬日，一般的游览地都是人迹萧索，而黑森林地区却依然人头攒动，热闹非凡。这一地区降雪量很大，一场大雪过后，沿莱茵河谷一带那些海拔几百米的小山全都铺上了一层雪白的厚“地毯”。每逢节假日，德国人常常是全家出动，穿上滑雪服，扛着滑雪板、雪橇，从城里坐上短途火车或公共巴士前往黑森林。来到之后，不用走多远，随便选择一块坡地，顺坡而下，就可以享受到在雪地上如闪电一般划过的惬意与快感。据说，德国的滑雪运动就是从这里流行开来的。这一带的最高峰费尔德山还是欧洲著名的冬季运动赛场，有好几项世界级的滑

IVAN
TURGENEV
1818—1883
BADEN—BADEN
1863—1870

雪比赛，如FIS（国际滑雪联合会）世界杯就曾在这里举行。

登上费尔德山顶不是一件难事，四周的群山和点缀其间的草场农舍尽收眼底，但在这里最时髦的不是登山，而是“Wandern”，意思是“在山里走”。黑森林地区是世界有名的“山间行走”运动地点，参加这项运动的人要脚蹬Wandern鞋，一手拄一支Wandern棍，身穿Wandern衣裤，按照事先选好的路线，轻松上路，一走就是一天。这里的道路管理非常好，无论是车道还是步行道，都有清晰的标志，不用担心走错路。黑森林地区有不少餐厅就是针对参加Wandern的游客而开设的，饭菜实惠，提供的热能很大。有许多美国和加拿大人不远万里来到这里，就是为了Wandern一番。

雪也滑了，路也走了，黑森林的面貌却没有展示完全。在它的北部有一座风景如画的小城，四周群山环抱，名叫巴登巴登。这个名字听起来有些古怪，其实，“Baden”在德语中是“洗澡”的意思，德国地名中有许多是以Bad结尾的，往往意味着那里是个疗养胜地，往往有温泉或矿泉，可以洗澡。巴登巴登城中的温泉最负盛名，早在古罗马时代，酷爱洗澡的古罗马人就在这里建起了浴场，如今遗址犹存，可免费参观。19世纪以后，这里又成为欧洲皇室、显贵们休闲疗养的地方，美称“欧洲夏都”。“铁血宰相”俾斯麦当政时，特别喜欢来这个小城开会，大约跟中国的政治家喜欢选择庐山开会是同样的用意。

巴登巴登不仅是德国第一号的温泉疗养地，还是欧洲有名的“销金窟”，常被拿来与美国赌城拉斯维加斯相比，每年约有60多万富豪从世界各地飞来这里一掷千金。这里的氛围非常安静，甚至让人怀疑它不是赌城。赢了钱的，一出门就会钻进那些豪华的商店，一出手就是几万几十万；输了的，不过笑笑而已，默然离去。巴登巴登的最大赌场甚至也不叫赌场，而叫“休闲宫”。宫中除了可以赌博，还可以欣赏音乐，翩翩起舞。白天，休闲宫可以付费参观；到了晚上，这里就成了一个高雅的娱乐中心。要进入这里，必须西装革履，系好领带。对于财力一般的游客来说，还是不要进休闲宫为好。如果你想过把瘾，城中有不少小赌场，随便试试手气，输了也不会伤筋动骨。

作为一个旅游地区，黑森林不仅有处处自然美景，而且有处处人文胜迹。如画的河谷和苍郁的山丘上，几百种蝴蝶与鲜花争艳。一到节假日，山区的居民们就会穿上刺绣镶边的传统民族服饰,载歌载舞,尽情欢乐。大学城弗赖堡通常是游览黑林山的始点,这里有鹅卵石铺地的教堂广场,还有一座花了300多年时间才建成的高大的哥特式大教堂。位于弗赖堡北部的圣梅尔根小城有着众多的黑色木结构农舍,周围是精心修剪出来的大片绒毯般的草地,房前屋后鲜花盛开。黑林山的西部葡萄园顺山势绵延,在优美的小镇施陶芬一边啜饮着香醇浓郁的葡萄酒,一边听着浮士德炼金的故事,感受绝对不同一般。在布赖萨赫小镇上,有一座巨大的木雕圣坛,堪称德国木雕中的杰作,只可惜那位雕刻大师没有留下姓名来。阿尔皮斯巴赫的教堂是德国巴西利卡教堂中的精品,这座年近千年的教堂几乎没有整修过,一派古意盎然。富特旺根小镇的时钟博物馆里有各式各样的钟表,附近几个小镇上钟表店林立。特里贝格瀑布总高100多米,是德国境内最大的瀑布。1877年德皇曾到这里巡游,1922年海明威也曾光顾过这里。

如果你时间充裕,可以沿着黑森林地区有名的"神奇之路"走一趟。这条旅游线路的起点在巴登巴登,终点是位于博登湖畔的康斯坦茨,全长约300千米。一条路上有森林,有古堡,还有湖泊,气象万千,魅力四射。路过小城卡尔夫时一定要下车看一看,这里是诗人兼小说家赫尔曼·海塞的故乡。路过蒂宾根时不要忘记看一看这里的大学教堂、城堡、市政厅,感受一下被德国人称做孕育诗人和哲学家之地的特有风韵。

黑森林地区还有一处特别吸引游人的地方,那就是蒂蒂湖。它不是很大,但正好处在多条旅游线路的交汇点上。在这里你可以坐上游船,环湖一周观光,也可以坐上起点为天堂国终点为地狱谷的小火车,在高差625米的地段中游览。游客们还常常在这里选购黑森林地区的特产,最受欢迎的是布谷钟。它是由手工精心制作而成的,早在1640年就问世了,每当报时时,就会蹦出一只布谷鸟,用它那清脆悦耳的叫声告诉人们时间,叫几声就是几点钟,颇有意趣。

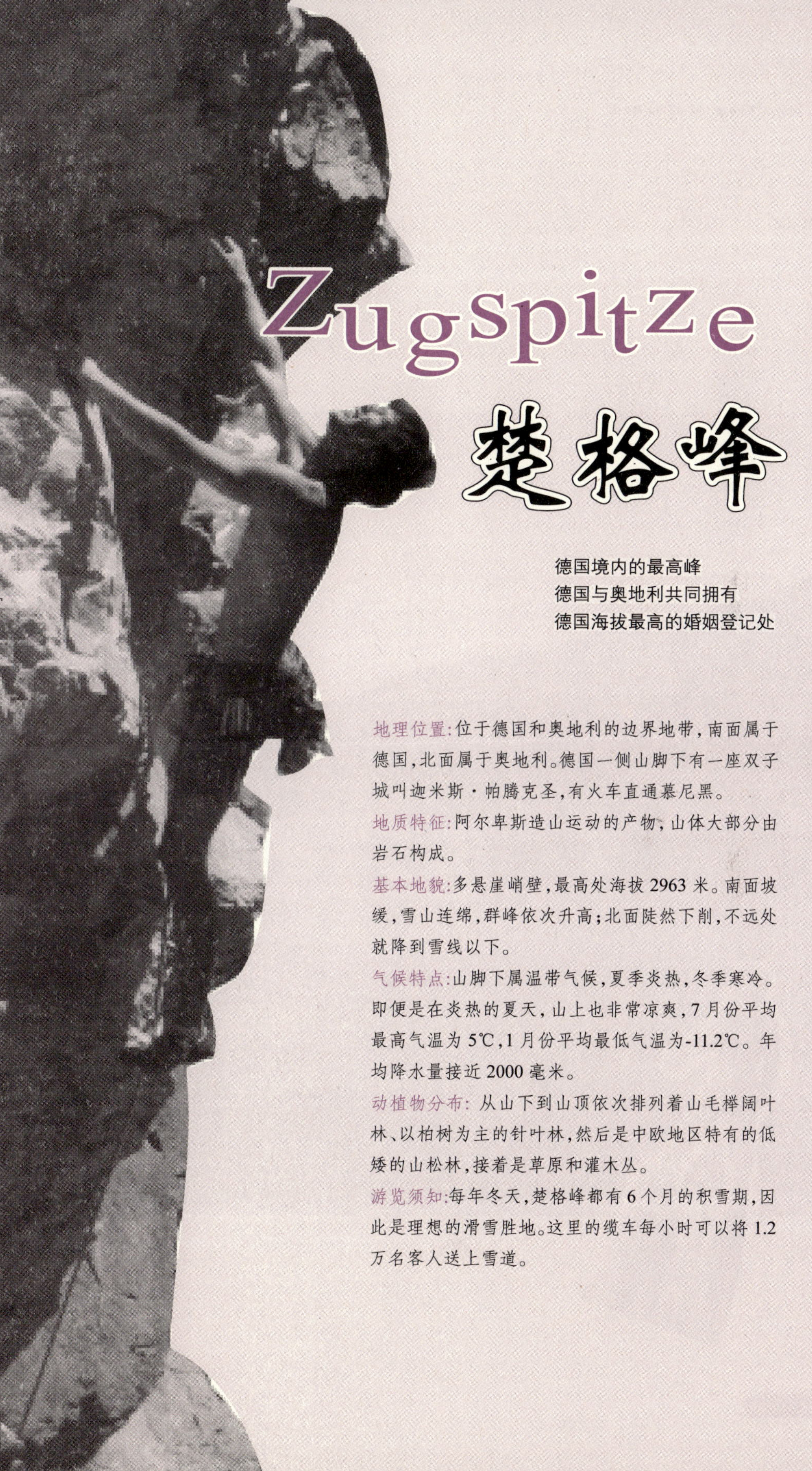

Zugspitze

楚格峰

德国境内的最高峰
德国与奥地利共同拥有
德国海拔最高的婚姻登记处

地理位置:位于德国和奥地利的边界地带,南面属于德国,北面属于奥地利。德国一侧山脚下有一座双子城叫迦米斯·帕腾克圣,有火车直通慕尼黑。

地质特征:阿尔卑斯造山运动的产物,山体大部分由岩石构成。

基本地貌:多悬崖峭壁,最高处海拔2963米。南面坡缓,雪山连绵,群峰依次升高;北面陡然下削,不远处就降到雪线以下。

气候特点:山脚下属温带气候,夏季炎热,冬季寒冷。即便是在炎热的夏天,山上也非常凉爽,7月份平均最高气温为5℃,1月份平均最低气温为-11.2℃。年均降水量接近2000毫米。

动植物分布:从山下到山顶依次排列着山毛榉阔叶林、以柏树为主的针叶林,然后是中欧地区特有的低矮的山松林,接着是草原和灌木丛。

游览须知:每年冬天,楚格峰都有6个月的积雪期,因此是理想的滑雪胜地。这里的缆车每小时可以将1.2万名客人送上雪道。

Zugspitze

作为德国境内的最高峰，楚格峰2963米的高度并不值得炫耀，但由于山势险峻，地形非常复杂，在很长一段时间里，凡是想征服它的人总是有去无回，于是就流传开了种种说法，说是楚格峰不欢迎人们去探山。直到1821年，巴伐利亚军队一名27岁的少尉军官瑙斯才第一次登上它的顶峰，丈量了它的高度，并为巴伐利亚王国勘探了边界。

楚格峰神秘的面纱已经被揭开了，登山第一人的桂冠也戴到了瑙斯的头上，但每年仍有大量登山爱好者来到这里，进行徒步攀登。登山的路有两条，一条坡度较缓，一条比较陡，但好多人舍易求难，偏偏要从那条陡峭的山路往上爬。攀登楚格峰有相当的危险性，看到那些登山者拿着镐头和绳索，一步一步地向上攀爬，真是让人为他们捏了一把汗，而他们从中获得的刺激和乐趣却是局外人体会不到的，更不要说山越陡越能磨炼出人的坚强意志。

对于大多数游人来说，乘坐火车和缆车上山下山是最好的选择，既省时省力，又安全可靠。从加米施的楚格峰火车起点站(海拔710米)出发，坐上蓝白色的齿轨火车，大约行驶75分钟就可以到达海拔2600米的楚格峰冰川平台。楚格峰是德国唯一有冰河的地方，不论冬夏，终年积雪。

齿轨火车是专为爬山设计的，轨道与常见的火车轨道不同，在枕木的中间还铺有一条铁轨，上有空洞；而车身的底部装有齿轮，齿轮转动，轮齿就一一对应地插入中间铁轨的空洞里。这样，不管多陡的山坡，火车都不会下滑，保证了行车安全。

这一路上山林的色彩非常丰富，先是绿油油、平展展的青草地，然后进入黑压压的林地，开始是红黄色的阔叶林，而后是暗绿色的针叶林。这些树木伟岸高直，从根到梢几乎没有一点小弯，像是比着尺子画出来的一般。掩映其中的深褐色的木头房子，那是当地人为牛羊搭的棚子，跟周围的环境非常协调。如果是冬季，车厢里会坐满头戴滑雪帽、身穿滑雪衣的游人，火车车厢的外壁上装有一排卡槽，各色各样的滑雪板往里一插就行了，非常方便。

随着地势的增高，山势越来越陡，火车一头扎进一条黑咕隆咚的隧道里，在里面行走了大约十几分钟的样子，突然眼前一亮，火车“重见天日”。从车窗里向外望去，竟然变成了一片银装素裹的世界：往上看，玉峰挺立，蓝天无垠，除了蓝白两色，不再有别的颜色；往下看，黑白分明，雪线下面是黛色的树林，上面漂浮着白色的云雾。这瑰丽的景色不禁让游人们发出不断的惊叹。

到了楚格峰冰川平台，登山小火车就到达了终点，滑雪爱好者也到达了目的地。让人意想不到的是，在插入云霄的楚格峰前，竟有一大片开阔地，雪厚坡缓，简直是天造地设的天然滑雪场。这里高天如洗，青冥浩荡，在无遮无拦的阳光照射之下，积雪白得发亮，亮得刺眼，而那些滑雪爱好者们好像一颗颗五颜六色的流星，在大小法克森峰之间的鞍部左冲右突，凌空飞降后又被传动的绳索牵上高处，好似腾空驾云一般。楚格峰前有两座山峰昂然矗立，大的叫大法克森峰，小的叫小法克森峰，远远望去，好像是伫立在楚格峰前的两名卫士。据了解，因为这里地势比较高，每年的积雪期都在 6 个月左右。也就是说，一年中有半年可以给人们带来滑雪的乐趣。

下了登山火车后，还要换乘“冰川”号缆车，再乘坐一段电梯，才能真正到达楚格峰的山顶。置身绝顶，强劲的寒风自天边而来，呼呼作响，仿佛要把人像雪片一样卷入空中。好在山顶上有一个木制的大平台，可以容纳数百名游客，四周围有栏杆，让人心里多少踏实一些。凭栏眺望，如果赶上天晴日朗，坐落在德、奥、意、法、瑞五国境内的 400 多座阿尔卑斯山的奇峰全都历历在目。幸运的是，楚格峰上的好天气格外多，一年中有 100 多天，这在以阴霾出名的德国实在是个例外。

从木制平台北侧沿一条曲径拾级而上，有一处峭壁，峭壁上一条钢索直通到对面两块巨大的岩石上，那就是楚格峰的自然峰顶。上面耸立着一个铜质的十字架，那是 1851 年树立起来的，高 4 米，重达 135 千克。当云开雾散的时候，阳光照在这个德国之巅的标志上，反射出一片灿烂的华光，让人不由得生出景仰之情。

离山顶大约 300 米处有一座小教堂，建于 1981 年，内有美丽的壁画。它不仅是全德国海拔最高的教堂，还是德国海拔最高的婚姻登记处，很多年轻人特地来这里登记结婚。这里还有一家网吧，从这里游人可以向他们在世界各地的朋友致以“全德最高”的敬意。

楚格峰为德奥两国的共同拥有的山峰，从山顶沿一条羊肠小路下山，可以见到一块奥国的界碑，这就说明你已经踏上了奥地利地界（因是旅游区域，无人阻拦）。界墙上留有游客们密密麻麻的留言，大概不外乎“某某到此一游”之类。墙前摆放着一张桌子，上边放着一个签名簿，供游客签名留念。从奥地利那边也有缆车上山，两国的缆车站通过一个空中走廊连接起来，只要推开那扇通往奥地利的门，你就可以亲自体会到“一脚踏两国”的奇妙感受。

从楚格峰顶往回走，不妨换一下路线，那就是在海拔 2964 米的山顶观景台乘“艾泊湖”号缆车，来到海拔 1000 米处的艾泊湖畔。从山顶望下去，镶嵌在山谷里的这一汪湖水，就像一块浓黑的翡翠，仅在最浅的边缘透出一点明亮的嫩绿色，特别像是天然宝石被切开后的样子。到了近前，感觉比远观还要漂亮。湖水清澈见底，四周都是茂密的树林。宝蓝色的湖面上有几个小岛，因为湖水很浅，小岛的四围全是碧绿色，好像镶上了美丽的花边。

楚格峰脚下是一座令德国人感到骄傲的小城迦米斯，它和毗邻的帕藤克圣合并而成双子城，共同拥抱着壮丽的楚格峰。欧洲人都佩服德国人的严谨，却不屑于他们的美感，而在迦米斯城中，这种成见顿时就被打破了。城中圣马田教堂的巴克洛建筑物美丽高贵，就连当地很多民居的墙上也画满了壁画，图案花纹精致非常。据说只有位于海拔 1000 米以上的度假村，才有资格入选国际 A 类山地度假村，而迦米斯海拔只有 720 米，却能破格进入这一行列，足以说明它在各个方面都有着相当的征服力量。

Apennines
亚平宁山脉
意大利半岛的主干山脉
维苏威火山是欧洲大陆唯一的活火山
埃特纳火山是欧洲最高的活火山

Apennines

地理位置:西起阿尔卑斯山脉西南端的卡迪蓬纳山口,向南呈弧形延伸,隔墨西拿海峡又在西西里岛突起,全长1270千米,南北两端较为狭窄,宽约30千米,中部较宽,可达200千米。

地质特征:山脉由一系列山地和丘陵组成的年轻的褶皱带,北段主要由砂岩和泥灰岩组成,中段由石灰岩和白岩组成,南段由石灰岩和花岗岩组成。地壳极不稳定,多火山和地震。

基本地貌:山势不高,多为山地和丘陵,科尔诺山为最高峰,海拔2914米。山脉多是块状分布,山间错落着许多凹地。山脉北段较陡峭,受河流切割也较为强烈,南段地势较平缓。

气候特点:气候具有明显的垂直变化的特点,年降水量在1000毫米以上,位于热那亚湾东岸迎风坡的基亚瓦里年降水量在3400毫米以上,是意大利的多雨地区。高山区气候与欧洲内陆相似,年均气温在15℃左右,但有地中海气候调节,降雨较多。

动植物分布:植被主要为落叶松,以山毛榉林为主,森林植被的上限在2000米左右,往上则是高山草甸。主要动物有棕熊、小羚羊、狼、野猪等。主要农产品有橄榄、柑橘和葡萄。

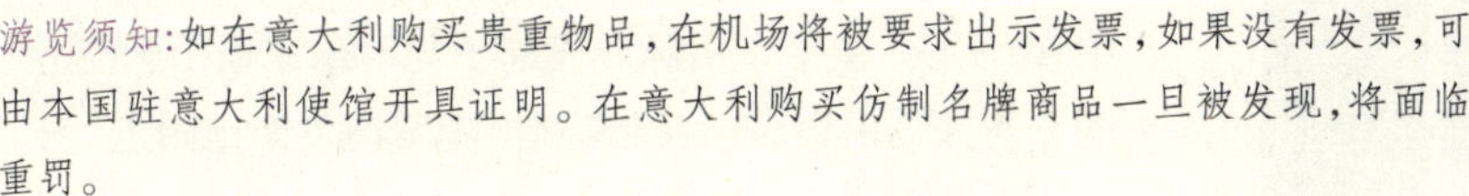

游览须知:如在意大利购买贵重物品,在机场将被要求出示发票,如果没有发票,可由本国驻意大利使馆开具证明。在意大利购买仿制名牌商品一旦被发现,将面临重罚。

Apennines

不同人眼里的亚平宁山脉

亚平宁山脉属于阿尔卑斯山向南延伸的分支,虽然血缘关系如此之近,但亚平宁山脉的景色远比阿尔卑斯山逊色。阿尔卑斯山奇峰纷呈,而亚平宁山脉的景观却很单调,大部分山峰呈圆形,彼此差异不大。

然而,在历史学家的眼里,亚平宁山脉见证过历史上许多著名的战事,这里的满山松涛似乎永远吟唱着英雄的史诗。公元前217年春天,迦太基名将汉尼拔从阿尔卑斯山南麓的高卢拔营南下,向罗马进军。自负的罗马人以为他肯定会走大路,便将重兵囤积在大路上,但汉尼拔却出乎意料地翻过亚平宁山脉中部,沿着山前的沼泽地艰难地跋涉了整整四天三夜,犹如神兵天降,突然出现在科托纳城下。这次行军被史学界公认为是世界战争史上第一次伟大的迂回作战,汉尼拔本人为此付出的代价,便是因眼疾和劳累导致一目失明。汉尼拔率领的迦太基非洲军团攻破科托纳城后,又在靠近特拉西梅诺湖的峡谷中设下伏

Apennines

击圈，一仗下来，罗马两个军团共计 2.5 万余人全军覆没，而汉尼拔这一方只损失了 1500 人。从公元前 218 年 5 月出征以来，汉尼拔率领一支缺衣少食的军队，在亚平宁半岛上纵横驰骋，所向披靡整整 16 年，将当时世界上最精锐的罗马军团打得丢盔卸甲。如今斯人早已作古，但他的战绩却与亚平宁山脉一道彪炳千秋。

在文学家的眼里，亚平宁山脉也有它的动人之处。英国著名诗人雪莱曾经写过一首《过亚平宁》，其中有这样的诗句："白天，亚平宁是灰暗、雄伟的崇山峻岭，绵亘在天地之间，而到了夜晚，映着朦胧星光，展开一派混沌，展开风暴，亚平宁四出巡行。……"

而亚平宁山脉摆到地理学家的面前，却成了一道难题。尽管它的岩层种类多变，却缺乏明显的地理特征，长期以来，居然没有人能准确地为它划分出区域范围来。19 世纪以后，大多数地理学家倾向于把它分为北、中、南三段。亚平宁山脉北段起于与阿尔卑斯山脉交界的卡迪蓬纳山口，一直持续到梅陶罗河发源地附近。亚平宁山脉中段从梅陶罗河发源地一直延伸到桑格洛河。从桑格洛河向南，亚平宁山脉转向了第勒尼安海，这就是亚平宁山脉南段。

亚平宁山脉三段还是有些差异的。亚平宁山脉北段开始处的圣则阿科莫山是一个山脉结束，另一个山脉开始的地方，这里是阿尔卑斯山脉和亚平宁山脉的最低点，也是从法国进入意大利唯一不会碰到高山峻岭的地方，当年拿破仑的大军就准备从这里进攻意大利。这一带山脉的高度一般低于海拔 2000 米，冬季相当寒冷，很多地段被开辟为滑雪场。这里还是许多河流的发源地，雷诺河和梅陶罗河由此出发流入亚德里亚海，塞尔奇欧河、亚诺河及台伯河也发源于此，最终注入第勒尼安海。

亚平宁山脉中段是整个亚平宁山系中最高、最曲折的部分，这里冬季比较漫长，降雪量非常大，厚厚的积雪覆盖着群山，在阳光的照射下金光闪闪，煞是耀眼。亚平宁山脉的最高峰科尔诺山就坐落在中段，这里森林茂密，以野生动物而著名，有一种熊是意大利特有的。由于人们长期向北部迁移或向当地城市迁移，这一带留下了许多被遗弃的古代高地村落。

亚平宁山脉南段景观多样而美丽，有为森林所覆盖的山地和高原，有喀斯特景观的陡坡山体，还有近期曾活动过的火山，著名的维苏威火山就在这里。

在城市学家看来，亚平宁山脉给世界著名城市的演进提供了最好的舞台。比如意大利名城佛罗伦萨，就坐落在亚平宁山脉中段西麓的盆地中。按照意大利语的发音，我国著名诗人徐志摩把它译成“翡冷翠”，虽然这个名字现在不通用了，但却成为对这座古城最诗意的诠释。那雕像林立的广场，各色大理石砌成的钟楼，巍峨的宫墙，石头铺成的街道，铃声叮叮的马车，仿佛这里的一切还都停留在中世纪。时间无情地褪去了它华贵的色彩，却抹不掉它优雅的气质。

意大利人提起佛罗伦萨来，总是一脸的骄傲。早在15世纪时，这里就成了欧洲最著名的艺术中心，无论是诗歌、绘画，还是雕刻、建筑，哪个方面都走在整个欧洲的最前面。如果说意大利是文艺复兴的发源地，那么它最初的曙光就是从佛罗伦萨升起的。有人说，佛罗伦萨城内的每一个角落里，都隐藏过一个绝世的天才，这话并不是夸张。文艺复兴的伟大先驱诗人但丁、科学家伽里略、政治理论家马基雅弗利、天才的艺术家达·芬奇和米开朗基罗等，都是这座城市上空最明亮的恒星。

“燃烧”的索尔法塔拉火山

亚平宁山脉不是一条火山带，但由于它处在年轻的褶皱带和古老的地块的接触地带，地壳很不稳定，尤其是在亚平宁山脉南段靠近第勒尼安海的地段，经常发生火山喷发，

意大利著名的火山都集中在这一带。

活火山喷发时的情景自然是很恐怖的，不喷发时的火山是不是就会很安静了呢？那就让我们来看一看位于那不勒斯市西面的索尔法塔拉火山。它的火山口呈椭圆形，长约800米，宽约600米，周长约为2000米。这个火山口是1198年火山喷发时形成的，从那以后，它就一直没有停止过喷发，但喷发出来的不是火山熔岩，而是泥浆，每次喷发时都伴有频繁的地震，因此有人叫它"地狱之门"，又叫它"燃烧的大地"，都是形容它的可怕和不安分。

在意大利语中，"索尔法塔拉"意为"硫磺坑"，由此不难想出它平日里烟雾弥漫，硫磺味四起的景象。实际情形确实如此。离索尔法塔拉火山口很远的地方，就能看到火山口上升起的袅袅白烟，既像云雾，又像炊烟，终日笼罩在火山上空。这些烟雾是有毒的，人若是吸入太多，就会被熏倒。

索尔法塔拉火山的入口处有一座古香古色的拱门，门两侧古树参天，碧草铺地，彩蝶起舞，蜜蜂嗡鸣，一幅生机盎然的景象。可是走出没多远，便情形大变，根本见不到一丝绿意，只剩下一片白茫茫的大地，不断地升腾着白烟，像是在一堆生石灰上浇了水一样。空气中烟尘飞溅，散发着呛人的硫磺味。

索尔法塔拉火山口三面都是怪石林立，只有正面还比较平坦，路面也松软一些。走在通往火山口的小路上向两侧望去，四周的灌木早已干枯，地上一片黄白泥浆四处弥漫，有的地方已被烤得漆黑焦枯。地面上到处布满了小洞，每个洞口里都冒出一股股白烟，并发出"滋滋"的响声。有的洞口直径达十几米，洞内深不可测，不时发出咕咚咕咚的声音，好像咆哮的洪水，又像一锅沸腾的滚水，随着那断断续续的响声，冒出的烟气也越来越多。有一个洞口名叫"大口"，它的响声格外沉闷，烟气也格外浓密，据说那里边的温度高达摄氏160℃。由于温度太高，细小的沙粒在高温蒸气中来回跳动，就像被煮在开水中一般。

这些空洞是地下的蒸气和瓦斯气不断地侵蚀岩层而形成的。从火山口随意扔进去一块石头，石块落地的响声顺缝隙传入地下的空洞，就会发出如擂鼓似的沉闷回声。

索尔法塔拉火山北侧山坡下，有一座小小的建筑，它是利用火山爆发后形成的洞穴修建起来的，当地人称它为"火炉"。里面的温度特别高，人进去后不要几分钟后就会大汗淋漓，据说用这种方法可以医治关节炎等疾病，疗效相当不错。索尔法塔拉火山上有很多这样的天然洞穴，都被当地人开发出来用于同样的目的。

蠢蠢欲动的维苏威火山

维苏威火山与索尔法塔拉火山同在亚平宁山脉的南段，后者位于那不勒斯市的西面，前者位于那不勒斯的东南，海拔1277米，是世界著名的活火山，也是欧洲大陆上唯一的活火山。

维苏威火山原是那不勒斯湾中的一座岛屿，由于火山爆发喷出的物质不断堆积，渐渐地使它和陆地连成一片。这座火山在历史上曾多次喷发，最有趣的一次发生在1944年，维苏威火山再次喷发，从火山顶部的中心部位流出熔岩，喷出的火山砾和火山渣高出山顶约200米~500米。当时，同盟国军队正与纳粹士兵在山下激战，火山爆发的奇妙景象使得他们停止了战斗，成千上万的士兵都跑去观看这一大自然的奇观。

在20世纪里，维苏威火山喷发过4次，而在过去的上千年中，它多次喷发，熔岩、火山灰、碎屑流、泥石流和致命气体夺去的生命不计其数，而公元79年那场大规模的喷发，更是毁灭了两座城市一座小镇，造成了一次人间惨剧。

到了公元79年时，维苏威火山已经沉寂了近千年，山上长满了茂密的树木，山下建起了庞贝和赫库兰尼姆这两座比较大的城市。其中庞贝城建于公元前8世纪，曾是古罗马帝国的重要行政中心，当时城中的居民有2万人，他们与身后的维苏威火山朝夕相处，根本不知道它是一头在黑暗中磨砺爪牙的猛兽。

公元79年8月24日上午7点，维苏威火山顶上突然冒出一块云团，好像一棵虬干四射的巨松，接着就是一道闪电般的火光划过天空，整个天空顿时被一片漆黑笼罩住了，无数黑石头、泥灰像冰雹一般落下。维苏威火山喷发了！一根巨大的火柱腾空而起，熔岩流从火山口喷射出来，借着山势往下冲。水蒸气在高空遇冷凝结，化作倾盆大雨，雨水冲刷着山坡上的火山灰，形成巨大的泥流，转眼间就把庞贝城吞没了。与它一起被吞没的还有赫库兰尼姆城和史达比镇。它们比庞贝城距离火山口更近，命运也就更为悲惨，赫库兰尼姆城头上的火山灰足有21米厚，个别地方达到了34米。

对于这一幕大自然自编自演的悲剧，古罗

马的文献中有着非常详细的记载，其中最有名的是罗马帝国前期的作家小普林尼的几封信，它们真实地记录了维苏威火山爆发前前后后的情况。小普林尼的信是写给塔西陀的，后者是古罗马著名的历史学家。公元 79 年，小普林尼当时已经 18 岁了，还受过良好的教育，他在致塔西陀的信里特别强调说："我所叙述的都是我亲眼所见或是事后人们记忆犹新时听人述说的。"他所提供的材料应该是十分可靠的。

小普林尼在信中仔细地描述了维苏威火山喷发时从远处看到的景象："那块云是从哪座山升起来的，远处观看的人分辨不清楚——它是从维苏威山升起的，那是后来才知道的——论形状，与楹树的树冠最相像。它像是被一株无比高大的树干举向天空，无数的枝条向四方伸展，我想那是因为它被新聚集的气流托起，在空气力乏之后无此依赖，或者甚至是因为自身的重量所制服，因而向四面消散。有时呈白色，有时乌黑混浊，好像是把泥土和尘埃一起裹挟而上。"

维苏威火山爆发

小普林尼又描述了维苏威火山爆发的那可怕的场面："在海岸的那一面，浓云密布，乌黑可怕，蜿蜒的火舌不停地晃动着，火的热浪冲击着云层，把云层撕裂，状如火焰本身，缝隙处亮如闪电，又远非闪电可比。""没过一会儿，云翳降到地上，盖住了海面，卡普雷埃岛被包起来了，弥塞努姆很快从视野里消失了。""天上降下灰烬，不过还不算稠密，我回头望去，身后雾气滚滚，席卷而来，追袭着我们。"

小普林尼还把他见到的一些奇怪现象记录了下来，他不知道这些现象产生的原因，却给后来的地质学家研究地壳运动留下了十分宝贵的资料："我们曾经吩咐大车与我们随行，它们尽管停在非常平坦的地方，但却向不同的方向滚动，即使塞住轮子，也不能使它们在原地停住不动。""我们同时还看到，大海在向后退缩，好像是被大地的震动推了回去；海岸则明显地向前延伸，许多海生动物搁浅在沙滩上。"

虽然说小普林尼的描述极其逼真，但随后维苏威火山又喷发了 5 次，厚厚的火山灰把山下的城市埋得严严实实，就好像做贼心虚的强盗，迫不及待地消除掉犯罪现场的一切痕迹。天长日久，这些地方成了荒无人烟的旷野。从高空俯瞰维苏威火山的全貌，看到的是一个漂亮的近乎圆形的火山口，只有它还在默默地提示公元 79 年这里有过一场大喷发。

1713 年，当地农民在维苏威火山脚下打井时，意外地掘出了一些石碑和大理石雕成的希腊神像，这引起了考古学家的注意。1738 年，开始了大规模的发掘工作。先是发现了赫库兰尼姆古城，10 年后，又发现了附近的庞贝城和史达比镇。

从火山灰里扒出的庞贝城躺在维苏威火山脚下不到 2000 米的地方。它的街道还在，却没有了车水马龙；它的竞技场还在，却没有了欢声雷动；它的商店柜台还在，却没有了琳琅满目的商品；它的民居住宅还在，却没有人居住。这是一座在突发的灾难中猝死的城市，也许就在一眨眼的工夫便变成了一具“木乃伊”。据资料记载，火山喷发后，空气的温度急剧上升，达到300℃，火山口中又喷出了大量二氧化硫和硫化氢气体，造成空气中严重缺氧，使城里的居民在短时间内窒息致死。

从挖掘出的古迹中可以看出，维苏威火山爆发时，庞贝城中居民还没有停止正常的生活，炉内还烤着面包，橱内放着熟鸡蛋，瓦缸里放着蚕豆、小麦。但是全城只发现了2000具骨骼，只占了城中人口总数的一成，而且没有发现多少贵重物品。这种情况说明，火山大爆发前，频繁的地震有可能使城中的居民有了警觉，大部分都带着细软逃往别处。在城中的兵营里，考古人员发现了两名被锁在木桩上的士兵，他们大概是犯了军法，被锁在这里，所以没有机会逃脱。在郊区一座房屋的地下室里，发现了被埋在火山灰和泥流中的17具骨骼。他们可能错误地估计了维苏威火山的能量，以为逃得够远了，结果未能躲过灾难。从城中发现的那些被火山砾烧焦的人体骨骼的形态上，人们可以想象出当时恐怖的场面：有的人双手掩鼻蹲在地上，有的人横卧在地拼命挣扎，有的人头顶枕头仓皇逃命。他们当然不会知道，当时的整个庞贝城都被死神的阴影笼罩住了，逃到哪里都难免一死。

对于那些葬身火山灰中的生灵来说，维苏威火山的冲天一怒就是造孽，如果说它还有一点能让后人原谅的，那便是把1900多年前的庞贝城原封不动地保留了下来，给人们提供了极其珍贵而翔实可靠的文物资料，从中可以了解到当时的社会生活和风俗民情。

当年的庞贝城建在一个椭圆形的台地上，面积约63公顷，四周有长达3000米的城墙，共有8个拱形的城门。城中有两条纵横相交的大街，宽约4米左右，旁边有人行道，用巨石垒边。街道都是用巨石镶嵌的，呈不规则的几何图案。据说当时还没有下水道，下雨时街道便成了泄水通道，所以每隔不多远的路口上就放着一些大石头，作为行人过街的垫脚石。巨石两边留有空隙，那是为了不妨碍车辆通过，人们由此可以判断出当时车轮之间的宽度。

城西南有一个长方形的广场，是全城宗教、政治、经济的活动中心。广场四周立着一排排雕刻精美的大理石柱，或巍然独耸，或连为一体，显得异常壮美。广场一侧有个演讲台，那是官员们向市民发表演说的地方。广场的回廊上

当年摆满了商贩的摊位，一大早便商贾云集，不仅买卖小麦、大米等商品，奴隶买卖也很兴旺。

庞贝城区不大，却具备了现代城市的雏形，为市民服务的公共设施应有尽有。在城东南有一个圆形露天竞技场，可以容纳5000名观众，上有顶篷，外连方形大院，供观众入场前休息之用。城内还有一座可容纳2万名观众的露天剧场，设计合理，几万名观众入场、退场都不会发生拥挤。庞贝人不仅喜欢体育和戏剧，还喜欢洗澡。这里的浴池冷热浴蒸汽浴俱全，还为每个浴客准备了一个单独的存衣柜。最让人感兴趣的是，在一间商店的外墙上写着一些文字，那是当年留下的竞选口号和支持竞选者的留言。早在公元初年，罗马人就开始搞竞选拉选票了，这让来自东方的游人简直不敢相信。

如今的庞贝城已经成了旅游胜地，每年都有200多万游客来到这里，亲眼目睹这座罕见的天然博物馆。到了庞贝城，很多人都想登上维苏威火山看一看。徒手攀登维苏威火山是一件极其困难的事，因为它经过多次喷发，山坡上很多地方都覆盖着状似炉渣的火山灰，厚达半米，稍有振动，就会哗啦啦地滑下一大片，很容易发生危险。这里暂时还没有缆车，但修有盘山公路，游人最好沿着公路游玩。

佛罗伦萨

维苏威火山顶上的火山口是一个深达千余米的大凹坑，坑底不少地方还冒着热气，让人不寒而栗。望着这阴森森的火山口，人们的心中禁不住生出不安的感觉，它什么时候又会爆发呢？维苏威火山最近一次喷发是在1944年，其规模远远不及公元79年那次喷发，但还是把庞贝古城遗址埋上了厚达30厘米的火山灰。在此之后，维苏威火山平静了60多年，意大利人似乎忘记了它的骇人威力，火山周围住上了上百万的人口。难道他们就不怕火山再度爆发吗？

如果你有这样的疑问，那就到附近的维苏威火山观测站看一看。它建于1845年，是世界上最早建立的火山观测站。这里的一楼大厅里有展板介绍有关火山的知识，三台触摸式电脑可模拟显示火山的喷发过程。观测站的一楼和地下一层还建有火山博物馆，陈列着各种形状的火山弹、火山灰等火山喷发物。玻璃柜中展示着从庞贝古城挖掘出来的“石化人”，尽管面貌不清，但都保持着死时的姿势。

维苏威火山观测站每逢周末时免费对公众开放，每年光接待学校师生就达10万人次。原来，意大利人不是“瞎大胆”，而是他们加强了对火山的监测和研究，从而掌握了火山活动的规律，这样就能防患于未然。与火山尚且能够共存，那么人类与大自然和睦相处还有什么困难吗？

“高度危险”的埃特纳火山

亚平宁山脉南段到了第勒尼安海边并没有结束，又越过墨西拿海峡在西西里岛上冒出头来。其实，西西里岛与亚平宁半岛本来是连在一起的，在第三纪地质时期，墨西拿海峡一带发生断裂和断层，地盘下沉，两者才分离开来。西西里岛的大部分地区都是亚平宁褶皱带的延续，这里的地质情况很不稳定，经常发生地震。著名的埃特纳火山就坐落在西西里岛的东部。

埃特纳火山是全欧洲最高、最大、最活跃的活火山，海拔3520米，周长129千米，火山锥体积至少有350立方千米。主火山口海拔3323米，直径500米，周围还有200多个较小的火山锥。

埃特纳火山还是世界上喷发次数最多的火山。据文献记载，它已经喷发过500多次，第一次已知的爆发时间在公元前475年，距今已有2400多年。若论对人类造成的危害，埃特纳火山要比维苏威火山厉害得多。据不完全统计，自埃特纳火山喷发以来，累计造成的死亡人数已达100万。最猛烈的喷发出现在1669年，持续了4个月之久，上百斤的巨石轻而易举地就被抛入几千米的高空，炽热的火山灰纷落如雨。接着，埃特纳火山的侧面裂开了一条宽约2米、长约16千米的狭长口子，炽热的熔岩流从裂缝中涌出，朝着山坡下的卡拉布里亚城流去，整个城市顿时变成一片火海，有2万人丧生，而据有关方面估计，死亡总人数应在10万左右。近几十年来，埃特纳火山一直在不停地喷发，其中以1981年3月17日的那次喷发最为猛烈。从火山口中喷出的熔岩夹杂着岩块、砂石、火山灰等，以每小时约1000米的速度向下倾泻，掩埋了数十公顷的树林和众多的葡萄园，数百间房屋被摧毁。

在神话传说中，埃特纳火山是独眼巨人的家。他们是天神乌拉诺斯和地母该亚所生的三个儿子，力大无比。乌拉诺斯害怕他们造反，就把他们囚禁在塔塔罗斯。宙斯为了战胜泰坦神克洛诺斯，就向这三位巨人求援，他们把雷电送给了宙斯。靠着独眼巨人提供的武器，宙斯战胜了克洛诺斯，成了奥林匹斯山上的众神之王。但他在战争中不慎用雷电打死了太阳神阿波罗的儿子，阿波罗怀恨在心，就迁怒于独眼巨人，把他们杀死了，并把他们的魂魄送到埃特纳火山口，让他们备受火山熔岩的煎熬。从此，他们的呼吸就是火

Apennines

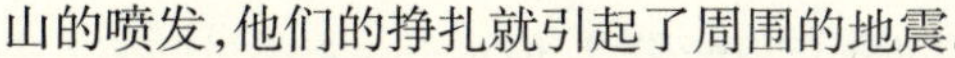

山的喷发，他们的挣扎就引起了周围的地震。

在古希腊神话中，埃特纳火山还是火和铁匠之神赫淮斯托斯的铁匠铺。他在这里为天神们打造非凡的武器，独眼巨人则给他帮忙。风箱煽旺了熔铁炉，就变成了火山产生的烟火；铁锤击打铁砧发出的声音，就变成了隆隆的轰鸣；而铁砧的震动，就变成了大地的震颤。

到了古罗马神话中，火神的名字变成了武尔坎，他住在离西西里岛不远的武尔卡诺斯岛上。古罗马人认为，武尔坎一发怒，埃特纳火山就会发出隆隆的巨响和喷发。英语的“火山”一词（volcano），就是由火神武尔坎（Vulcan）的名字演变而来的。

荷马史诗《奥德赛》中没有提到埃特纳火山，但提到了神奇的独眼巨人，他住在西西里岛上，向奥德修斯乘坐的船只猛投石块，奥德修斯和他的船员都成了独眼巨人的俘虏。独眼巨人每天都要吃掉奥德修斯的同伴，幸好奥德修斯绝顶聪明，用酒灌醉了独眼巨人，又用橄榄枝刺瞎了他的眼睛，这才逃得活命。在西西里岛的近海地区，横陈着一些参差不齐的巨石，相传它们就是独眼巨人抛在那儿的。根据神话学家的研究，独眼巨人就是埃特纳火山的化身。从古希腊文直译过来，独眼巨人就是“圆眼睛”巨人。埃特纳火山喷发时，它那孤独的火山锥在黑夜的背景下活像一只怪眼在闪闪发光，而地震把巨石从悬崖峭壁上震到海里的情景，很有可能被文学家变化成抛石入海的细节。

现实中的埃特纳火山直到今天仍然在印证着神话中的某些风貌。作为一座活火山，它即使是在休眠期间，内部也处在持续的沸腾状态，火山口中常年喷烟吐火，蔚为奇观，人送外号“西西里的烟囱”。意大利政府将它列为“高度危险区”，禁止游人登山游览参观。但活火山的喷射奇景加上积雪的山峰、山坡的林带和山麓的果园，都使它充满魅力，每年都有难以计数的游人来这里游览。为了便于游览，早在上个世纪60年代就在火山上建起了盘山公路和缆车，长达4200米的缆车终点站距离主山口不远。火山上还有一处古迹，它与罗马皇帝哈德良有关，当年他曾经登上过埃特纳火山。看来，这座火山老早就大有名气了。

尽管埃特纳火山随时都可能爆发，但对于一走一过的游人来说，他们遭遇凶险的可能性要比当地居民小得多。而生活在埃特纳火山脚下的居民并没有因为凶险而离开故土，远走他乡。这里的原因一方面是故土难离，另一方面是这样一个好地方实在让人舍不得。埃特纳火山喷吐出来的火山灰铺积成了肥沃的土壤，为农业生产提供了极为有利的条件。海拔900米以下的地区，广布着葡萄园、橄榄林、柑橘种植园和栽培樱桃、苹果、榛树的果园。每到春季，果园里百花盛开，空气中弥漫着醉人的花香，可爱的小蜜蜂在花丛中游来荡去。秋天到了，一派丰收景象，累累果实压弯了枝头，红红的苹果、墨绿的葡萄、黄澄澄的柑橘，静静地等待着人们去采摘。早在中世纪时，这里的水果就十分有名，大量被运到岛外。

西西里岛上的第二大城市卡塔尼亚就坐落在埃特纳火山南面的斜坡上。这是一座历史悠久的城市，始建于公元前729年的古希腊时期，后来被并入古罗马的版图，又相继被拜占庭人、阿拉伯人、诺曼人占据过。在外族入侵的同时，卡塔

庞贝古城庙

尼亚城又屡遭埃特纳火山的浩劫，曾先后9次被火山灰掩埋，但它总是顽强地从灰烬中重获新生。卡塔尼亚城中大时钟上刻着这样的铭文："我从我自己的灰烬中再生。"这便是卡塔尼亚人的心声。他们祖祖辈辈靠山吃山，世世代代不离不弃。在与火山长期打交道中，他们逐渐摸清了埃特纳火山的脾气。它一般都是从顶端的火山口喷发，个别时候从山坡上的喷口喷发。喷发前总有先兆，如释放出气体、蒸汽，地震频繁等。只要注意观察，就可以及时走避。由于少有爆炸只是流出熔岩，而熔岩的流动速度终究有限，筑墙阻挡就可以改变熔岩的流向；向熔岩喷水，又可以使它加快凝固，从而减轻对人类生命和财产的损害。在整个20世纪里，尽管埃特纳火山活动频繁，被夺去的生命不过10余条。

走过卡塔尼亚繁华的埃特纳大街，走过城中恢弘的多默广场，你很快就会理解卡塔尼亚人为什么对埃特纳火山难以割舍。这座城市各类建筑物的基石，用的都是埃特纳火山熔岩形成的岩石，颜色黝黑，异常坚固。上边的白色岩石产自附近的古希腊名城西拉库萨，最适合用于巴洛克艺术建筑物的装饰雕刻。在卡塔尼亚古城区里，装饰华丽的宫殿和教堂栉比鳞次，宛如一座巨大的巴洛克艺术露天博物馆，令人流连忘返。

著名的歌剧作曲家贝里尼是卡塔尼亚人最引为自豪的人物。他于1801年出生在贝里尼，虽然只活了34岁，却创作出许多不朽的音乐杰作，被后人称为"歌剧音乐的肖邦"。他写的许多咏叹调至今仍被奉为"美声唱法"的经典教材。

坐在卡塔尼亚洋溢着巴洛克风格的殿堂内，欣赏着贝里尼纤巧细腻的音乐，望着窗外埃特纳火山巨大的圆锥，你不难明白这里为什么一年四季都有大量游客慕名而来，更不难明白卡塔尼亚人经常爱说的那句话："埃特纳火山是上帝赐予给我们的一件礼物。"

佛罗伦萨

Olympus

奥林匹斯山

希腊全国最高峰
古希腊人尊奉为“神山”
奥林匹克运动会的发源地

Olympus

地理位置:位于希腊北部,东边濒临萨洛尼卡湾,东北与希腊北部名城塞萨洛尼基遥对,距离希腊北部城市萨洛尼卡西南100千米,是塞萨利区与马其顿区间的分水岭,距离希腊首都雅典约370千米。为了与南面相邻的“下奥林匹斯山”相区别,又称“上奥林匹斯山”。

地质特征:属地壳构造变动所形成的山体,矗立在希腊中部的赛萨利盆地的东北部,两者构成极大落差。

基本地貌:陡峭的山坡在爱琴海岸陡然升起,到处可见绝壁深壑,怪石嶙峋。米蒂卡斯峰海拔2917米,是希腊全国最高峰。

气候特点:属亚热带地中海型气候,夏季干燥,冬季温湿多雨。山上终年云雾缭绕,一年中约有2/3的时间被积雪所覆盖。

动植物分布:山坡上橡树、栗树、山毛榉、梧桐和松林郁郁苍苍,全山共有1700多种植物,其中23种植物只生长在奥林匹斯山上。山上还有105种鸟类、32种动物,包括鹿、熊、野山羊、狼、狐狸、野猪、老鹰等。

游览须知:全年都可以登山,冬季由于天气原因会更艰难一些。夏季时山上很凉爽,8月份也可能会下冰雹。10月开始下雪,6月依然有雪。

Olympus

历史悠久的古希腊文化植根于古希腊神话的肥沃土壤里,而奥林匹斯山则是希腊神话的载体。中国人认为神仙都住在天上,而古希腊人认为统治世界的诸神就住在奥林匹斯山上,因此把它尊为“神山”。

给人安家不容易,给神安家更不容易,寻常地方恐怕亵渎了神灵,中国人一下子把神仙请到虚无缥缈的云里雾里,不失为一个聪明的法子。古希腊人可能觉得神仙住得太远会失去对人间的控制,而在当时的条件下,巍然耸立在希腊群山之中的奥林匹斯山没有人能攀爬上去,只能在风和日丽的时候,望得见它的山顶洒满太阳的光辉,冬天的奥林匹斯山更是壮观无比,白雪皑皑的峰顶在阳光照耀下熠熠生辉。在这样一个人类可望而不可即的地方,建上几座金碧辉煌的宫殿,请诸神就位,自己的活动土地十分广阔,又能俯视人间的芸芸众生,应该是一个极其绝妙的主意。

有了奥林匹斯山,古希腊人便尽情展示他们想象的才华。在云雾环绕的山顶,有一座时光女神把守的云门。诸神们来到时,云门就会自动开合(颇似今天的自动门)。奥林匹斯山上住着12位大神,后来又来了酒神狄俄尼索斯。每位大神都拥有自己的宫殿,都有自己众多的随从。每当曙光女神用她那玫瑰色的手指打开天门放

出阳光时，大神们就聚集到众神之父宙斯的宫殿里；每当黑夜女神点亮天上的繁星时，众神们才会各自回到自己的神殿。奥林匹斯山上似乎有一道永远不散的筵席，众神们永远在享受着人间难以想象的幸福。满面红光的阿波罗（古希腊神话中的太阳神）弹奏着竖琴，九位缪斯（主管文艺和科学的女神）翩翩起舞，唱着清脆悦耳的歌儿，婀娜苗条的赫柏（青春女神，宙斯的女儿）给大家送上精美的食品和仙酒，让众神心花怒放，而且永葆青春活力。

奥林匹斯山上的众神是一大家人，宙斯是父亲，天后赫拉是宙斯的妻子，正义女神得墨忒耳是宙斯的姐姐，海神波塞冬是宙斯的哥哥，剩下的全是小辈，彼此间都是同父异母的兄弟姐妹。阿瑞斯虽为战神，却败绩累累，屡次为智慧女神雅典娜所胜。阿瑞斯生性野蛮，常让宙斯以及众神厌恶；雅典娜聪明伶俐，多才多艺，后来成为雅典的保护神。火神赫淮斯托斯是长得最丑陋的天神，而且是个瘸腿，却娶了爱与美的女神阿芙罗狄特。赫耳墨斯在诸神中跑得最快，于是就成了宙斯最忠实的信使。赫斯提被封为家室女神，奥林匹斯山上的众神数她最辛苦，别人都回去睡觉了，她还得负责各座宫殿的照明。阿耳忒弥斯是太阳神阿波罗的孪生姐妹，只不过她掌管的是月亮。

奥林匹斯山上的众神似乎无所事事，但古希腊人却对他们备加崇敬，尤其是那位站在奥林匹斯山的悬崖上向人间施放雷霆的宙斯，更是敬畏有加，经常以他

Olympus

的名义举行各种盛大的祭奠，同时进行各种游乐和竞技活动。这项活动分散在各地，也不定期，但以奥林匹亚的集会最为盛大。需要说明的是，奥林匹亚并不在奥林匹斯山脚下，而是远在伯罗奔尼撒半岛上。公元前884年，古希腊爆发战争，战火连年不断。深受战争之苦的希腊人十分怀念当年的庆典，于是奥林匹亚所在的伊利斯城邦国王就联络其他几个城邦的国王，达成了一项定期在奥林匹亚举行运动会的协议，并规定在举办运动会那一年实行“神圣休战月”，即3个月内任何人都不得动用刀兵，即使是正在交战的双方，也要放下武器，派人去奥林匹亚参加运动会。

到了公元前776年，第一次用文字记录下奥林匹克运动会获奖者的姓名，这就是第一届古希腊奥林匹克运动会，以后每四年举行一次。最早的竞赛项目只有200码短跑（大约是182米）。后来逐渐增加了摔跤、掷铁饼、投标枪、赛马和赛车等项目。每一个竞赛优胜者都要戴上桂冠，人们把他们当做神一般来崇拜，最著名的诗人向他们奉献赞美诗，第一流的艺术家为他们建造纪念雕像。优胜者的家乡还把他们当做出征凯旋的英雄来欢迎，有的城市故意把城墙打开一个缺口，让他们像征服者那样进城。

奥林匹克运动会的出现，使奥林匹斯山的神话掀开了最令人心旌荡漾的一章。尽管奥林匹亚离奥林匹斯山远了一些，但宙斯还是应该满意的。每届奥运会举行之前，人们都要在城中的赫拉神庙前举行庄严肃穆的仪式，从祭坛点燃火炬，然后奔赴希腊各个城邦，传递停战的神谕和奥运会召开的消息。赫拉性情暴躁，连宙斯都怕她三分，用赫拉神庙祭坛圣火点燃的火炬有着至高无上的威严，火炬所到之处，人们纷纷听命，希腊全境出现了和平生活。

Olympus

古希腊的奥林匹克运动会举办了293届，直到公元394年才由罗马皇帝狄奥多西下令禁止。1896年，在法国人顾拜旦的努力下，恢复了现代奥运会，并于1896年在雅典举行了第一届奥林匹克运动会。以后，运动会虽改为轮流在其他国家举行，但仍用奥林匹克的名称，也继承了古希腊奥林匹克运动会的某些传统。众所周知的是，在奥运会期间，从开幕到闭幕，主会场都要燃烧奥林匹克圣火，而火种必须采自奥林匹亚的赫拉神庙。奥运圣火不是采自奥林匹斯山，其历史渊源就在这里。

古希腊人把诸神请到奥林匹斯山上，不光因为这里人迹罕至，主要在于他们认为希腊处在地球的中心，奥林匹斯山又处在希腊的中心，这中心的中心只有诸神才有资格居住。至于后来，随着航海的发达，拓宽了眼界的希腊人渐渐修正了自己的观念，不再认为希腊就是地球的中心，奥林匹斯山头上的灵光渐渐褪色。再说，让神祇们近在眼前，也未必是件好事，人类也有隐私不想让神仙知道。于是，希腊人开始想象诸神居住在更加遥远的天边（最终跟中国人一样了），奥林匹斯山的神话也就戛然而止了。当人们登上奥林匹斯山顶，连一丝属于神的遗迹都没有发现的时候，它的神秘就彻底不在了，但它的奇妙和美丽依然吸引了众多前来“朝圣”的游客。这里很少有强风光顾，也很少有暴风骤雨，阳光明媚的日子居多，如果说神仙要找一块人间乐土，这里确实应该列为首选之地。还有那直穿云天的古树，那郁郁葱葱的山坡，还有那似乎缥缈在云雾和星河之间的米蒂卡斯峰顶，未必有神灵来往，但未必不呼吸着神的气息，未必不幻化着神的灵性。

Athos

阿陀斯山

东正教神圣的中心
世界上唯一的“男人国”
这里拒绝接纳妇女和儿童

Athos

地理位置:位于希腊首都雅典以北 249 千米处,坐落在哈尔基季基半岛的东南部。

地质特征:原为古地中海海底,第三纪初开始逐渐隆起,形成褶皱山脉。

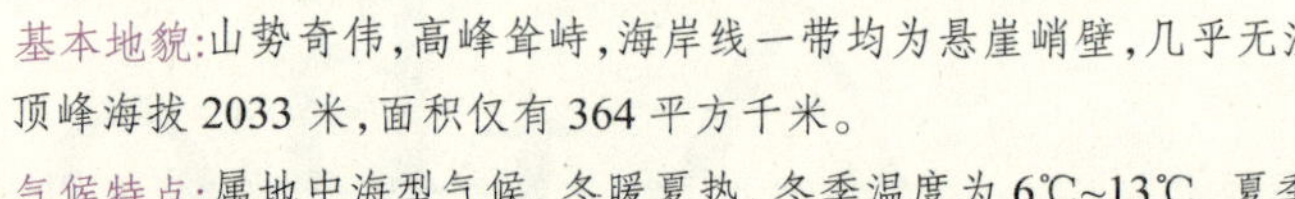

基本地貌:山势奇伟,高峰耸峙,海岸线一带均为悬崖峭壁,几乎无法翻越。顶峰海拔 2033 米,面积仅有 364 平方千米。

气候特点:属地中海型气候,冬暖夏热,冬季温度为 6℃~13℃,夏季温度为 23℃~30℃,年降水量为 450 毫米。

动植物分布:保持着原始的生态环境,到处覆盖着茂密的森林,有狐狸、兔子、狼等动物。

游览须知:要想进入阿陀斯,男性旅游者必须从设在雅典的希腊外交部,或设在萨洛尼卡的希腊北方部得到特许,还要花上不到 5 美元的入境费,从阿陀斯政府有关部门得到一张可享受免费食宿的通行证。根据圣山管理局的规定,非希腊籍的外国男性游客每天只能有 20 人有望进山,而且必须年满 18 岁才有资格申请入内。

从自然景观方面来说,号称希腊“圣山”的阿陀斯山乏善可陈,可是它的人文景观却让很多世界级的名山黯然失色。慕名而来的人们不是想来这里看山景,而是想亲眼见识一下男人在地球上的最后一个壁垒。

1000 多年来,阿陀斯山上的居民都是清一色的男性修士以及少数隐士。他们住在山上 20 所修道院里,由每院各派一名代表组成一个具有立法权力的议会和由 4 名僧侣组成的行政委员会进行统一管理,驻地设在卡里埃。修道院所在的村庄称为“圣村”,村中没有收音机、电视机,没有电话、电报,也没有报纸,仅有一辆汽车。“圣村”中清规戒律非常多,修士们不准碰乐器,不准吸烟、骑马,更不准唱歌,每天 8 个小时祈祷,8 个小时劳动,8 个小时休息,千百年来一成不变。

阿陀斯山的修士们信奉的是东正教。它是基督教分支中的一个派别，是与天主教、基督教新教并立的基督教三大派别之一，最初由流行于罗马帝国东部希腊语地区的教会发展而来，所以又称希腊正教。公元9世纪前后，希腊以及周围一些国家的东正教组织在这座原本十分荒凉的山上建起了修道院，开始有修士定居。15世纪时进入鼎盛时期，出现了僧侣自治村，最多时修士数量达到2万余人。1927年，根据希腊宪法这里改为僧侣自治共和国，一个"修士之国"就此诞生。它虽地处希腊，却不受希腊法律的约束，直接听命于东正教的修道院。

东正教并没有哪条教规规定不准接触女人，还接纳女性当修女，有的男修道士还可以结婚，而阿陀斯山上的修士们却把女性拒之于千里之外。在进入阿陀斯山的唯一码头乌拉诺波利斯的上方，长年高悬着一条巨幅标语，上书这样几个醒目的大字：圣山特区，女性禁入。为了防止有人女扮男装混进来，在进入阿陀斯山的路口和码头上，总是有很多荷枪实弹的警察肃立两旁，用犀利的眼光盯着过往行人，唯恐有"大胆的异性"乔装打扮，乘虚而入。这里的检查方法让人很是难为情：撩开衬裤，让检查者确认性别。但你用不着抗议，这样做是经过当地法律认可的。来到这里的男性旅游者必须切记：不能携带妻子、女友、情人，就连雌性的猫、狗、鹦鹉等一类宠物也不行。这片土地是世界上仅存的真正的僧侣政治地区，也是欧洲独一无二的实行禁欲生活的地方。

自古以来阿陀斯山就是女性的禁地。不管你是皇后公主，还是普通妇女，都不准踏进半步。前罗马尼亚王后玛丽曾乔装打扮成一个男孩，想混进阿陀斯山中。她几乎骗过了警卫，但被捉住后还是被毫不留情地送了回去。山上除了圣母玛利亚的神像，就连家畜那样的大动物也都是雌性的，雄性的要统统被阉割。第二次世界大战期间，德国军队占领了哈尔基季基半岛，但纳粹军官们居然对阿陀斯山禁止妇女进入的奇怪法律表示赞同，他们从未带过夫人或情妇进山。后来，纳粹们的态度有了微妙的变化，允许在修道院里喂养一定数量的母鸡。德国人撤退后，这里关于母鸡的问题爆发了一场激烈的辩论，最后由议会

郑重做出决定，准许喂养母鸡，因为这些母鸡每天能为修道士的早餐提供鸡蛋。

不光是不准女性进山，就是有妇女乘坐的船只路经该岛，也必须在离岛 500 米以外的海面上行驶。有一位名叫科拉·米勒的美国的女教师在萨洛尼卡附近的一所学校里任教。一天清晨，她驾驶着一艘划艇来到阿陀斯山脚下，上岸后，身穿泳装漫步在海滩上。这里有全希腊最美的海岸线，又人迹罕至，科拉·米勒有些忘情，就在这时候，她被逮了个正着。阿陀斯宗教法庭的推事们对她如此的胆大妄为所激怒，狠狠地抽了她 16 鞭子（这是惯例），还把她扔进黑暗的地牢里整整关了一夜。推事们余怒未消，又制定出一条特别法令：以后若有人敢重蹈覆辙，将判处囚禁三个月。

阿陀斯山对于女性包括雌性动物的严格封闭始于公元 1060 年，拜占庭皇帝君士坦丁九世颁布了一项法令，禁止任何女人、雌性动物在阿陀斯山上生存。这条法令是依据什么做出来的呢？就连山上德高望重的修道院院长也说不太清楚。只能从几个代代相传的传说中，才能找出一些端倪来。一个传说说的是修道士们刚刚来到这里时，就与山下的牧羊女之间发生了苟且之事。直到今天，山上有些修道士还坚信女人是破坏修行的大敌，一个夏娃就让人类失掉了伊甸园，女人不是很可怕吗？还有一个传说说的是圣母玛利亚乘船前往塞浦路斯途中，因为遭遇风暴而偏离航路，在神的指引下漂流到阿陀斯海岸。她来到这里的庭园休息，就把阿陀斯山定为圣庭，并宣布其他女性永远不得踏上此地。

女性要想进入这座“修士之国”，要比进天堂还要难。男性要想进入山中，也同样不容易，在办理好相关手续后，还要到卡里埃换取一张通行证。这里的交通非常不方便，能够提供的代步工具只有骡子（不会有母马）。所有的“圣村”都有警察设岗，验证放行。阿陀斯山上的修道院还是很有看头的，但它们大都建在悬崖绝壁之上，围以深墙大院，有的干脆建在断岩绝壁的洞穴之中，唯一的通道是悬在 30 米高处的两条铁链。当太阳落山时，随着钟声响起，修道院的大门就会全部关

闭起来，修士开始晚祷。这个时候你如果还在外面，那可真就是走投无路了。

阿陀斯山上的修道院有着悠久的历史，最早的一座建于公元274年。它们都筑有高大的石墙、望塔以及狭长的窗户，犹如中世纪的城堡。在一所名叫圣·丹尼斯的修道院里，收藏着稀有的拜占庭时期的文献、珍贵的圣像，还保存着施洗者约翰的手，以及耶稣基督十字架上的一块残片，都是基督教珍贵的圣物。还有一所名叫圣·潘塔雷米诺斯的修道院，它的房屋和密室足以容纳大约1500名修士。1917年俄国革命爆发后，相传沙皇罗曼诺夫的家庭成员曾逃到这里来避难。

这里最具代表性的修道院是建于公元10世纪的瓦妥佩迪修道院。它的主教堂是拜占庭时期的建筑，有二三十米高，墙上遍布绘画，柱子上挂着古老的圣像画。教堂的地面是由各种颜色的大理石拼成的图案，花样繁多。圣坛内供奉着以黄金做封面镶嵌着宝石的古《圣经》，还有圣母玛丽亚用过的腰带。这里的图书馆中珍藏着大量13世纪~16世纪斯拉夫人的珍本手稿和卷轴，还有13世纪的地图。

参观阿陀斯山上的修道院，谁都不会忘记了解一下这里的修士都是一些什么人。阿陀斯山的神秘色彩在相当程度上体现在他们身上。据说他们大多数人都是一出生就被送到这里来，平生没有见过女人。他们的生活非常简朴，吃素食，自己烘烤面包，喝的是自己酿制的“圣山版葡萄酒”，味道浓郁醇香。他们读书很多，都很有学问，不少人喜欢用书面语言文绉绉地讲话。也许是因为空气清新，环境宁静，又没有什么烦恼，他们很少生病，一般都很长寿。他们不大可能受到外来的诱惑，因为他们过的是与文明世界隔绝开来的生活。

希腊是一个盛产神话的国度，阿陀斯山的名字就来自一则神话。相传有一位名叫阿陀斯的大力士，与海神波塞冬在这儿进行了一场激烈的拼搏，最后阿陀斯用尽全力，举起一座大山压在波塞冬的身上。为了纪念这位力能降神的英雄，人们就用他的名字阿陀斯来称呼这座山。随着时间的流逝，已经没有多少人能记得阿陀斯山的来历，但作为世界上唯一的“男人国”，它永远是一则制造想象的现代版神话。

Pyrenees

比利牛斯山脉

欧洲西南部的最大山脉
法国和西班牙两国的界山
安道尔公国位于其间

Pyrenees

地理位置:西起大西洋比斯开湾畔,东止地中海岸,长约435千米。一般宽80千米~140千米,东端宽仅10千米,中部最宽处达160千米。

地质特征:为阿尔卑斯山脉主山系的西南分支,具有阿尔卑斯山脉的特征,山体中轴由强烈错动的花岗岩和古生代页岩及石英岩构成,两侧为中生代和第三纪地层,北坡为砾岩、砂岩、页岩等岩层交错沉积所组成的复理层。

基本地貌:山脉呈东西走向,按地理环境可分为西、中、东三段,西段和东段海拔较低,中段群峰竞立,山势最高,3000米以上高峰有5座,是欧洲大陆与伊比利亚半岛的天然屏障,最高点阿内托峰海拔3404米。现代冰川仅存在于海拔近3000米的冰斗和悬谷内,北坡多于南坡,总面积约40平方千米。

气候特点:南坡属亚热带夏干型气候,年降水量为500毫米~750毫米,海拔400米以下及山麓地带冬季气温为-6℃~2℃,海拔1700米~2300米之间冬季气温为-16℃~20℃。北坡属温带海洋性气候,年降水量达1500毫米~2000毫米,气温普遍低于南坡。

动植物分布:植被垂直变化明显,从山脚到雪线附近依次覆盖着亚地中海植被、麻类植被、山区植被、亚高山植被和高山植被。哺乳类动物多达800多种,有稀有的黑山羊、比利牛斯山羊、髯秃鹰等,还有狐狸、水獭、野猪和棕熊等。

游览须知:山区自然风光绚丽,是重要的旅游胜地,又是开展登山、滑雪等冬季体育活动的好场地。

两国共同推重的珀杜山

比利牛斯山脉横亘在法国南部和西班牙北部的边境线上，面向法国的北坡好像一道高高的护城墙，守护着法国的南大门；面向西班牙的南坡，则向外延伸成数座平行的山脊，东部在鲁永山区形成巍然耸立的群峰，而在西部则消失在巴斯克乡村起伏不平的山地之间。

虽然有高山阻隔，两国之间来往并不困难。按照自然特征，比利牛斯山脉可以分成三段，其中中段从松波特山口往东至加龙河上游河谷，这一带群峰竞立，山势最高，海拔 3000 米以上的山峰多达 5 座。这一带是显示比利牛斯山脉威风和壮美的地方，显然不利于交通。而比利牛斯山脉的西段平均海拔不到 1800 米，在河流的侵蚀切割下，形成山口，成为法国和西班牙之间易于往来的通道。比利牛斯山的东段也称地中海比利牛斯山，这一带地势更低，距离地中海岸约 48 千米处的山口海拔只有 300 米，历来都是南北交通要道。

对于商旅来说，山平路坦是最受欢迎的，但到了烽烟四起的年代，势弱的一方就恨不得比利牛斯山脉变成参天绝壁。古时候，这里的山区谷地曾被汪达尔人、西哥特人用来作为入侵的天然通道，后来阿拉伯人又越过比利牛斯山脉低矮的隘口侵入法兰西，直到公元 8 世纪这种入侵才告停止。17 世纪，欧洲爆发三十年战争，法国于 1635 年向支持奥地利的西班牙宣战，比利牛斯山脉两边的邻国变成了生死冤家。虽说后来两国签署了和平条约，但争夺地盘的战争一直没有停止。在这个过程中，西班牙的国力渐渐衰落，欧洲霸权转到了法国人手里。1659 年，西班牙国王腓力四世被迫向法国人求和，以割让土地为代价，换来了一纸和约。腓力四世还把女儿玛丽·泰瑞莎嫁给了法国国王路易十四，陪嫁 50 万克朗。从此，法国和西班牙的边界再也没变过，比利牛斯山区再也没有发生过战事。

西班牙和法国如今成了友好邻邦，但在历史上却有相当一段时间关系不睦，佛朗哥及其长枪党在西班牙实行独裁统治期间，两国还断绝了外交关系。不过，几个世纪以来，生活在比利牛斯山脉两侧的人民却能和平相处。他们互通有无，

Pyrenees ……

卡尔卡松 (Carcassonne) 旧城是一个中世纪要塞城市，人口约 4 万，隔比利牛斯山与西班牙相望

自然灾害来临时互相帮助，共渡难关。他们甚至在 1961 年 11 月初共同创办了比利牛斯国际艺术节，而当时法国和西班牙还没有恢复正常的外交关系。

西班牙人和法国人都非常珍惜他们共同拥有的比利牛斯山脉，而体现这种感情最直接的地方，就是位于比利牛斯山脉中段的珀杜山（又译为佩尔杜山）。这一带表现出了比利牛斯山脉典型的地质特征。在西班牙一侧是两个又大又深的峡谷，法国一侧更由陡峭的山峰形成三大片环形的屏障。除了自然景色外，这里的人们还保持着传统的农业生活方式，欧洲高地上曾经有过的田园风光依然如故。为了保护这里的环境，西班牙和法国都在这个地区的己方一侧建立起了国家公园。1988 年 9 月，法、西两国又签订了合作保护这一地区的协议。1997 年和 1999 年，珀杜山所在地区先后被评为世界自然遗产和世界文化遗产，这又是两个国家人民的共同骄傲。

珀杜山海拔 3352 米，以它的顶峰为中心，方圆 30639 公顷的地方都属于保护区的范围。这里的珀杜峰、锡利德罗峰和拉蒙特峰合称三姊妹山，阿拉扎斯河、加龙河、阿杜尔河、埃布罗河都从这里发源，它们从峭壁上倾泻而下，形成一连串的瀑布，然后跌进两边长满山毛榉、落叶松和高耸的针叶树的河谷中。游人们来到这里，都想去看一看阿拉扎斯河的源头，那便是瑰丽无比的索阿索冰斗。这个冰斗是一个巨大的天然圆形洼地，由珀杜峰山坡上的冰川侵蚀而成，已有上万年的历史。从这里往上走，山路更加险峻，登山者需要借助打进岩石里的铁钉，才能攀登上去。

阿拉扎斯河所流经的奥尔德萨峡谷绵延约 16 千米，石灰岩峭壁巍然矗立，高逾 600 米，上面布满槽沟，气势雄伟。清爽的山风吹过，长在山间的薄雪草、龙胆、银莲和兰花摇曳生姿。登到高处，一条条山谷好似绿色的飘带，从嶙峋的山中穿过。在这一带还能看到很多稀有的野生动物，比如在狭窄的山脊上蹿上蹦下的黑山羊，雄山羊向后弯曲的羊角足有一米长。这里还生活着一种善于攀登的攀壁鸟，身体只有麻雀般大小，却能在陡峭的山谷岩壁上猎取昆虫。这种鸟浑身灰褐色，与岩壁的颜色非常相近，只有当它们振翅向上攀爬时，翅膀上鲜红的羽毛才会把自己暴露出来。

珀杜山地区自然景色绚丽，历来都是旅游胜地，每年还吸引了许多登山、滑雪爱好者来这里一试身手。南坡西班牙的托尔拉和北坡法国的加瓦尔尼这两个村庄是两处最吸引游人的景点，尤其是加瓦尔尼，这里有古罗马圆形剧场的遗址，还有壮观的瀑布，都能给人留下美好的记忆。

“袖珍国”安道尔

欧洲有五个“袖珍国”，分别是列支敦士登、安道尔、摩纳哥、圣马力诺和梵蒂冈，其中安道尔最大，它就坐落在比利牛斯山脉南坡的盆地里，南边紧挨着西班牙，北边紧贴着法国。绝大多数法国人与西班牙人对于比利牛斯山脉只是远远地望着，而安道尔

Pyrenees

人却是实实在在地生活在比利牛斯群山之中。

安道尔的面积只有468平方千米，但境内高山环绕，山峰叠起，坡高谷深，险峻崎岖，前后左右有大大小小65个山头，海拔在2700米~3000米之间的山峰就有7座，最高峰科多佩特罗峰海拔为3975米。安道尔全国平均海拔1300米，成为整个欧洲地势最高的国家。由于这个原因，虽然这里临近地中海，却有着明显的高山气候，夏季多雨，冬季寒冷多雪，尤其是东北部的索尔德地区，每年有两个月的时间瑞雪纷飞，成为人们观雪、滑雪的胜地，安道尔最大最有名的滑雪场就在索尔德。每年的12月至来年的3月，都是滑雪的好季节。如果你这个时候前往安道尔，就会发现一路上看到的汽车上面都架着滑雪板。

安道尔的高山积雪长达半年左右，即使你是5月份来到这里，比利牛斯山上还是覆盖着一望无际的皑皑白雪，镶嵌在山腰上的湖泊还结着冰，反射着耀眼的白光，而山谷中却是绿草青青，雪水化成的小溪潺潺流淌，头上的蓝天蓝到让人炫目，仿佛是梦境中的童话王国。

在安道尔欣赏比利牛斯群山，才算是真正见识到了它的巍峨与俊秀。一座座山峰拔地而起，有的像利剑直插云霄，有的像玉柱支撑着蓝天，有的像慈祥的老者俯视着大千世界，有的像少女用云雾的面纱遮住了娇羞的容颜。同样是山，除了形状各不相同，颜色也彼此有别，有的满山绿树，全身碧绿，有的寸草不生，岩石裸露。如果你能看得仔细些，还会感觉到它们仿佛有气质上的差异，有的如书生神清气朗，有的如武夫气势逼人，那低首敛眉的似乎在想着什么心事，那昂

安道尔

Pyrenees

首天外的仿佛是意气飞扬的成功人士。

安道尔全国人口才 3 万多人，而每年来这里旅游的竟达到 1000 万人次，足以让那些以旅游大国自诩的国家汗颜。凡是来安道尔的人，都不会不到它的首都安道尔城来。这是一座安静而朴素的小城，远远望去，仿佛夹在一片黑压压的大山当中。城中的几条主要街道铺设在山中开发出来的平坦地段上，看上去还算热闹。大部分民居依山而建，有的就直接建在悬崖峭壁上。这些两层或三层的黑色尖顶木屋，很像瑞士的山村木屋，建筑典雅质朴，装潢古色古香。

安道尔人长期过着与外界隔绝的生活，对于蜂拥而至的游人颇感无奈，每到旅游旺季，安道尔城中的人就会躲到城外去。安道尔境内大部分地区都没有得到开发，显得有些荒凉，除了零星散养在路边的几匹马外，就是攀爬在山崖上的几群山羊，寂静的山谷里甚至难觅飞鸟的踪迹。不过，这样原汁原味的自然景色，却让在大都市中讨生活的人舒畅了郁闷的胸襟。

游人来到安道尔城，会发现这是一座与众不同的“大都市”，全城见不到一个当兵的，全国的警察加到一起还不足 100 人，负责维持社会治安。安

梵蒂冈

道尔国中没有监狱，一旦有人触犯法律，就将被押解到法国或西班牙的监狱里服刑。这种特殊的处置方式与安道尔的历史大有关系。公元 9 世纪时，查里曼帝国为了防范摩尔人的骚扰，就在西班牙的边境上建立了许多很小的缓冲国，安道尔就是其中的一个。相传由于安道尔人对摩尔人作战有功，从而获得了查理曼大帝的一张特许状。公元 954 年，当地的乌格尔伯爵把这块土地献给了西班牙的乌格尔主教。从那以后，法国和西班牙一直把它当成了争夺对象。直到 1278 年双方才达成协议，由法国方面的富瓦伯爵和西班牙方面的乌格尔主教同时对安道尔拥有主权。这个协议就是今天安道尔政治和边界的原形。这种两国共治的局面一直维持到今天安道尔政治和边界的原型。这种两国共治的局面一直维持到今天，1993 年 3 月安道尔成为一个主权国家后，它的元首仍然不是安道尔人，而是法国总统和西班牙塞奥—德乌赫尔地区的主教。

当年法国总统戴高乐在任期间，每到年终，必定盛装前往安道尔城，领取相当于 2 美金的现金报酬，这是协议中的规定。而西班牙的乌格尔主教每年要从这里领取相当于 8 美金的现金报酬，外加 5 条火腿、6 块干奶酪和 12 只母鸡。这些好玩的数字在安道尔城的市政厅里都有记录，一笔笔记得清清楚楚，游人们见了，无不哑然失笑。

Pyrenees

Balkan Mountains

巴尔干山脉

巴尔干半岛的“脊梁”
有欧洲“血山”之称
保加利亚人民的“英雄山”

巴尔干半岛

Balkan Mountains

地理位置:西起塞尔维亚和黑山边境的蒂莫克河,横贯保加利亚中部,东抵黑海,绵延555千米,平均宽50千米,总面积约为1.2万平方千米,为多瑙河和爱琴海及马尔马拉海的分水岭。

地质特征:为阿尔卑斯—喀尔巴阡山脉的延伸,与喀尔巴阡山一样,属于阿尔卑斯造山运动前期构成的褶皱山脉,后来由于长期的风化和侵蚀作用,形成显著的块状地带。

基本地貌:整个山脉呈链状,由一条主脉和几条平行的小支脉组成。大体分为三段,即西、中、东段。中段较高,主峰博特夫峰海拔2376米。

气候特点:属大陆性气候,但由于东部受黑海的影响,南部受地中海的影响,四季温润多雨。1月份气温在-10℃~-2℃之间,7月份气温在10℃~20℃之间。年均降雨量最高可达1300毫米。南北两面气候差异较大:北坡气温低,较湿润;南坡日照长,较干燥。

动植物分布:南坡多森林,有西洋水松、欧洲冷杉、德国桧树、巴尔干白松等树种。动物有棕熊、灰狼、松貂、岩貂、獾、水獭、巴尔干岩羊、欧洲山猫、欧洲白毛鼬鼠等。

游览须知:在保加利亚摇头表示“是”,点头表示“不是”,如果把意思搞反了,会闹出笑话或麻烦来。

希普卡隘口与玫瑰谷

在保加利亚语中,巴尔干山脉意为“老山山脉”,而在古希腊时期,当时的历史学家称它为“珂埃蒙”,罗马人又称之为“赫穆斯”。“赫穆斯”在希腊文中是“血”的意思,因而巴尔干山得名“血山”。相传曾有一位风火神非常想到天上开开眼界,就沿着巴尔干山脉向上攀登。他的这个举动激怒了天神宙斯,他凌空劈下雷电,击死了这位勇士。勇士倒在血泊之中,他的鲜血染红了漫山遍野。

巴尔干半岛最早居住的是色雷斯人,在他们中间也流传着一个与巴尔干山有关的故事。相传有一位歌手名叫奥菲士,他的妻子不慎被毒蛇咬死了,他悲怆欲绝,发疯似的爬上巴尔干山,对着天空放声歌唱。他那凄惨的歌声令风雨山川为之动容,大海开始咆哮,河水倒逆而流。

一个是不畏强暴的勇气,一个是忠贞不渝的爱情,让古老的巴尔干山脉给人以常

巴尔干山脉

读常新的感觉，而这种感觉在巴尔干山脉两处最著名的景点会变得格外强烈。

首先让我们来到位于巴尔干山脉中段的希普卡隘口。这里地处加布洛沃和卡赞勒克之间，陡峭巍峨，地势险要，隘口的后边是有名的鹰窝山，山石陡峭，悬崖百丈，最高处海拔 1440 米。19 世纪中叶，遭受土耳其人长达 500 多年压迫的保加利亚人民举行起义，被残酷地镇压了下去。1877 年 4 月 12 日，沙皇亚历山大二世对土耳其宣战，俄军越过多瑙河进入保加利亚境内，与土军作战。保加利亚人民再次揭竿而起，纷纷组织义军，为了民族的独立而战。当时，土军主力被包围在巴尔干山北的普列文城。土军自山南赶来增援，保加利亚的起义军与俄军分遣队把守住希普卡隘口，阻击敌人。他们在山上浴血奋战了几个星期后，弹尽粮绝，战士伤亡大半，而敌方的兵力十倍于我，还在轮流地发起冲锋。在此紧要关头，附近的农民纷纷前来参战，妇女们送来饮水和军粮。俄将领斯托列托夫在鹰窝山上振臂高呼，命令士兵用石头、巨木乃至将士们的尸体阻击敌人。血战了三天三夜后，剩下的士兵不足 200 人，却始终未让敌人越过希普卡隘口一步。普列文的土军见援军迟迟未到，被迫投降。如今在希普卡隘口立有一座 34 米高的石碑，上写“这里是保加利亚自由的起点”，碑旁还陈列着两尊当年用过的大炮。

和希普卡隘口一样，整个巴尔干山脉都记载着保加利亚人民勇于反抗外来侵略的英雄诗篇。完全可以这样说，在反抗奥斯曼帝国奴役的斗争中，保加利亚人所举行的历次起义，几乎都是在巴尔干山中组织起来的。保加利亚的民族英雄拉科夫斯基、鲍特夫、列夫斯基、迪米特尔等人，为了民族的解放，都不止一次地翻越过巴尔干山，有的就在山上献出了生命。1868 年 8 月，迪米特尔率领的武装支队在多瑙河边与土耳其的军队血战后，退进巴尔干山中，最后被围困在希普卡隘口所在的布兹鲁查峰。面对比自己强大数十倍的敌人，勇士们高举着"宁为自由死"的绿色旗帜，全部壮烈牺牲。1942 年，保加利亚反法西斯战士也是站在布兹鲁查峰上，对着敌人高喊："有胆量就开枪吧，这是我们的胸膛！"布兹鲁查峰上现在建起了一座人民公园，立着一座高达 78 米的纪念碑，以纪念那些视死如归的保加利亚前辈先烈。

再让我们来到位于巴尔干山南麓两条支脉老林山和中部森林山之间的"玫瑰谷"，这里因整个山谷种满了玫瑰花而得名。它全长 94 千米，宽约 10 千米，海拔 350 米。它的北面以巴尔干山高峰为屏障，挡住了北来的寒风，而地中海暖流从南部沿河而过，吹进了湿润的空气，给玫瑰的生长提供了理想的条件。每年 6 月份的第一个星期，正是玫瑰花争相吐艳的时候，保加利亚人民都要举行盛大的民族节日——玫瑰节，庆祝活动依次在"玫瑰谷"内的各个村镇举行，这些举行庆祝活动的地方被称为"玫瑰的首都"。如果你这个时候来到玫瑰谷，就会融入花的海洋。由美少女装扮成的"玫瑰仙女"，站在彩车上大把大把地向众人抛洒玫瑰花瓣，那散发着浓郁芳香的花瓣飘飘洒洒地飞落下来，空气中到处充满了玫瑰的馨香。姑娘们还会用玫瑰花编成花环，献给远道而来的游客，让你永生难忘这风也甜蜜花也醉的地方。

玫瑰花不仅好看，还有经济价值，大约 3100 千克左右的玫瑰花便能提炼出 1 千克的玫瑰油来，与 1.52 千克的黄金等值。玫瑰谷中的玫瑰花有 7000 多个品种，能炼出玫瑰油的只有 4 种，其中以粉红色和白色的两种玫瑰花含油量最大。相传数百年前，玫瑰谷中住着一位美若天仙的少女，最喜爱玫瑰花的香味，

每次洗澡时都要把玫瑰花瓣撒入池内。有一次，她撒进了一些含油的玫瑰花瓣，水上漂出了油滴，浓香经久不散，从此，人们这才发现了从玫瑰花瓣中可以提炼出玫瑰油的秘密。

保加利亚风景秀丽的小城克里苏拉就坐落在前往玫瑰谷的必经之路上，绿树葱茏，依山傍水，更有一股幽香弥漫全城。在奥斯曼帝国时代，克里苏拉被称为“奥登克里拉”，意为“两山夹峙中的黄金路”。据说当时玫瑰谷出产的玫瑰油全都拿到这里来交易，每天都能用玫瑰油换来一匹骡子驮的黄金。

保加利亚号称“玫瑰之国”，保加利亚人民酷爱玫瑰花，这不仅因为它的芳香与色彩，更因为它遍身芒刺象征着保加利亚民族的英勇不屈和坚韧不拔。每当玫瑰花开遍保加利亚的时候，人们都要采集来最美的玫瑰花，敬献给那些为国捐躯的民族英雄们。

罗马城堡

贝洛格拉齐克石林及其他

从地理形态的特征上来说，巴尔干山主脉可以分成西、中、东三段。这三段各有千变万化的风姿，又共同体现出了巴尔干山的特征，就好像一段旋律的三段变奏。

巴尔干山主脉西段从贝洛格拉奇克隘口到兹拉蒂查隘口，全长约 200 千米。这段山脉曲折蜿蜒，西北—东南走向，西段较窄较低，东面较宽且高，最高峰海拔 2000 余米。这一段最美丽、最生动的景观要数伊斯克隘口。它的主体部分长 67 千米，将巴尔干山脉拦腰截断。清澈透明的伊斯克河水缓缓地通过隘口，波光粼粼，一座座青山倒映在水中。这里的岩石非常奇异，有红色的砂岩，有透明的浅灰色灰岩，还有绿色的页岩和粒状辉绿岩，它们共同组成了五光十色的岩层，看上去让人眼花缭乱。岩石映入伊斯克河中，河水变成了一条五颜六色的彩带，又像一道美丽的山间彩虹。在隘口的留蒂勃罗德一侧出口处，那是著名的岩石帷，这里的岩石构造别具一格，在河水长年累月的切割下，形成了两道陡壁，耸立在河岸两边。

巴尔干山主脉中段从兹拉蒂查隘口到弗拉特尼克隘口，全长 185 千米。这段山脉较为完整，是巴尔干山脉地势最高的部分，最高峰博特夫峰就在这里，海拔 2376

米，十分巍峨壮丽。

博特夫峰原名尤姆鲁克恰尔峰(1950年前)，后来以保加利亚诗人赫里斯托·博特夫的名字来命名。它的顶部宽广平缓，有很多草地，不少河流就发源于此，山上还有保加利亚最高的普雷斯卡瀑布。这条瀑布从峭壁间奔泻而下，隆隆的水声好似奔驰的火车呼啸而来，透明的水柱撞向潭底，激起雪白的水花，景色十分壮丽。

巴尔干山主脉中段东部的特罗扬—卡洛费尔部分，是整个巴尔干山脉最为高峻的地方。它以科齐亚墙的石灰岩地堑为起点，其北坡几乎是垂直的，只有山羊才能攀登上去，所以得名“山羊墙”。

巴尔干山主脉东段从弗拉特尼克隘口到黑海，全长约155千米。这段山脉地势较缓，山幅渐宽，高度逐渐降到海拔200米~300米以下，也逐渐消失了山地的特色。

在巴尔干山主脉西段起点处，坐落着一座山区小城，与贝洛格拉奇克隘口同名，又称“小白城”。早在公元1世纪时，这里就建有罗马城堡，以保护具有战略价值的贝洛格拉奇克隘口。这座城堡至今仍完整无损。这一带的洞穴中还发现了不少史前遗迹。然而，这些古迹还不足以吸引游人来到这个偏僻的地方，而它之所以能成为保加利亚著名的游览区，主要依靠城北闻名遐迩的石林奇观。贝洛格拉齐克石林分布在一个长30千米、宽3千米的狭长地带里，这里的三叠纪砂岩和数万年前沉积的砾石经受长期的风化和侵蚀，形成了一片千奇百怪的红色石头“森林”。来到这里，人们就好像进入了一个童话中的“魔法谷”。有的石柱像身穿法衣的修道士，有的像骑士策马疾驰，有的像牧童驱羊而奔，有的像少女亭亭玉立，还有的石柱紧紧挨在一起，就像是一对依依惜别的夫妻。它们全都惟妙惟肖，令人啧啧称奇，甚至会产生这样的幻觉：莫非它们真的有生命，却让可恶的巫师施展巫术牢牢地定在了这里？

每当朝阳东升的时候，贝洛格拉齐克石林就披上了一层薄薄的红纱，七色光线如同细细的小针，织出一片片迷离的光影。深夜，月光如水，石林又披上了银纱，月移影动，似乎到处都隐藏着奥秘。面对如此神奇的自然奇景，就连平日里最缺乏想象力的人也会即兴编造起“神话”来：这两块是亚当和夏娃，他们是不是正在为失去伊甸园而懊恼？这一块是圣母玛利亚，她的儿子到哪里去了？这块是狮身人面像，它是什么时候从埃及跑到这里来了？

贝洛格拉齐克石林还有一个奇妙的现象，那就是石峰间经常会发出“咕咕”的叫声，酷似布谷鸟在啼叫，由此得名“布谷鸟”石林。其实，这不过是风儿捣的鬼。风从万千石柱组成的“巷道”中穿过，就会像人吹口琴那样发出美妙的声音来。

Carpathian Mountains

喀尔巴阡山

欧洲中部的矿泉山
素有“森林公园”的美誉
世界驰名的疗养胜地

地理位置:位于欧洲中部,全长1450千米,从斯洛伐克布拉迪斯拉发附近的多瑙河谷起,经波兰、俄罗斯边境到罗马尼亚西南多瑙河畔的铁门,呈半环形横卧在大地上。

地质特征:阿尔卑斯造山运动前期构成的褶皱山脉,后来历经风化侵蚀,继续上升,山势浑圆,断层作用发达,形成极为显著的块状地形。在地质构造上形成了近于平行的三条构造带,即外带、中带和内带。外带由白垩纪和第三纪的页岩、砂岩等组成;中带由古老的结晶岩和变质岩构成,间有中生代石灰岩分布;内带则是由第三纪火山岩构成的山脉。

基本地貌:海拔一般在2000米以下,由于地势不高,冰川地貌仅出现在少数几座较高的山峰。西喀尔巴阡山是喀尔巴阡山脉中最高的一段,同时也是最宽的一段。地处塔特拉山脉中部的格尔拉赫峰是全喀尔巴阡山脉的最高峰,海拔2655米,这里有角峰、冰斗、悬谷等冰蚀地貌。

气候特点:属西欧海洋性气候与东欧大陆性之间的过渡型。1月份平均气温在-2℃~5℃,7月份平均气温在17℃~20℃,年降水量在毫米800毫米~1000毫米之间,在最高地段和迎风坡年降水量可达1200毫米以上,山麓和内部盆地一般只有600毫米~800毫米。积雪期在山地可达5个月。

动植物分布:植被呈垂直分布,分为草地、矮松、云杉、山毛榉、栎树等5个分布带。动物主要有熊、狼、猞猁等。

游览须知:在欧洲中部的许多国家都可以看到喀尔巴阡山,但最好的游览地在罗马尼亚、斯洛伐克。

喀尔巴阡山在罗马尼亚

从地理特征上来划分，喀尔巴阡山脉可以分为东、西、中、南喀尔巴阡山及特兰西瓦尼亚高原五部分，如同一只巨掌伸开五个指头，在欧洲中部“一手遮天”。其中南喀尔巴阡山、特兰西瓦尼亚高原以及东喀尔巴阡山的一部分都在罗马尼亚境内。因此，到罗马尼亚去看喀尔巴阡山，虽说不能窥见全豹，却足以领略它的名山风采。

罗马尼亚有三大国宝，一是蓝色的多瑙河，一是绚丽多姿的黑海，再一个就是雄奇的喀尔巴阡山。罗马尼亚大部分的河流都发源于喀尔巴阡山，它的雨水和雪水则为多瑙河源源不断地提供了活力。喀尔巴阡山占据了罗马尼亚境内三分之一的国土，难怪罗马尼亚人亲切地把它称为“罗马尼亚的脊梁”。

南喀尔巴阡山又称特兰西瓦尼亚山脉，盘亘在罗马尼亚中部，东西走向。东起普拉霍瓦河谷，西至多瑙河的铁门峡谷，全长约 300 千米，一般宽度在 100 千米~120 千米，有多座海拔 2200 米以上的山峰，最高点摩尔多韦亚努峰海拔 2543 米，是罗马尼亚全国的最高峰。东喀尔巴阡山西起斯洛伐克的拉博雷茨河谷，向东南经乌克兰西南部至罗马尼亚的普拉霍瓦河谷，全长约 600 千米，有多座海拔 2000 米左右的山峰，最高峰为罗马尼亚境内的罗德纳山的彼得罗斯峰，海拔 2305 米。特兰西瓦尼亚高原就处在东、南喀尔巴阡山和阿普塞尼山之间，海拔一般在 300 米~800 米，浑圆的丘陵和宽广的河谷相间，少有耕地而多见牧场，天然草坡像绿色的地毯顺着柔顺的山势起伏，任凭白色的羊群、黑色的奶牛群、杂色的马群随意悠游。就在峰回路转的地方，一座东正教教堂的钟楼高高耸起，那便意味着前方是一个山间村镇。牧民们的小木楼一幢幢散落在草坡上，造型各异，色彩也不同，或纯白，或朱红，或湖蓝，或草绿，好像童话中

小矮人住的地方。

与阿尔卑斯山相比，罗马尼亚境内的喀尔巴阡山山势平缓多了，植被朗润多了，土层也肥厚多了，几乎看不到一寸裸露的泥土，举目皆是森林和草地。全罗马尼亚最富庶的牧区就在喀尔巴阡山，这里也是全欧洲最富庶的牧区。

南喀尔巴阡山的东端，山上杂树丛生，怪石嶙峋，群山环抱之中有一座名叫肯皮纳的小城。据史书记载，这里原本只有一些简陋的小木屋，是特兰西瓦尼亚地区的牧羊人路过此地歇脚用的，如今已经发展成为一个美丽的城镇。游人们来到这里，可以见识到当地的传统婚礼。新娘候在家中，要等着新郎上门迎娶。迎亲的队伍排成长长的一列，走在最前面的那个人手里高举着一根木棒，上边装饰着鲜花和松枝。迎到新娘后，把她扶上一匹涂成彩色的马，就骑着来到新郎家。婚宴上，应邀而来的亲友们开怀畅饮，喝到兴高采烈的时候，悠扬的音乐声就响了起来，大家便都跑到空地上跳起舞来。

喀尔巴阡山最好看的季节是秋天。山顶上戴着晶莹洁白的雪帽，山腰的云杉林好似一串蓝宝石项链，草地依然是绿茸茸的一片，山谷中的树叶却是一处金黄，一处酡红，五彩斑斓。还有那清清亮亮的山泉和小溪在淙淙流淌，几片红叶在溪水中打旋，不由得使人联想起山间盛产的透亮的葡萄酒。

肯皮纳小木屋

喀尔巴阡山最好玩的季节是冬天。这里众多的滑雪场向游客提供不同等级的雪道，而且昼夜开放，让那些滑雪发烧友们过足了瘾。不爱滑雪的人可以坐马拉雪橇，在冰雪世界中来一次轻轻松松的“走马观花”。位于南喀尔巴阡山北麓的古城布拉索夫是罗马尼亚人冬天里最爱去的地方，距离城区只有 12 千米的滑雪场，已有 100 多年的历史。布拉索夫城中的“黑教堂”是闻名全罗马尼亚的古建筑，它是特兰西瓦尼亚地区最大的天主教堂，建于 14 世纪~15 世纪，具有晚期哥特式建筑的风格，1689 年着了一把大火，石墙被烟熏黑了。重建后，外墙仍呈黑色，“黑教堂”之名便由此而来。

南喀尔巴阡山脉的最高峰摩尔多韦亚努峰所在的一带称弗格拉什山，这里也是一处滑雪胜地。来到这里滑雪的人，还可以到比莱亚湖畔的东欧首家冰造旅馆看个新鲜。客人进入这家旅馆后不能脱掉外衣，因为室内温度只有零上 2℃~3℃。家具全是用冰块制作的，包括床，杯子也是用冰制成的。冰床上铺有厚厚的羊皮褥子，上边盖着羊绒被。这里没有厨房，饭菜都是从附近饭店里做好后送来的。客人住在这里有一个最大的不便，那就是不能洗热水澡。

南喀尔巴阡山脉的矿泉久负盛名，罗马尼亚有 160 多个矿泉点，都在南喀尔巴阡山中，其中位于南喀尔巴阡山西端切尔纳河谷中的海尔库拉内矿泉最为有名。这里气候温和，绿树成荫，景色幽雅，淙淙的泉水随处可见。这里的泉水温度在45℃~50℃之间，水中含有硫、盐、钙等矿物质，对关节炎、皮肤病、妇女病及胃病等都有很好的疗效。

据史料记载，当年古罗马帝国的军队进入达契亚（罗马尼亚的古称）国境后，在切尔纳河谷中安营扎寨。一些患有风湿病或皮肤病的士兵偶然用这里的温泉水洗浴，病状居然大为减轻。不久，这件事就传到罗马帝国的一些达官显贵耳朵中，他们便闻讯而来，并用古希腊神话中大力士神海克力斯的名字给这里的温泉区命名（海尔库拉内是海克力斯的罗马尼亚语译名），又给各个矿泉起了海王星、太阳神等美名。海王星泉是这里最有名的泉眼，泉眼上竖着一尊狮子石雕，泉水就从石狮嘴里喷出来。在海尔库拉内矿泉博物馆里，至今还珍藏着当年罗马人使用过的浴盆、水管管道等。

位于普拉霍瓦河上游谷地的西纳亚也是一处有名的矿泉区。这里的泉水清澈透明，还冒着一股股热气。相传在公元1695年，一个名叫米哈伊·肯塔库兹鲁的罗马尼亚军官在这里建造起一座修道院，以纪念被基督教徒尊为圣山的西奈山上的修道院，取名西纳亚，以后人们就把这个地区都叫成西纳亚了。1837年，罗马尼亚皇帝相中了西纳亚地区的山清水秀，便在这里兴建起了一座气魄雄伟的古式宫殿，这是罗马尼亚第一个皇帝夏宫，现称佩乐什皇宫，堪称罗马尼亚建筑艺术中的瑰宝。

喀尔巴阡山在斯洛伐克

斯洛伐克的国徽中有三座蓝色的山峰组成的山链和一个白色的双十字架，双十字架是信奉天主教的象征，而那蓝色的山峰代表着斯洛伐克的最高峰，也是喀尔巴阡山脉的最高峰格尔拉赫峰。斯洛伐克人把喀尔巴阡山称为本民族的摇篮和象征，斯洛伐克的历史、文化以至每天的生活，都与这条山脉密不可分，它甚至被称为喀尔巴阡山下的国度。

西喀尔巴阡山是喀尔巴阡山脉中最高的一段，同时也是最宽的一段。从斯洛伐克的布拉迪斯拉发的附近起，向东北形成广阔的弧形，直到波兰的杜克拉山口，全长400千米，宽200千米，最高峰格尔拉赫峰海拔2655米。

塔特拉山脉是整个喀尔巴阡山系中最高的山脉，又是最短的一组山脉。它又被河谷分成东西两部分，西边要比东边普遍低400米，所以东边的塔特拉山被称为高塔特拉山，西边的塔特拉山被称为低塔特拉山。高塔特拉山在斯洛伐克与波兰交界的地方，已经被联合国教科文组织宣布为生物圈保护区，在西喀尔巴阡山中只有这里真正有资格称得上高山地形。相比世界其他地方的山脉，塔特拉山规模比较小，却拥有变化多姿的地貌，高耸的山峰、险峻的峭壁、壮阔的冰川、闪烁的湖水、汹涌的河流，种类繁多的植物和独特的野生动物，使得这里成为许多诗人和画家笔下的素材。这里的土壤也非常特别，红的、紫的、黄的，各种颜色混杂到一处，五颜六色，多姿多彩。这一带还有许多石林，高低错落的石峰形状各异，只是比巴尔干山脉的贝洛格拉齐克石林略有逊色。

对于游人来说，要想欣赏塔特拉山的风光，可以前往塔特拉山国家公园。它于 1948 年由斯洛伐克和波兰共同建造，公园的一大半在斯洛伐克境内，一小半在波兰境内，而波兰境内的最高峰雷西峰(海拔 2499 米)就坐落在这座公园里。

塔特拉山最为迷人的部分尽在这座公园之内。雪山、峡谷、森林、草地、温泉、湖泊一一展现开来，美不胜收。公园中最美丽的地方要数半山腰上的施德勒波斯戈泊勒湖，碧蓝的湖面非常宽阔，倒映着远处白雪皑皑的山峰，忽然游来几只野鸭子，这才打碎了湖面的平静。湖边一小簇一小簇的灌木丛中，蛙声、蟋蟀声响成一片，洋溢着僻静和安详的野趣。

塔特拉山国家公园珍藏的瑰宝是多布希娜冰洞，它是全世界最重要的冰洞遗迹。洞穴外边地面上由结冰而形成了很多石笋和圆形的冰柱，它们接连到一处，好像一道银白色的瀑布向洞穴中倾泻而去。冰洞中最大的冰瀑体积达到 10 万立方米，最厚处达 26.5 米，其壮观的景致可见一斑。

喀尔巴阡山和阿尔卑斯山紧紧相连，都拥有难度不同的天然登山路径，可谓登山爱好者的天堂。但是来塔特拉山国家公园的人，很少是来登山的，大多是来做徒步旅行。公园提供从易到难的各种徒步以及自行车游玩路线，其中一些难度较大的路线，只在每年的 6 月 15 日至 10 月 30 日开放。塔特拉山公园也有缆车，乘坐缆车可以到达海拔 2600 多米的高度，这里与格尔拉赫峰已经非常靠近了。即使是盛夏季节，格尔拉赫峰顶的周围也是一片白雪。在这里的小餐厅里要杯咖啡，来到木头晒台上找个座位，享受着在雪地上晒太阳的滋味，那是很奇妙的感受。

离开高塔特拉山，游人们都会顺便到低塔特拉山一游，那里

的山势明显不如高塔特拉山那样陡峻，但在这片山地的北部，却有一个被列入世界文化遗产名录的小村庄，它就是弗尔科里涅斯。在当地语言中，“弗尔科里涅斯”意为“设圈套捕捉狼的猎人”。最初，这个村庄里居住的就是捕狼的猎人。这个小村庄中只住着几十名村民，却有45幢木屋。房屋的房顶为山形结构，两侧的斜面铺着木板。房子的墙基部分被刷成茶色，木墙和窗户的边缘分别被涂成白色和浅蓝色。这是欧洲中部地区传统的民居样式，而以弗尔科里涅斯保存得最完好。直到今天，留驻在村庄里的居民依然不肯接纳现代的生活设施，厨房中满眼都是老式的锅碗瓢盆，当然也没有自来水。居民用水时，便去位于村庄中部马路边上的水井中打水。有趣的是，水井也同样被装在一个传统的小木屋里。

弗尔科里涅斯村中最独特的建筑就是那座建于1770年的钟楼，上边的大钟每天三次准时响起，而一听到钟声，无论村里多么喧闹，马上就会归于平静，因为祈祷的时间到了。弗尔科里涅斯人的生活就这样日复一日继续着，似乎很是单调，但隐藏在大山中的这份淳朴与宁静，却让来自繁华世界中的人羡慕不已。

喀尔巴阡山在乌克兰

东喀尔巴阡山的西端起于斯洛伐克境内，另一端在罗马尼亚境内，中间在乌克兰西南部绕了个弯，这一段就被命名为乌克兰喀尔巴阡山。这里的喀尔巴阡山看不到什么高峰峻岭，一般海拔在800米~1500米，山坡都比较平缓，许多纵谷和横谷把山脉分割成一个个独立的山群。这一地区气候湿润，阳光充沛，森林郁郁葱葱，素有“森林公园”的美誉。伟大的俄国作家契诃夫曾用夸张的语言对这片土地发出过赞叹：“伟大的土地啊，今天你把一根车杆插进去，明天它就会长出一架马车来！”

世界上最肥沃的黑土地就位于乌克兰喀尔巴阡山的东端，这里现在已经被辟为克索沃国家森林公园。张艺谋执导的电影《十面埋伏》中出现的那片白桦林，还有那一望无际的灿烂花海，就是在克索沃国家森林公园中取的景。这里的原始森林中长满了伟岸的巨树，树冠相互紧挨在一起，犹如一把把大绿伞遮住了直射的阳光，只能从斜上方穿进来。林中阴翳却不阴暗，空气仿佛透明一般。长年累月的积叶在地上铺了厚厚的一层，踩上去就像踩在地毯上。到了夏天，这里绝对是避暑的胜地。

春、夏两节，来乌克兰喀尔巴阡山的游客主要以疗养为主，而到了冬天，世界各地的人们则纷纷慕名前来这里滑雪。位于乌克兰利沃夫州境内的喀尔巴阡山脉冬季积雪深厚，地形优越，历来是滑雪爱好者的首选之地，这里还多次举办过冬季奥运会。漫天飞雪把这里变成了一个银装素裹的世界，而像流星一般在滑雪道上飞驰而下的雪上健儿们，则让这原本冷冰冰的地方生机盎然。

Ural Mountains
乌拉尔山脉

欧亚大陆的界山
俄罗斯的矿藏宝库
滑雪运动的早期发源地

Ural Mountains

地理位置:北起北冰洋喀拉海的拜达拉茨湾,南至哈萨克草原地带,绵延 2000 多千米,宽度为 40 千米~150 千米,介于东欧平原和西伯利亚平原之间。

地质特征:古生代时这里原是一个地槽,很长时间里都是汪洋大海。后来这个地区发生两次造山运动,乌拉尔地槽不断上升,出现了褶皱山,就是今天的乌拉尔山脉。

基本地貌:呈南北走向,山势一般不高,平均海拔 500 米~1200 米,最高峰人民峰海拔 1894 米。北部较高,南部次之,中段低平,西坡较缓,东坡较陡。

气候特点:东西坡气温不同,西坡的气温和年平均降雨量都高于东坡。山脉的北端属寒带气候,1 月份时平均气温在-28℃左右。山脉南端属大陆性气候,1 月份平均温度在-14℃~-18℃之间。

动植物分布:西坡分布着大片阔叶林和针叶林,林中生长着椴树、橡树、枫树、白桦等树种;东坡大多是落叶松,阔叶林很少见。比较常见的动物有棕熊、黑貂、狼、松鼠、水獭等。

游览须知:向当地人问路时不要使用不准确的地名和说法,俄文地名译成中文有时相差很大。最好的办法是把地图上的俄文地名指给人家看,马上就能得到明确的回答。

在全世界七个大洲中，只有欧亚大陆是山水相连，没有天然的隔断，这倒是给地理学家提出了一个不大不小的难题。古希腊有一位被称为“史学之父”的历史学家希罗多德，在他的史学巨著《希腊波斯战争史》中提出，欧亚两洲的分界线应该是在博斯普鲁斯海峡、黑海、亚速海和顿河。以后，随着地理知识的增多，不断有人提出新的见解。17 世纪时，人们一般是以顿河、伏尔加河、伯朝拉河和卡马河来作为划分欧洲和亚洲的界线。到了 1760 年，法国地理学家吉利翁在他绘制的世界地图上，则把欧洲东面的界线一直划到鄂毕河。对于这些划分不断有人提出反对意见，最有代表性的是德国著名的自然科学家和旅行家亚历山大·洪堡德，他认为，欧洲和亚洲本来就是一块大陆，用不着人为地分成两个大洲，不妨统称为“欧拉细亚”，也就是“欧亚洲”。这样划分倒是省却了许多麻烦，却不能得到普遍认同，不管从哪个方面来说，亚洲和欧洲的差异都十分巨大，强行捏到一处实在有些不妥。

从地理位置上来看，在欧亚大陆之间纵贯千里的乌拉尔山脉应该是一道天然的界标，但在 18 世纪以前，西方人并不知道在遥远的西伯利亚有着怎样的河流山川。俄国彼得大帝时期，被称为俄国历史地理奠基人的地理学家和历史学家华西里·塔季谢夫来到了乌拉尔山脉，在这一带进行了长期考察，发现乌拉尔山脉东西两个地区的动植物有着许多显著的不同。就拿鱼类来说，生活在山脉西面河流中的鲑鱼身体发红，而生活在东侧河流里的马克鲟和折东鱼等却呈银白色，而且味道也不一样。塔季谢夫于是断定，乌拉尔山脉的东麓应该是欧亚大陆的分界线。后来，他的这一看法逐渐为人们所接受。但由于乌拉尔山脉的南端没于哈萨克斯坦的大草原上，这一带又没有别的山脉，人们便把发源于乌拉尔山脉流入里海的乌拉尔河和乌拉尔山脉连到一起，共同作为欧洲和亚洲的分界线，并且一直沿用到今天。

1837 年，人们在乌拉尔山脉的分水岭别列佐瓦亚（意为“白桦林”）立起了第一个大理石的“欧亚界标”，有 3 米多高，距铁路不到 10 米。如今，这里已经成为当地著名的风景点。游人们站在欧亚分界线上，一只脚踩着亚洲的土地，另一只脚踩着欧洲的土地，不仅能够体会到洲际旅行的奇妙，还能真切地理解俄罗斯的国徽上为什么是一只两个脑袋朝着两个方向的老鹰。

对于两个大洲界线的确定，塔季谢夫有着不可磨灭的贡献。所以，1986 年夏天，为了纪念这位欧亚两洲分界线划定者诞生 250 周年，俄罗斯人又竖起了一座新的欧亚界标。不过，把乌拉尔山脉定为欧亚大陆的分解线，却不是塔季谢夫一个人能说了算数的，它的两边确实有着许多明显的区别，不光是鱼的体色不同。乌拉尔山脉西坡平缓，逐渐转变成俄罗斯平原；东坡较陡，向西伯利亚平原突然下降。西坡的河流大都蜿蜒曲折，东坡的河流经常直来直去。西坡气温高，东坡气温低，西坡的年平均降雨量比东坡多300毫米。西坡生长着大片的阔叶林，而东坡大多是落叶松，阔叶林很少见。

乌拉尔山脉自身的变化也很大，自北至南可以分为极地、亚极地乌拉尔山和北、中、南乌拉尔山五段。极地和亚极地乌拉尔山地处冰原地带，气候寒冷，终年积雪。乌拉尔山的最高峰人民峰就坐落在亚极地乌拉尔山这一段，它的周围集中了很多现代冰川，山顶呈锯齿状，山坡被陡峭的冰斗和冰窝所侵蚀。

从北乌拉尔山开始，山脉的面貌有所改变，出现了大片暗色的针叶林，每当狂风袭来，便会发出怪戾的声响。林间的动物也开始多起来，地面上狼獾在到处游荡，树梢上太平鸟在飞来飞去。进入中乌拉尔山后，海拔高度忽然转低，山体孤立，轮廓缓和，河谷宽阔，湖泊星罗棋布。而到了南乌拉尔山，海拔高度又突然增加，虽然许多山峰的峰顶比较平坦，但陡峭的石坡随处可见。

从地理条件方面来说，中乌拉尔山由于比较低平，历来是欧、亚两洲的重要通道。这一带最有名的城市就是叶卡捷琳堡，最早立起来的“欧亚界标”距离这座城市只有40千米，人类最早的欧亚交通大道“西伯利亚之路”也从这里穿过。公元前5世纪前后，随着游牧民族的迁徙，逐渐形成了一条东起蒙古草原，西延广袤的哈萨克草原直到欧洲的草原之路。来自欧洲的斯基泰人曾一度控制着这条古道，他们从阿尔泰山取得巨量黄金，因而这条路又享有“黄金之路”的美称。蒙古人兴起后，成吉思汗率领着他的大军用铁蹄践踏着这条北方草原之路，旋风般地刮过乌拉尔山，杀入欧洲腹地。那时候，在欧洲人的眼里，来自乌拉尔山那边的蒙古人简直就是嗜血的魔鬼。

Ural Mountains……

成吉思汗往来纵横于欧亚大陆的时候，叶卡捷琳堡至多是坐落在乌拉尔山脉东麓的一个小村庄，直到 1723 年才建立起一座城市，以女沙皇叶卡捷琳娜的名字来命名。从地理位置上来说，叶卡捷琳堡应该属于亚洲，但当初立“欧亚界标”的人偏心，不是把它立在山脊上，而在立在山东坡下，这样整个叶卡捷琳堡连同乌拉尔山就划到俄国一边，也就划到了欧洲一边。幸好这是洲界而不是国界，不然非得闹出国际纠纷来。

来到叶卡捷琳堡还可以对乌拉尔山有更深入的了解，这里有一座乌拉尔地质博物馆，收藏相当丰富。游人在这里可以买到用乌拉尔的彩石、宝石制成的装饰品。按当地的语言，“乌拉尔”意为“黄金之地”。实际上，“乌拉尔”一词源于鞑靼语，意为“石带”。这两种称呼指的都不是它山窄如带，而是指它矿藏丰富。山中所产的白金以及各种珍贵的宝石(特别是绿宝石)，很早以前就已闻名世界。经过不断的地质勘探，人们发现乌拉尔山脉简直就是俄罗斯的一个矿藏大宝库，黑色金属、有色金属、稀有金属，应有尽有。有趣的是，一条山脉东西两侧储藏的矿产却不相同：东坡蕴藏着磁铁、铜、铝、铂、石棉等矿产；西坡则储有钾盐、石油和天然气。

叶卡捷琳堡这一带的乌拉尔山还是滑雪胜地，一到冬天，就连俄罗斯总统也要来到这一带滑雪。关于滑雪运动，从前人们都认为它的起源地在北欧。20 世纪 60 年代，有人在乌拉尔山脉的泥炭沼泽中发现了 8000 年前留下来的滑雪板残片，其中一块是一只滑雪板的前端，极为精细地雕成了驼鹿头部的形状，既能当滑雪板的“制动器”，又象征着急速运动。人类早期使用的滑雪板都是木制的，容易烂掉，而乌拉尔山中的那片泥炭沼泽中含有大量的酸性物质，才使得石器时代制作的滑雪板得以保存至今。这个发现让人们不得不重新考虑滑雪运动的发源地，说不定乌拉尔山的历史也需要重新补写出一大篇文章来。

高加索山

Caucasus

号称『欧洲屏障』
著名的温泉疗养胜地
神话中普罗米修斯的受难地

Caucasus

地理位置:屹立在欧亚两洲之间,西濒黑海和亚速海,东临里海,横贯格鲁吉亚、亚美尼亚和阿塞拜疆三国。

地质特征: 属阿尔卑斯造山运动形成的褶皱山系,多火山、冰川,多地震。第四纪时,全为山地冰川所覆盖,有1500多条山地冰川。

基本地貌:自西北向东南蜿蜒,形成大高加索和小高加索两列主山脉。大高加索山脉是亚欧两洲分界线的一部分,全长1200千米,宽200千米,包括山麓地带在内占地44万平方千米。厄尔布鲁士峰为最高峰,海拔5642米,山上气候寒冷,终年积雪。小高加索山脉的走向大体上与大高加索山脉平行,位于大高加索山脉以南,两山之间是黑海沿岸的科尔希达低地和面向里海的库拉—阿拉克斯低地与连科兰低地。

气候特点:山脉北侧属温带大陆性气候,冬季气温可降至-30℃,夏季又高达20℃~25℃,年降水量为200毫米~600毫米。山脉南侧属亚热带气候,年平均温度在20℃左右,年降水量为1200毫米~1800毫米。

动植物分布:海拔2000米为农作物耕种线,在海拔2000米~2800米之间分布着针叶林和高山草甸。常见动物有狼、棕熊、山猫、高加索鹿、狍、欧洲野牛、岩羚羊、水獭、豹等。

游览须知:去高加索旅游,可以从俄罗斯、格鲁吉亚、亚美尼亚和阿塞拜疆等国家入境。

"高加索的美人"——厄尔布鲁士峰

一提到高加索山,人们不由得就会联想起那位人类的保护神——普罗米修斯。在希腊神话中,人类是普罗米修斯创造出来的,他还充当人类的老师,帮助人类追求幸福。而宙斯却对人类全无好感,认为人类既孱弱又狡猾,既愚蠢又残暴,总想把人类毁灭掉。

普罗米修斯看到人类住在阴暗潮湿的山洞里,过着衣食不周的悲惨生活,就想了个办法,用一根长长的茴香枝,在烈焰熊熊的太阳车经过时,偷到火种并带给了人类。

人类有了火种,生活面貌立刻改观,这让宙斯大为恼火,他命令神使赫尔墨斯用一条永远也挣不断的铁链把普罗米修斯绑在高加索山的悬崖上,让他永远不能入睡,疲惫的双膝也不能弯曲,在他起伏的胸脯上还钉着一根金刚石的钉子。宙斯又派一只神鹰每天去啄食普罗米修斯的肝脏,但被吃掉的肝脏随即又会长出来,第二天又被神鹰啄食掉。就这样,普罗米修斯在高加索山忍受了3万年的反复折磨,直到有一天一位名叫赫剌克勒斯的英雄来到高加索山,射死了那只恶鹰,才把这位人类的大恩人解救出来。

如果说宙斯真的把普罗米修斯绑到高加索山上来,势必会选择这里的最险峰和最高峰。高加索山绵延千里,但高山峻岭不多,海拔5000米以上的山峰都集中在大高加索山的中段。这一带位处高纬度地带,积雪和冰川对地形的侵蚀强烈,巨大的冰斗耸立于山腰,成为薄如刀刃的

登上厄尔布鲁士峰的勇士

山脊，颇有“倚天宝剑”的神韵。群山顶上积雪堆压，形成波澜壮阔的起伏地带，在阳光的照耀下颇为壮观。而在古冰川的底部，细流常常汇集成碧波荡漾的圆形湖泊，景色绮丽迷人。

高加索山的最高峰厄尔布鲁士峰就在大高加索山的中段，这里有不少山峰的绝对高度都超过了阿尔卑斯山的勃朗峰，只是这里处在欧亚大陆的天然界线上，在谈到世界各大洲的名山大川时，它们往往既不被算进亚洲，又不被算进欧洲，倒是可惜了它们的高度。阿尔卑斯山的一座勃朗峰就让人惊叹不已，而这里有那么多“勃朗峰”，还有一座超过勃朗峰 800 米的厄尔布鲁士峰充当“龙头老大”，在众多奇峰秀岭的环伺下，它显得卓尔不群，大有顶天立地的气魄。

厄尔布鲁士峰由东西两座相邻的雪峰组成，西边那座略高于东边的那座。这两座山峰虽然那么高大，顶部却像一个光滑的圆顶山丘，从远方望去宛如一位刚刚出浴的少女，仰卧在高加索的群山之上。从飞机上鸟瞰，这位少女长着披肩的长发，伸直的两臂和稍弯的两条健美的腿，东西两座姐妹峰正好构成这位少女两个丰满的乳房。

自古以来，当地的格鲁吉亚人就把它称为“高加索的美人”，还流传着一个有趣的传说。相传“厄尔布鲁士”原来是一位仙女的名字，很早以前，她来到高加索山中的一个小山村里，村后并排列着五座高山，人们都叫它“五山村”。村庄的周围有着流不尽的泉水，漫山遍野都生长着各种颜色的玫瑰花和樱桃树，还有叫不出名字来的五颜六色的野花，活泼的小鸟一年四季在枝头上歌唱。仙女被这人间的美景所陶醉，她漫步山间，跳在清澈的泉水之中洗了个澡，出浴后就仰卧在那里睡着了，这一睡就是千年万年，直到今天还没有醒过来。人们还说，从厄尔布鲁士雪峰上流下来的雪水，就是仙女的乳汁，有了它的灌溉，才有了高加索山区的千里沃野，有了高加索人的幸福生活。

在厄尔布鲁士峰上还发生过一个真实的故事，说起来就不像民间传说那样

让人愉快了。第二次世界大战爆发前夕，德国人派出一支登山代表团，与苏联的登山运动员们一起攀登厄尔布鲁士峰。1942 年 8 月末，德国法西斯为了夺取苏联的石油基地巴库，专门派出高山部队占领了通往巴库油田的制高点——厄尔布鲁士峰，并在峰顶附近设置了高倍望远镜，监视苏军向巴库方向的增援部队的调动情况。只要苏军一有动静，德军马上就调动空军及炮兵进行袭击，苏军因此而遭受了重大牺牲。这时的厄尔布鲁士峰，成了德军一架永远不需要降落也不需要加油的“高空侦察机”。

为了夺取这个制高点，苏军几次攻山，但由于部队没有受过山地作战的专门训练，也没有配备必要的装备，还没等和敌人接火就出现了大批严重冻伤。于是，苏军征集过去攀登过这座山峰的登山运动员、教练员参战，组成了阿尔卑斯营（即山地营），这才从德国人手里夺回了厄尔布鲁士峰。在战后打扫战场时，苏联人在德军尸体中发现了三张熟悉的面孔，原来这三个人曾经参加过那次所谓友好的登山活动。

在第二次世界大战中，德军的山地部队的确战功赫赫，其中以德国国防军第一山地师最为强悍，他们曾在高加索山地艰苦作战，甚至赢得了对手苏联人的尊重，送给它一个“高加索雄鹰”的绰号，还对它做出这样的评价：给它一座山，就休想从它身上爬过去。德国山地部队的官兵在军帽左侧都佩带着金属雪绒花帽章。雪绒花生长在阿尔卑斯山脉（亚洲也有）海拔 1700 米上的冰雪地带，德国人就用这种不畏严寒的植物来代表山地部队这个兵种的特点。

"生命的乐土"——西高加索山

大高加索山通常分为东、中、西三段，其中中段山体较窄，山势高峻，东高加索山次之，西高加索山最低，海拔一般在4000米以下。东高加索山有格鲁吉亚境内的最高峰什哈拉峰，海拔为5068米。西高加索山的最西端是著名的西高加索山保护区，已经被遴选列入世界自然遗产目录，还被列入联合国教科文组织的"人与生物圈计划"。

早在50万年前，这一带就有了古人类的活动，考古学家在这里发现了150余处古代人类的遗迹。与司空见惯的人类破坏自然资源的现实相比，西高加索山可以称得上是一片"生命的乐土"。部分地区与世隔绝，只有乘直升机才可到达，是欧洲尚未受到人类干扰的少有的几座大山之一。近几个世纪以来，这里只是外围地区受到了伐木、放牧以及打猎的些许不利影响，并未对它的绝大部分地区构成威胁。由于人迹罕至，这里成了野生动物的天堂。据统计，这里的脊椎动物多达384种，哺乳动物也有几十种，包括狼、棕熊、山猫、高加索鹿、狍、欧洲野牛、岩羚羊、水獭、豹等；鸟类已达到126种，其中黑鹳、鱼鹰、茶色鹰、王鹰、金鹰、短趾鹰都是国家级保护动物。这里还有一个光怪陆离的昆虫世界，有记录可查的昆虫多达2500种，而实际上的数目比记录的两倍还要多。

西高加索山的地质构造颇具特色，寒武纪到古生代的沉积岩、变质岩和火成岩在这里都有出露。北部以石灰石山丘居多，其间有许多洞穴，尤为引人注目的是一个深达1600米、长达1.5万米的洞穴，其深度、长度都称得上俄罗斯之最。这里的高山湖泊以及宽广的山谷都是由于冰河作用所致，迄今为止这里还有60余处冰河留下的遗迹。

距离西高加索山保护区最近的城市是俄罗斯的索契。它位于黑海沿岸，气候湿润，四季如春，夏季不超过30℃，是地球最北端唯一一块属于亚热带气候的地区。从斯大林开始，苏联和俄罗斯的历届国家领导人都喜欢来这里度假，使得它赢得了俄罗斯"夏都"的称号。索契的冬天也不寒冷，高加索山脉几乎完全挡住了来自北方的冷空气，而被太阳晒了整整一个夏季的海水则慢慢地释放出热量，使得这里的气温维持在8℃左右。

索契还以矿泉闻名。这里马采斯塔矿泉（意为"烫水"）自然涌出的泉水温度达22℃，人工钻探而涌出的泉水温度高达38℃。马采斯塔矿泉富含氢硫化物，对人体有独特的疗效，早在古罗马时代就远近知名。

如果你想欣赏大高加索山白雪皑皑的全景，可以登上市郊大阿洪山上顶的瞭望塔，索契一年中平均有240天是晴天，给登高望远提供了方便条件。站在这里还能欣赏到索契风景如画的海岸。索契的海岸绵延着大片天然海水浴场，从每年的5月中旬到10月底都可以下海游泳。你只要不嫌麻烦，就可以在一天之内既上山

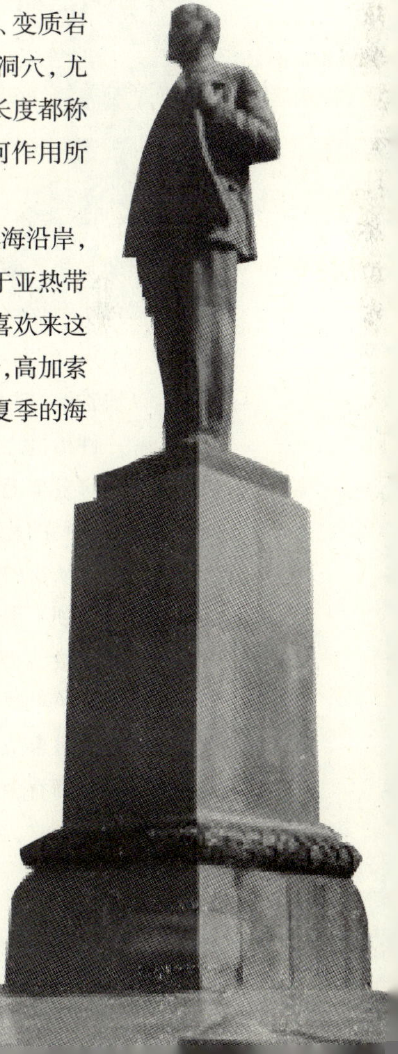

索契

滑雪，又下海畅游，感觉爽快无比。

以一部《钢铁是怎样炼成的》而让中国读者熟知的作家尼古拉·奥斯特洛夫斯基，他的大部分创作生涯就是在索契度过的，他能以重病之身写成那么厚的一本长篇小说，还构思出了《暴风雨所诞生的》的初稿，着实应该感谢索契宜人的气候。现在他的故居已被辟为博物馆。

与索契同在黑海沿岸的苏呼米也是一个旅游和疗养胜地。这里背靠大高加索山，市内林木茂密，花草遍地，在青山碧海之间建有许多休养所、疗养院和宾馆。在苏呼米近郊有一座名叫巴格塔拉第三的城堡，它是以统一格鲁吉亚各公国第一代皇帝的名字命名的。离城 4 千米处有一道著名的克拉苏里墙，类似中国的长城，它跨越山谷，蜿蜒绵亘，颇为壮观。此外，在奥恰姆奇列区还有一处洞窟群，其中最著名的是契娄洞，又称阿勃拉斯山洞，长达 2 千米。

寻找金羊毛——小高加索山

小高加索山由一系列低矮且多褶曲的山岭组成，就其高峻程度来说，与大高加索山不可同日而语。但这一带自古以来就流传着一个美妙动人的传说，被后世不少作家用做创作素材，给小高加索山区蒙上了一层神秘的色彩。

黑海岸边有一块名叫科尔喀斯的沼泽地，由它开始连着一块谷地，把大高加索山和小高加索山分隔开来。相传就在科尔喀斯沼泽地上有一件稀世之宝——金羊毛。

金羊毛来自一只长着双翼的公羊，它是神使赫尔墨斯送给玻俄提亚国王后涅斐勒的礼物。她的一儿一女受到国王宠妾的百般虐待，涅斐勒便让他们骑上公羊从空中逃跑。半路上，姐姐从空中跌落，葬身大海，而弟弟佛里克索斯顺利地来到了黑海边上的科尔喀斯。国王埃厄忒斯热情地接待了他，还把自己的女儿许给他为妻。佛里克索斯宰了公羊向保护他逃跑的宙斯献祭，把公羊身上纯金的羊毛赠给了国王埃厄忒斯。埃厄忒斯把金羊毛献给了战神阿瑞斯，并把它钉在敬奉战神的小树林里。按照神谕所示，埃厄忒斯的身家性命完全取决于他是否拥有金羊毛，所以他下令让一条毒龙日夜守卫着金羊毛。

当时，全世界都把金羊毛视为无价之宝，多少英雄豪杰为了得到它而踏上了艰险的路程，却没有一个人获得成功，很多人甚至连金羊毛的影子都没看到，就倒在漫长的征途中。伊俄尔科斯王国的国王原是埃宋，后来他的王位被弟弟珀利阿斯篡夺去了。珀利阿斯想把埃宋的儿子伊阿宋也除掉，就怂恿他去夺取金羊毛。伊阿宋没有看破叔叔的险恶用心，就邀请来许多希腊有名的英雄，乘上一艘豪华大船“阿耳戈斯”号（意为“轻快的船”），跨海远征。据说，这是希腊人驶向大海的第一艘大船。

一路上的磨难难以尽述，如同《西游记》中的唐僧师徒取经一般，历尽千难万险，终于到达了高加索山下的科尔喀斯。伊阿宋向国王埃厄忒斯说明了来意，埃厄忒斯表面上没有拒绝，暗地里却想用毒计害死伊阿宋一行。幸好埃厄忒斯国王的小女儿美狄亚爱上了浑身充满英雄气概的伊阿宋，她决定不惜一切代价帮助心上人。

在美狄亚的帮助下，伊阿宋战胜了鼻孔中喷射烈焰的两头神牛，穿过如同迷宫的灌木丛，来到一棵高高的橡树下。橡树顶上金光闪闪，上边挂着的就是令无数人为之心动的金羊毛。树下，那条巨大的毒龙睁着一双永不闭合的眼睛在警惕地巡视着。美狄亚用神奇的歌声让毒龙迷迷糊糊地有了睡意，又用魔液的芳香迷得毒龙酣睡起来，伊阿宋趁机从橡树上拉下金羊毛。借着金羊毛发出的光亮，他俩飞快地穿过树林，来到“阿耳戈斯”号船上。众英雄立刻扬起风帆，一起用力划桨，大船如同离弦之箭离开黑海，返回故乡。

记住这样一段神话传说，会给来小高加索山这一带游览的人增添不少信心。沿着透露出原始韵味的峰间林带择路而上，一步一步地朝着目标坚定地前进，不敢说每个人从此都会变成英雄，但坚韧不屈的英雄精神却会在人们的心中遥相传承。

Crimean Mountains

克里米亚山脉

多处被辟为自然保护区
著名的疗养与旅游胜地
克里米亚战争的主战场

Crimean Mountains

克里米亚山脉所在的克里米亚半岛有着世界上最美丽的海岸线，也是乌克兰最美丽的地方。凡是美丽的地方总免不了被人夺来抢去，历经磨难，也许这就是地理学上的“红颜薄命”。克里米亚半岛在历史上也常常成为外来民族争夺的目标，因此战事不断。

早在公元前7世纪，希腊人就进入了南部克里米亚山脉，与当地居民发生了激烈的冲突，最终征服了他们，建立起了殖民地。公元前5世纪。博斯普鲁斯王国在这里建立起了希腊化城邦。公元前15年，克里米亚称臣于罗马帝国。在此之后长达10多个世纪中，克里米亚半岛相继被哥特人、匈奴人、拜占庭帝国、金帐汗国占领。土耳其人强盛起来后，通过连年战争，将这块土地抢到自己手里，并将这个半岛命名为克里米亚半岛，半岛上的山脉也就自然地成了克里米亚山脉。

雅尔塔会议

每当克里米亚半岛上发生战事，有险可守的克里米亚山区就会成为主战场。19世纪中叶爆发的俄土克里米亚战争也是一样，一开始它被称为第七次俄土战争，但因为其间时间最长和最重要的战役都是在克里米亚山区展开的，所以后来就被称为克里米亚战争。

19世纪上半叶，一度称霸欧洲的土耳其奥斯曼帝国已经迅速衰落，俄国沙皇亚历山大一世认为这正好是扩大本国在欧洲势力的大好机会，开辟出一条通向地中海的出路，便以保护奥斯曼帝国境内的东正教徒为理由，要求在基督教的“圣地”建立俄罗斯的保护地。这一要求遭到了君士坦丁堡苏丹的拒绝，俄罗斯便宣布与土耳其断交，并派兵占领了摩尔达维亚和瓦拉几亚这两个多瑙河的公国。土耳其方面自恃有英、法两强撑腰，就于1853年10月16日对俄国宣战，克里米亚战争由此爆发。

战争初期，俄军所向披靡，土军名将奥斯曼—帕夏也成了俄军的俘虏。1854年3月，英国和法国先后向俄罗斯宣战，战争的规模迅速升级，战场上的形势也急转直下。俄国被迫以70万兵力与拥有约100万军队的同盟国作战，而且在军事技术装备方面也远远落后于西欧诸国，很快就落了下风。在屡吃败仗后，俄军被迫向

地理位置:位于克里米亚半岛的南部,也是乌克兰的南部,濒临黑海,全长150千米,宽50千米。

地质特征:整个山脉由一系列死火山组成,由火山爆发以及地壳剧烈运动形成的独特地形地貌随处可见,火山灰、火山弹、角砾石等火山爆发留下的痕迹比比皆是。

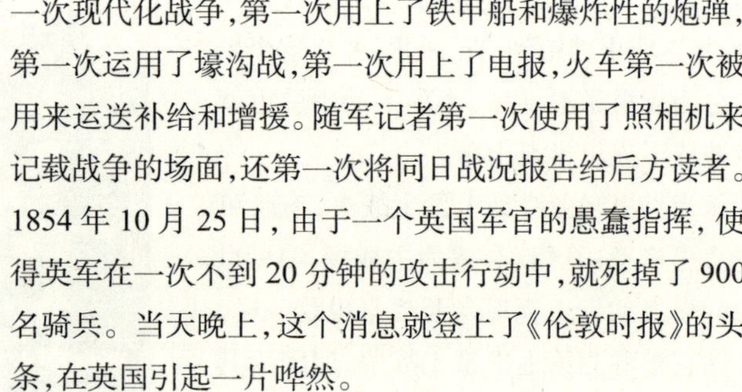

基本地貌:由三排山组成,南面的一排最高,最高峰罗曼科什峰海拔1545米,北面的两排山表现出明显的单面山山脊。南坡陡峭,北坡平缓,大部分高度在350米~700米之间。

克里米亚山脉最南端的海防要塞塞瓦斯托波尔转移。从1854年9月25日开始,历时349天的塞瓦斯托波尔攻防大战拉开了帷幕。

这场大战早已被大多数现代人所遗忘,也不大关心克里米亚战争最后以双方缔结和约而结束,但它在世界战争史却占有相当重要的位置。它是有史以来的第一次现代化战争,第一次用上了铁甲船和爆炸性的炮弹,第一次运用了壕沟战,第一次用上了电报,火车第一次被用来运送补给和增援。随军记者第一次使用了照相机来记载战争的场面,还第一次将同日战况报告给后方读者。1854年10月25日,由于一个英国军官的愚蠢指挥,使得英军在一次不到20分钟的攻击行动中,就死掉了900名骑兵。当天晚上,这个消息就登上了《伦敦时报》的头条,在英国引起一片哗然。

雅尔塔燕子堡

1855年9月8日,俄军不敌英法联军的强攻,放弃了塞瓦斯托波尔。战后清点伤亡人数,法军一共死了2.1万人,而英军只死了600多人。双方一起围攻塞瓦斯托波尔,为什么伤亡人数相差这么大呢?克里米亚战争期间,英国的战地医院管理不善,救护条件很差,又没有护士护理伤病员,士兵死亡率一度高达50%以上。在英国政府的邀请下,受过护士专业训练的弗洛伦斯·南丁格尔率领38名护士亲赴前线,她们以满腔的热情救护伤病员,努力改善伤员的营养和卫生条件,在半年左右的时间里,英军伤病员的死亡率竟下降到了2.2%。一时间南丁格尔成了英国传奇式的人物,而前线的士兵都尊敬地称她为"提灯女士",那是因为每天晚上南丁格尔都要手持油灯巡视病房,伤兵们深受感动,便躺在床上亲吻着落在墙壁上的她的身

气候特点:南麓滨海地带是著名的疗养、旅游胜地,属亚热带气候,1月份平均气温为4℃,年降水量为500毫米~700毫米。

动植物分布:山脉的大部分地区覆盖着森林和草地。动物种类繁多,有300多种鸟类,100多种哺乳动物,附近的海域里生活着200多种鱼类。

游览须知:这里的冬令时比中国晚6个小时,夏令时比中国晚5个小时。

Crimean Mountains

影。1912年,国际护士理事会发出倡议,以南丁格尔的生日为国际护士节。从此以后,每年的5月12日这一天就成为全世界护士的共同节日。

克里米亚战争还催生出一个世界组织,它就是国际医护救援组织。瑞士人亨利·杜南先是创建了国际红十字会组织,后来他目睹了克里米亚战争的惨况,又发起成立了国际医护救援组织。1901年杜南荣获诺贝尔和平奖,成为对他的最高奖赏。

克里米亚战争结束后,克里米亚山区沉寂下来。而到了第二次世界大战结束后,这里再次引来全世界关注的目光。克里米亚半岛的南端有个小城叫雅尔塔,它的前边是平原,背后就是绵延的克里米亚山脉。1945年2月4日至11日,美、苏、英三国首脑罗斯福、斯大林、丘吉尔在这个小城中举行会议,讨论二战后的世界格局问题,并签署了著名的《雅尔塔协议》。根据这项协议,斯大林命令红军挥师东进,摧枯拉朽般地击溃了百万日本关东军,帮助中国人民取得了抗日战争的伟大胜利。

如今的雅尔塔已经成为一个旅游胜地,这里气候宜人,街道上种植着棕榈、洋槐、木兰,使人觉得仿佛到了亚热带的城市。游人在这里还可以参观大作家契诃夫的故居,屹立在海边峭壁上的土耳其古堡"燕子堡",还有原为沙皇别墅的里瓦金斯基宫。漫步在这里的海滩上,眺望不远处的克里米亚山脉,你不难体会到雅尔塔为什么会为被乌克兰人骄傲地称做"黑海岸边的明珠"。

既然到了雅尔塔,那就不能不到克里米亚山区走一走。这里最著名的旅游区是卡拉达格火山,虽然海拔只有574米,但面积非常辽阔,独特的火山地形地貌令人叹为观止。卡达拉格山又以复杂雄奇的轮廓而著称,它的南坡直抵海边,峭壁悬崖的形状千奇百怪,有的如仙山楼阁,有的像森严的堡垒,有的壁立如剑,有的弯曲如刀。也许是这里的奇崖怪石特别能焕发人的想象力，它们大都有一个非常形象的名字，如“海盗伊凡崖”“狮身人面崖”“地狱洞”“鸬鹚洞”“魔爪洞”等等。卡达拉格山的南坡下还有一块巨型峭壁，酷似大拱门，小船可以扬帆从中穿过，直驶卡拉达格峡谷，人们称它“卡拉达格门”。这一带还有一处海滨浴场，因铺有五彩缤纷的砾石而闻名遐迩。

克里米亚山脉的另一处主要山脉称为恰提尔达格山，它距离海岸不远，这里的最高峰是艾克里兹布隆峰（海拔1525米）。登上艾克里兹布隆峰俯瞰，只见克里米亚半岛蹉卧在山脚，山脉伸入海域中，海山交错，海天一色，景色非常壮观。

恰提尔达格山主要由石灰岩构成，由于水的溶蚀作用，这一带出现了很多奇异的山洞，比较出名的有“冷洞”“千首洞”等。“冷洞”是恰提尔达格山中最大的岩洞，洞口宽阔，形如拱门，洞内有一方冰冷的池水，“冷洞”由此得名。“冷洞”中钟乳石柱、石笋随处可见，人行其中，仿佛进到了一座水晶做成的宫殿。“千首洞”中极为幽暗，相传洞中有许多人头盖骨和成堆的骨头，这里很可能是战胜的一方用来活埋俘虏的洞穴。

亿万年 风雨沧桑
蜿蜒出
远天的层峦叠嶂

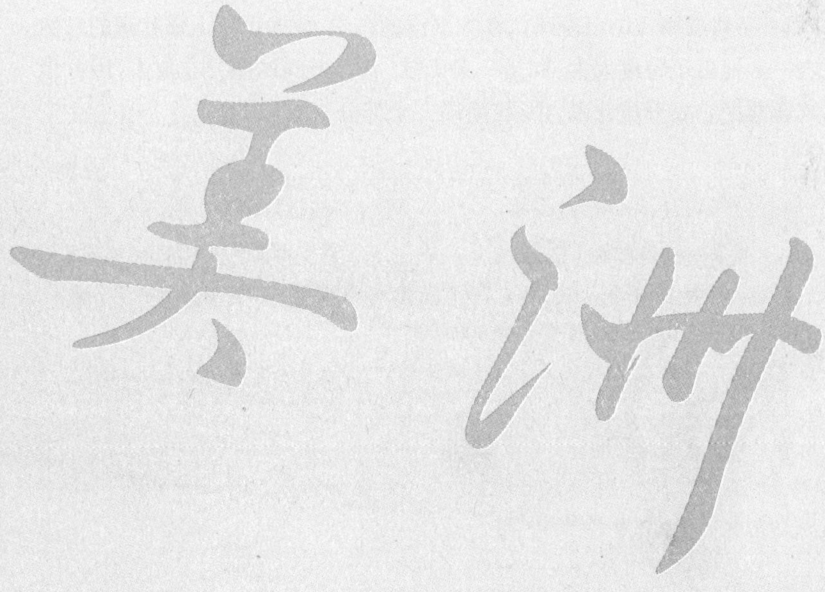

Mountain Andes

安第斯山脉

世界最长的山脉
分布有大量火山
号称“南美大陆的脊背”

北段安第斯山——科托帕希火山

作为世界上最长的山脉，安第斯山脉的长度几乎是喜马拉雅山脉的三倍半，而它又属于世界上最长的科迪勒拉山系，从北美洲的南端一直绵延到最北端，好似一条将要腾飞的巨龙蹲伏在太平洋的东岸，成为世界上最壮观的自然景观之一。但由于跨度太大，同是一条山脉，各区域间的差异非常大，因此地理学家通常把它划分成北段、中段、南段三个部分。

地理位置:坐落于南美大陆的西部边缘，紧靠太平洋，北起加勒比海的特立尼达岛，南到南美洲南端的火地岛，跨越委内瑞拉、哥伦比亚、厄瓜多尔、秘鲁、玻利维亚、智利、阿根廷等7个国家，全长约8900千米，一般宽约300千米，最宽处为800千米。

地质特征:形成的年代较晚，在构造体系上属于科迪勒拉山系，是年轻的褶皱山脉，地质构造非常复杂。一般来说，由白垩纪时代形成的花岗岩组成，褶皱和断层占了大多数。

基本地貌:由一系列平行山脉和横断山体组成，间有高原和谷地。海拔多在3000米以上，海拔超过6000米以上的高峰有50多座。最高峰阿空加瓜山海拔6959米，被公认为世界上最高的死火山，它的东南两侧有很多现代冰川和冰川湖。

北段安第斯山脉主要位于委内瑞拉和哥伦比亚境内，朝北向东延伸，与加勒比岛的岛弧相连。在委内瑞拉境内，安第斯山脉分成三个不同的山脉，其东北分支称为梅里达山脉，这一带甘蔗园和咖啡园连绵不断，浓郁的热带风情与高山积雪所代表的不同季节与地域特征，完美地融进一个画面，蔚为奇观。梅里达山脉中有五座高峰，山尖一律被白雪覆盖，那白色的雪冠就像落在山尖上的白色雄鹰，所以人们把这五座山峰称为五只鹰。其中玉柱峰最高，海拔 5500 米，是委内瑞拉全国的最高点。为了纪念拉丁美洲的民族英雄西蒙·玻利瓦尔，玉柱峰被命名为玻利瓦尔峰。

安第斯山脉进入哥伦比亚境内，分成相互平行的东、中、西科迪勒拉山脉，三条山脉之间有宽大的山间盆地，首都圣菲波哥大就坐落在一个山间盆地里。这三条山脉平均海拔都在 3660 米以上，许多山峰常年积雪，组成了一道绵延千里的热带雪山奇景。

安第斯山脉坐落在环太平洋火山地震带上，地壳活动频繁，因而形成许多火山。北段安第斯山脉火山不多，其中最有名的是位于东科迪勒拉山西坡厄瓜多尔境内的科托帕希火山。它是世界上最活跃的活火山之一，海拔 5896 米。山体呈圆锥形，火山口直径约 700 米，深约 360 米。这座活火山有一个特点，那就是不爆发则已，一爆发起来破坏力非常巨大。1742 年它喷发了一次，竟将厄瓜多尔首都基多城和拉塔昆加城一起毁掉了。它又是世界上喷发最为频繁的活火山之一，从 1533 年到 1904 年，它发生了 14 次大喷发，最近一次喷发发生在 1975 年。攀登这座山十分危险，脚下的岩石看上去很结实，可是使劲一踩就会有岩浆涌出来。至今它的火山口中还经常会溢出熔岩流，融化了山坡上的冰雪，造成巨大的泥石流，使得满山都布满了致命的陷阱。

气候特点:北段低地和低坡地带终年高温，年平均气温在 27℃以上，年降水量多超过 2000 毫米。中段自北向南气温年较差增大，降水量减少。南段最冷月平均气温在 0℃以上，最热月平均气温低于 10℃。

动植物分布:植被类型复杂多样，随纬度、高度和坡向而异。北段低坡生长着大片阔叶雨林，热带常见经济作物有香蕉、甘蔗、可可、椰子等。骆马是这里的著名动物。

游览须知:安第斯山脉南段成为智利与阿根廷和玻利维亚的边界，进入这几个国家，都能观赏到安第斯山的雄奇风光。

Mountain Andes

哥伦比亚境内比较有名的火山是处于三条科迪勒拉山脉会合处的普拉塞火山（海拔 4646 米）和接近厄瓜多尔边境的加莱拉斯火山（海拔 4276 米）。加莱拉斯火山是一座活火山，据记载，它已经爆发了 20 多次，最早的一次是 1535 年，最近一次在 2006 年 7 月，喷出的火山灰和浓烟高达 8000 米，并不时伴有地震，当地政府宣布进入最高警戒状态，并紧急转移走了近万名居民。2004 年 8 月，加莱拉斯火山曾有过一次强烈的爆发，喷出的烟柱高达 1000 米，灼热的火山灰四处飘散，还引燃了山坡上的杂草和森林，致使周围 9 个城镇的近 40 万居民的生命财产受到严重威胁。这座火山喷发得如此频繁，看来需要谨慎对待才行。

安第斯山脉上有一条千年古道，全长 2.3 万千米，它的起点就在哥伦比亚的南端，终点在阿根廷北部，沿途繁衍生息着许多印第安人部落。由于南美洲曾经存在过一个庞大的印加帝国，所以有人就将它称为“印加之路”，但当地的印第安人一直称它为“上苍之路”。

“上苍之路”大都由沙石和石料铺成，路宽 3 米左右，有些路段以石条锁边，外有泄水道。它随着安第斯山脉的起伏回转绵延而去，旁边还分出不少岔道，向东连接着亚马逊河流域，向西通向太平洋沿岸。由于年深日久，丛生的杂草和灌木丛把这条古道掩埋起来，某些路段还成了现代公路的路基，但仍有一些路段能够展现出古道的原貌，让人联想到曾在这条石路上蹒跚来往的队队商旅。

中段安第斯山——纳兹卡地画与瓦斯卡兰山

中段安第斯山脉从厄瓜多尔的瓜亚基尔湾到智利中部，中间穿过秘鲁，走向由西北转为东北，成为安第斯山脉中宽度最大的一段，也是火山活动遗迹最多的一段，已知的火山超过 900 座，高度由 5000 米到 7000 米不等。

地球上最高的休眠火山尤耶亚科火山就位于安第斯山中段，坐落在智利北部同阿根廷接壤的边界处，海拔约 6723 米，山顶终年积雪。早在公元 1550 年以前，就曾有人登上过这座山峰。根据记载，这座火山有过三次喷发活动，最近一次喷发是在 1877 年，此后它就一直处于休眠状态，从未发现过重新活动的迹象。还有一种说法，认为位于阿根廷境内的奥霍斯—德萨拉多火山是世界上最高的休眠火山。以海拔而论，奥霍斯—德萨拉多火山 6885 米，比尤耶亚科火山高一些，问题是奥霍斯—德萨拉多火山顶峰下方 6499.9 米处有个小火山口，不断地向外冒着热气，使得人们对它的休眠火山的身份发生了怀疑。

位于厄瓜多尔中部的钦博拉索山也是一座休眠火山，有许多火山口，但都不再喷火冒烟了。在很长一段时间里，它都被误认为是安第斯山脉的最高峰。实际上它的海拔只有 6262 米，而安第斯山脉中超过 6500 米的山峰就不止一座。1802 年，德国著名地理学家洪德堡到厄瓜多尔考察，曾经登到距离钦博拉索山顶只有 150 米的高度。他被这座壮丽的雪山震撼了，把它称为“世界上最巍峨的山峰”。

洪德堡并非没有见过比钦博拉索山更高的雪山，他给钦博拉索山的定性并非没有道理。通过人造地球卫星测定，地球既不是标准的球形，也不是标准的椭圆球形，而是一个南大北小中间鼓的“梨形”。如果从地心算起，赤道地区相对其他地区要厚一点。钦博拉索山正好位于赤道附近，从它圆锥形的山体顶点到地心的距离大约为 6384.10 千米，而珠穆朗玛峰距地心的距离仅为 6381.95 千米，比钦博拉索山少了 2.05 千米。如此说来，把钦博拉索山称做世界第一高峰实不为过。

中段安第斯山脉在玻利维亚和秘鲁边境处出现中断，形成了科亚奥高原，在这片高原上有一个世界上最高的可通行大船的大湖，也是南美洲第二大湖，它就是的的喀喀湖，被称为“高原明珠”。的的喀喀湖海拔 3810 米，面积 8300 平方千米，湖盆从西北向东南方向延伸 190 千米，最宽处 80 千米。湖岸蜿蜒曲折，西北部分较大，东北部分较小，中间还有一个狭窄的峡谷。秘鲁境内有 45 条河注入的的喀喀湖，仅有东南角的德萨瓜德罗河为出口。湖周围群山环抱，锯齿一般的雪峰在阳光的照耀下璀璨夺目；辽阔的湖水映着湖岸上的片片苍翠，如同蓝宝石一般。

世界上很多高山、高原上都有湖泊，但它们都是咸水湖，唯有的的喀喀湖是个淡水湖。说起来这就是安第斯山的功劳，它的高山冰雪融水不断地流进湖里，于是它就成了一个淡水湖。的的喀喀湖畔水草丰美，湖中鱼虾众多，这也是安第斯山的功劳。高大的安第斯山脉阻挡了冷气流的侵袭，所以湖水得以终年不冻，给动植物的生长创造了极为优越的条件。

到了安第斯山脉中段，就没有任何理由不去看一看纳兹卡地画。1926 年，一支考古队远赴秘鲁首都利马以南的纳兹卡高原，打算去探索纳兹卡文化发展的始末。纳兹卡高原是一个十分荒凉的地方，自古以来这一带就人烟稀少。一天下午，考古队中的秘鲁籍成员特斯培和美国籍成员柯洛柏出外散步，随

便登到一座山上，不经意地往山下望去，发现在这片贫瘠的土地上似乎“画”着什么图案，有的看上去像老鹰，有的看上去像蜘蛛。但由于山顶不够高，他们看不清这一带的地面上都画着什么。不久，有人租用一架小飞机在纳兹卡荒原上来回飞行，终于看清了在这片绵延 46 千米土地上，画满了巨大的动物图案：一只鸟长约 50 米，一个蜘蛛的身长有 45 米，一只兀鹰从嘴巴到尾羽有 120 米，而一只蜥蝎的身长则达到了 188 米。另外，地面上还画着各种几何图形，有直线的、交叉线的、长方形的，还有三角形的。

这个发现一经传开，纳兹卡高原就变成了一块具有魔力的磁石，吸引了无数的历史学家和科学家来到这里，从空中和地面对这些巨画进行研究。他们

Mountain Andes

发现，画在这片土地上的动物图案中，只有秃鹰这一种动物是当地的土产，其他动物如蜘蛛、猴子、鲸鱼等，都与这里寸草不生的环境格格不入。尤其是让人费解的是，纳兹卡地画中有一副蜘蛛图，画的是一种学名叫节腹目的蜘蛛，它十分罕见，只生活亚马逊河地区最为偏远的地方。难道说数千年前地画的创作者为了画这种蜘蛛，居然不辞辛苦翻越巍峨险峻的安第斯山，来到亚马逊雨林中？再说，即便他们见到了这种蜘蛛，当时又没有显微镜，他们怎么能精确地描绘出蜘蛛的身体结构，特别是位于右脚末端的生殖器官的呢？

在印第安人的传说中，这些画是一个叫维拉科查的人画出来的。他身材高大，满脸胡须，似乎是位白人。他具有无边的智慧和法力，在一个动荡不安的时代里降临人间，他教导印第安人开梯田，凿沟渠，建房子，还教他们写字、看病、养家畜。当他帮助印第安人进入文明社会后，就来到海边，举起斗篷走进波浪之中，不再回来。印第安人看见他消失在大海中，就给他取了个称号“维拉科查”，意为“大海的浪花”。

这位维拉科查究竟存在与否，后人已经无法考证了，假如真有这样一个人，那么他所拥有的能力简直令人不敢相信。要知道，我们今天是在上千米的高空中才能看清这些巨画的真正面目，在地面上所能看到的只不过是一条条刻在沙土上的杂乱无章的线条。以这样一副图案为例：一只蜂鸟拍打着翅膀，伸出细长的嘴，去啄食花蜜。在纸上把它画下来很容易，若把它放大几千倍几万倍，即便是想象力极为丰富的人，恐怕也做不到。那位维拉科查总不至于发明了飞行器吧！再者，刮去覆盖在纳兹卡高原沙土上成吨的黑色火山灰，露出了大地原来的淡黄色，这又是人力所能做到的吗？

正因为这些疑问很难得到合理的解释，于是有人便猜测它是已经消失的史前文明的遗迹，有人甚至猜测它是外星人所为。至于这些地画的用途，专门从事纳兹卡地画研究的德国科学家玛利亚·赖赫认为，它们应该是巨大的天文日历，那些线条所对准的是天上的主要星座或太阳，而那些动物图案则代表着某些星座。这种推测使得纳兹卡地画变得更加神奇，却很难形成定论。有一位名叫霍金斯的天体物理学教授，曾把这里的图案和几何线条全部输进电脑，结果发现除了一个叫“大方形”的图案外，其他的图案或线条都没有与天文星图吻合的历史。

安第斯山脉在秘鲁境内有一条支脉叫瓦伊瓦斯山脉，它的最高峰瓦斯卡兰山也是秘鲁的第一高峰，海拔 6768 米，山体坡度较大，峭壁陡峻，山上常年积雪。它的顶峰由南北两座山峰组成，其中南峰较北峰高出大约 110 米，受到登山爱好者们的更多青睐。然而，攀登瓦斯卡兰山并不是一件容易的事情，200 多年来，前后有数百名登山者在这里丢了性命，因此它被列为世界上危险度最高的山峰之一。

死了几百人已经让人痛心不已，而这里的一场大雪崩竟然一下子夺走了 2.3 万条性命，那又是何等样的灾难呀！

Mountain Andes

瓦斯卡兰山

1970 年 5 月 31 日晚上 8 时 30 分，虽然时间还早，但寒冷地区的人睡得早，瓦斯卡兰山脚下的不少人都已沉进入梦乡。突然，从远处传来了雷鸣般的响声，随即大地好像波涛中的航船一样猛烈地颤抖起来。地震了！这是一场 7.8 级的强烈地震，登时房倒屋塌，那些来不及逃离屋子的人，都被压在乱砖碎石之中。就在侥幸逃生的人惊魂未定的时候，又从瓦斯卡兰山方向传来一阵惊雷似的响声，好像山崩地裂了一般。原来，由大地震诱发的一次大规模的雪崩爆发了。地震把山上的岩石震裂、震松、震碎，地震波又将山上的冰雪击得粉碎，冰雪混着碎石，犹如巨大的瀑布，紧贴着悬崖峭壁倾泻而下，以每小时 100 千米的速度冲向山下的村庄和城市。300 多万吨的“白色魔鬼”在短短几秒钟内就吞噬了 8 个村庄，狂野地涌进刚刚遭受地震袭击的容加依城，所经之处大多数人都被压死在冰雪之下，而快速行进中的冰雪巨龙又使许多人窒息而死。迄今为止世界上最大最悲惨的雪崩灾祸就这样完成了它的全过程。

这样的悲剧在瓦斯卡兰山不止上演过一次。1962 年 1 月 10 日，瓦斯卡兰山北侧的冰川断裂后发生雪崩，造成 5000 人死亡。人们都知道火山爆发威力巨大，殊不知高山雪崩竟也这般恐怖。在神话或传说中，魔鬼总是躲藏在深山老林之中，这样的想象看来是很有些根据的。

南段安第斯山——阿空加瓜山

南段安第斯山脉起于智利中部，一直到巴塔哥尼亚海岸，隐没于德累克海峡。这一段是安第斯山脉起伏最大的地方，起到最高处便是整座山脉的最高峰阿空加瓜山，伏到最低处就是整座山脉的最低点火地岛。

阿空加瓜山位于阿根廷境内，海拔 6959 米，是世界上最高的死火山，被公认为西半球的最高峰，号称“美洲巨人”。在瓦皮族语中，“阿空加瓜”就是“巨人瞭望台”的意思。阿空加瓜山的山峰呈圆锥形，经常隐没在白云深处，偶尔在云雾消散之后才会一显它巨人的雄姿。

在世界有名的高峰中，阿空加瓜山算是容易爬的，四面皆可攀登，而从北坡攀登比较容易，不需氧气瓶就能登顶，1991 年有人创造出了 5 小时 45 分登顶的最快纪录。较为艰难的攀登路线是由南面登顶，通常只有持登山许可证的登山运动员才被允许从这里登山。1897 年，瑞士人马蒂阿斯·朱布里金成为登上阿空加瓜顶峰的第一人，此后登山爱好者纷至沓来，试图征服这位“巨人”。有人凯旋归来，有人功败垂成，也有人付出了生命的代价。阿空加瓜山脚下有 60 座墓碑，就是为那些遇难者修建的。

为了给登山者提供方便，阿空加瓜山上沿途建有不少木棚屋，当登山者爬累了或是遇到暴风雪的时候，就可以钻进去养精蓄锐或躲避一时。在海拔 6500 米处也有一个木棚屋，这里是登山者的最后营地，距离顶峰只剩下 459 米，却是最难征服的一段路程，常常要走七八个小时。这里不光疾风强劲，让人难以立足，更可怕的是山坡上布满了风化极为严重的碎石，人们走在上边就像走在沙地上一样，往往是进两步滑退一步，体力消耗极大。许多人未能登顶，就是因为在这一地段耗尽了体力。曾有一位美国登山家在登顶后，因为无力返回而死在顶峰上，可以说他就是被这里的碎石活活累死的。

登上阿空加瓜顶峰，站在这里向四周远眺，那奇丽的风光顿时会让你陶醉。雪峰冰川林立，起伏绵延，如果赶上晴朗的日子里，甚至可以看到太平

洋与蓝天融为一体。在顶峰中央树立着一个铅质十字架，由钢丝围绕，它是为了纪念林库夫妇而设立的。林库夫妇是安第斯山脉的杰出研究者，在攀登阿空加瓜山时不幸遇难。如果他们死后有知，这个竖立在西半球第一高峰上的十字架，应该是他们最好的慰藉。

如今的阿空加瓜山区已经成为阿根廷著名的游览胜地，很多普通游客来这里不是为了登山，而是为了观光。从门多萨城乘旅游汽车沿七号国家公路前往阿空加瓜山，游人所见到的第一处重要的历史遗迹就是卡诺塔纪念墙，当年阿根廷的民族英雄何塞·德·圣马丁就是从这里出发，率领安第斯山军雄赳赳地越过安第斯山脉，去完成解放智利和秘鲁的宏图大业。

跨过卡诺塔纪念墙往西走，经过一段被称为“一年路程”的大弯道，便来到了海拔2000米的乌斯帕亚塔村。村子附近有一座拱形的皮苏塔桥，它是当年安第斯山军砌成的，他们浩浩荡荡地跨过这座桥，奔向民族解放的战场。乌斯帕亚塔村中还留有兵工厂、冶炼厂等遗址，当年为安第斯山军生产武器的机器早已锈迹斑斑，但它们所见证的历史却永远成为阿根廷人的鲜活记忆。

再往前行就来到了海拔3000米左右的乌斯帕亚塔镇，这里有一座天然的石桥——印加桥，决意攀登阿空加瓜山的人通常都把它作为出发点。印加桥附近有一组高大的岩石峰，它们经年累月静悄悄地站立在那里，仿佛是一群正在忏悔的人，当地的印第安人称其为“忏悔的人们”。

过了印加桥西行不远，就来到了海拔3855米的拉库姆布里隘口。这里矗立着一座耶稣铸像，高7米，重4吨，铸像面朝阿根廷方向。它建于1902年，为的是纪念阿根廷和智利两国和平解决了南部巴塔哥尼亚边界的争端，签订了《五月公约》。在这尊铸像的基座上铭刻着这样一段耐人寻味的话：此山将于阿根廷和智利和平破裂时崩溃在大地上。人们相信高峻的阿空加瓜山永远不会崩溃，但愿和平会同它一样长久。

在阿空加瓜山的南面耸立着另一座高山——图鼓加托火山，它高达6800米，是世界上最高的活火山。图鼓加托火山与阿空加瓜山相差无几，也是经常云雾缭绕，秀丽的山体在云海中时隐时现，充满了神秘的美感。世界上最高的活火山和世界上最高的死火山并肩而立，静动相映，虽然只是巧合，却也充满了情趣。

Mount McKinley 麦金利山

北美洲的第一高峰
登山爱好者的汇集之地
野生动物的乐园

Mount McKinley

地理位置:位于美国阿拉斯加州的中南部,地处阿拉斯加山脉的中段,在北极圈附近。

地质特征:系第三纪晚期和第四纪隆起的巨大穹隆状山体,麦金利山所在的阿拉斯加山脉主要为花岗岩构成的断层山脉。

基本地貌:有南北二峰,南峰即麦金利山,海拔6193米,北峰高5934米。山上终年积雪,雪线高度为1830米。南坡冰川规模较大,有卡希尔特纳和鲁斯等主要冰川,由此形成了极为独特的冰蚀地貌。

气候特点:虽然地处寒带,但由于受到温暖的太平洋暖流的影响,气候比较温和,但山上气候特别寒冷,冬季最冷时低于-50℃。南坡降水量较大。

动植物分布:海拔762米以下发育有森林,以杉树、桦树林为主。常见的动物有驯鹿、灰熊和麋等。

游览须知:为保证登山者的安全并保护山区环境,麦金利山自然保护区管理部门作出规定,每年接待的登山者不得超过1500人。另外,登山者还被要求随身自带粪便容器。

在美国阿拉斯加州南部，有一条与阿拉斯加湾相平行的山脉将它的曲线清晰地勾勒出来，它就是阿拉斯加山脉。这条山脉大部终年为冰雪覆盖，以多而大的山谷冰川闻名。它的主峰麦金利山是北美洲的第一高峰，也是美国的第一高峰，因此有"美国屋脊"之称。不过，这个"屋脊"与美国本土有好长一段距离，给人以名不副实的感觉。

阿拉斯加的原住民有爱斯基摩人、阿留申人和印第安人，他们将这个地方称为"大地"。1741 年 6 月，丹麦探险家维他斯·白令率领一批俄国水手从西伯利亚出发向东寻找新大陆，最终发现了阿拉斯加大陆，如今的白令海峡就是以他的名字命名的。紧随俄国人之后，英国、西班牙和美国的探险家也纷纷踏上阿拉斯加的土地，但只有俄国人留了下来，阿拉斯加的主权也就由俄国人所拥有。19 世纪 20 年代欧洲战争爆发，俄国疲于应战，无暇旁顾，对阿拉斯加也感到索然无味，便以每公亩 2 分钱、总价 720 万美元的价格将它卖给了美国。这桩买卖当时被许多美国人所诟病，但当这里发现了黄金后，人们才发现这是美国历史上最划算的一桩土地买卖。

阿拉斯加的黄金大多储藏在阿拉斯加山脉一带，随着淘金者队伍的扩大，人们对这条山脉有了更多的了解和更为直观的认识。它的第二高峰名叫福拉克山，却是阿拉斯加地区最难攀登的山峰，被称为"世界最优秀登山家的终极战场"。它的南壁"恶名"远扬，风化破碎的岩壁，雪崩频发的陡坡，冰川上遍布裂缝，一条 3000 多米长的陡峭刃脊从底部冰川一直延伸至顶峰，将整个南壁一切为二，号称"无限山脊"。自 1979 年以来，有 19 个人把性命丢在这条北美最难攀登的路线上。

在福拉克山东北方 20 千米处就是麦金利山，它原名德纳利山，这是当地印第安人的称呼，意思是"太阳之家"。在印第安人的传说中，这座山是太阳休息的地方。每天清晨，太阳从德纳利峰顶一跃而起，显得要比落日更加精力充沛，转瞬间就把积雪的群山映照得熠熠发光，令人赞叹不已。印第安人正是被这样的奇观所慑服，才把德纳利山想象成"太阳之家"。

至于麦金利山这个名字直到 1896 年才出现，当时美国政坛上发生了一场是否实行金本位制的辩论，共和党总统候选人俄亥俄州州长麦金利主张坚持金本位，而民主党总统候选人威廉·布莱恩主张银本位制，他俩在选战中打得如火如荼。在阿拉斯加德纳利山脚下，一帮淘金者也参与到这场争论中，有人倾向于金本位，有人则倾向于银本位。有个淘金者名叫威廉·迪凯，他是铁杆的金本

位支持者，为坚持己见，他跟同伴们争得脸红脖子粗。从阿拉斯加回来后，他在报纸上撰文介绍阿拉斯加淘金探险之旅，当描述到他见到的德纳利山时，特意把它称做“麦金利山”，以表示他对麦金利的支持。当年年底，麦金利战胜布莱恩，当选为美国第 25 届总统。不久，德纳利山就被政府正式命名为“麦金利山”了。但是，阿拉斯加人始终坚持称其为德纳利山，为此曾在国会多次提出议案，要求恢复德纳利山的原名，但屡遭来自俄亥俄州议员的反对，于是麦金利山的名字就一直沿用下来。

麦金利山拥有北美洲最高峰的头衔，有志征服世界各地最高峰的登山爱好者自然不会放过它。再者，它所在之处交通便利，从最近的城市开车只需两个小时就可到达，从最近的机场只需 45 分钟就可抵达海拔 2160 米的登山营地，所以它每年都吸引了众多的登山者。不过，它虽然比不上福拉克山那样险峻，但冰川纵横交错，其攀登难度不容低估，尤其是它的西壁，历史上只有 23 人沿着西壁路线登顶成功，却有 8 人在下山途中搭上了性命。麦金利山靠近高纬度的北极圈，气候特别寒冷而恶劣，冬季最冷时低于摄氏零下 50 度，因为天气突变以及雪崩的原因，每年都会造成登山者遇难的悲剧。自 1903 年以来，共有 3 万多名登山者尝试攀登麦金利山，只有半数到达了山顶，有 95 人在山上遇难。日本著名的探险家植村知己就是在 1984 年冬季攀登这座山时遇难身亡的，成为麦金利山攀登史上的第 44 位殉难者。

攀登麦金利山只有一个便利条件，那就是这里从春末开始，太阳就开始显示它那可爱的缠绵，凌晨 3 时就向山上爬来，晚上 11 时以后才恋恋不舍地隐没在西面的地平线下，天空却没有因此黑下来，群山的轮廓清晰可见。只要你体

力支撑得住，一天到晚都可以爬山。

来麦金利山的人不仅有登山爱好者，还有不少普通游客，他们要想登山，就得规规矩矩地沿着一条曲曲折折的小路往上爬。这条小路直通山顶，全长58千米，大部分路面经常被积雪覆盖，非常难走，普通人大概需要一个月的时间才能爬上顶峰。

从麦金利峰顶部向下望去，景色极为壮美。高远的天空蓝得有些发黑，一望无垠的雪山白得有些刺眼。向西面望去，浩瀚的太平洋一片蔚蓝，天水相接，不知界线在哪里，这阔大的画面让人心醉不已。

未能登顶的人当然就欣赏不到如此美景，但只要来到麦金利山就是不枉此行了。早在1917年，这里就被辟为国家公园，面积达6800多平方千米，横跨怀俄明、蒙他拿和爱得荷三州，差不多是美国最有名的黄石公园的三倍，麦金利山整个被划在公园的范围之内。进入到麦金利国家公园（当地人称德纳利国家公园），覆盖着皑皑白雪的峻峭山峰连绵不断，山上遍布苍松翠柏，一片郁郁葱葱，简直就是一幅绝美的立体画，又像一章凝固的交响乐。在群峰的拱卫下，麦金利山拔地而起，似利剑直刺天穹，很多时候它又像位娇羞的少女，在白云缭绕中若隐若现，仿佛在故意掩饰着诱人的风情。

站在麦金利山脚下抬头仰望，那巍峨的山峰大有泰山压顶之势，看得人眼晕，就是站在珠穆朗玛峰脚下，也不会产生这样的感觉。这是怎么回事呢？原来，珠峰屹立在平均海拔4000米以上的青藏高原上，底盘很高，在海拔高度上就占了便宜。而麦金利山的底座海拔才600多米，若论相对高度，它要比珠峰还高出一截，这就难怪阿拉斯加人称它为“世界第一高峰”。这并非阿拉斯加

人罔顾事实，而是麦金利山的确给人以格外高峻之感。

你要想进一步见识麦金利山的真面目，可以登上它的南坡，这里降水量较多，所以形成了规模较大的冰川。这里的谷地状如英文字母U，冰斗状如围椅，角峰呈金字塔形，山脊薄如刀刃，伏在地面上的羊背石形如其名，真的好像一群群白色的羊儿露着脊背，只是不动而已。

麦金利山区有着独特的自然风光，除了雪白的山峰和旷阔的冰川，最让人陶醉的就是进入夏季后这里浓郁的绿色。青青的山坡上鲜花盛开，紫色的杜鹃和精巧的铃状石南花随处可见，高大挺拔的松树、桦树一棵挨着一棵，巨大的树冠犹如一把把绿色的大伞，遮挡着直泻而下的阳光。山间的清泉喷涌而出，绕过树丛，汇成了一条条清澈见底的小河，缓缓地流向远方。秋冬季节，山间经常浓雾不断，雾气在雪原上缭绕弥漫，天幕低垂的旷野中，远处山岚被一片雾霭笼罩起来，给人以仙境之感。

麦金利国家公园地处边陲，人烟稀少，往北走400千米就是北极圈。在这里人们既可以感受到冬季的暗无天日，也能享受到夏季的漫长白夜，还能欣赏到奇妙的极光。极光是地球极区周围高空大气中经常出现的一种发光

Mount McKinley

现象。它奇景迭出,光彩夺目,五颜六色,在天穹上构成了一幅巨大的帷幕,仿佛是大自然在向人类炫耀它那无与伦比的风采。

麦金利山区又是野生动物的保护区,这里常见的动物有驯鹿、灰熊和麋等。每年 6 月底到 7 月初,就到了驯鹿的迁徙季节。成百上千的驯鹿结队而行,朝一个方向行进,它们你追我赶,广阔的原野上尘土飞扬,场面十分壮观。冬天过后,它们又循原路返回,寻找丰盛的水草。

在麦金利山区旅游,人们还可以到爱斯基摩人的小屋里住一住,体会一下他们原始的渔猎生活。爱斯基摩人忙时去打猎,乘坐狭小的兽皮独木舟去猎捕鲸鱼、海象,闲暇时以歌舞自娱。爱斯基摩人的歌舞比较单调,动作以手势为主,跳舞的人几乎不移动位置,演奏者用柳条拍打海豹皮或驯鹿皮,节奏变化很小。外人看着听着都会觉得无甚趣味,但他们却能自得其乐。在外人的眼里,爱斯基摩人几乎没有什么烦恼,除了蚊子。阿拉斯加的蚊子多得惊人,最多时每平方千米竟达数百万只,一旦飞腾起来,黑压压地如一阵旋风,赶得成群的北美驯鹿像没头的苍蝇一样四处逃窜,更不用说人了。世代居住在阿拉斯加的爱斯基摩人自有一套对付蚊子的招数,那就是“惹不起躲得起”。当河里冰雪全部融化时,他们就将所有的家当搬到停在河边的木船上,然后驶往寒冷而多风的海边去度过夏季,那种地方阿拉斯加蚊子是不敢去的,而爱斯基摩人正好利用这段迁徙时间在海边捕鱼、捉海豹,待其风干后贮藏起来作为过冬的食品。

Rocky Mountains

洛基山脉

被誉为"北美洲的脊骨"
北美大陆重要的气候分界线
建有多个国家公园

Rocky Mountains

地理位置:北至加拿大西部,南达美国西南部的得克萨斯州一带,几乎纵贯美国全境和加拿大西部。南北长约 4500 多千米,

地质特征:最初为巨大的地槽地区,到白垩纪初期还只是浅海,第三纪时发生了大规模的造山运动、火山爆发,地壳发生了强烈的褶曲与压缩,山脉再度隆起,形成了高大的花岗岩山系。

基本地貌:洛基山脉为科迪勒拉山系在北美的主干,由许多小山脉组成,其中有名称的就有 39 条。大部分山脉平均海拔在 2000 米~3000 米，有的超过了 4000 米,最高峰埃尔伯特峰海拔 4399 米。由于第四纪冰川的作用,形成了陡峭的角峰、冰斗、槽谷等冰川侵蚀的地貌特征。

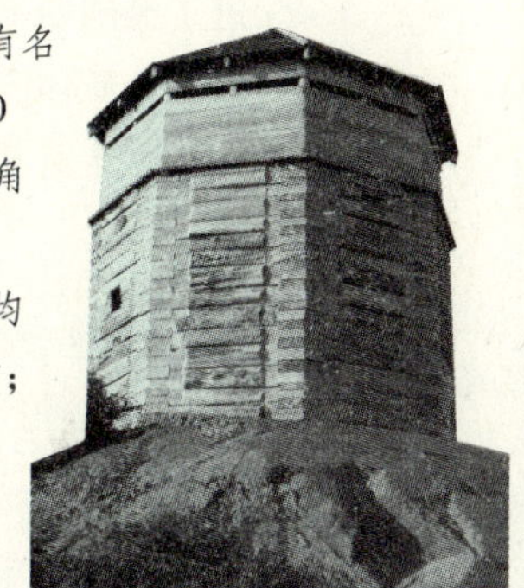

气候特点:美国境内的洛基山脉以东地区一部分属温带阔叶林气候,1 月份平均温度为-6℃左右,7 月份平均温度为 16℃左右,年平均降水量在 1000 毫米左右;一部分属亚热带森林气候，1 月份平均温度为 9℃，7 月份平均温度为 24℃~27℃,年平均降水量为 1500 毫米。西部内陆高原多属温带草原气候,冬季寒冷,夏季炎热,年平均降水量为 1000 毫米~1500 毫米。加拿大境内的洛基山脉地区昼夜温差很大,夏季白天平均气温为 22℃,夜晚平均气温为 7℃。

动植物分布:植被呈垂直分布的特点,达格拉斯黄杉、黄松、落叶松、巨型金针柏、糖槭、红杉、云杉等林种分布较广。常见野生动物有黑熊、狼、驼鹿、麋鹿、旱獭、老鹰、鱼鹰等。

游览须知:不论在美国还是在加拿大,凡是到国家公园内游览,都不要随便脱离团体,以免遭受野生动物的攻击。树枝、松果、石头等物都不准带离国家公园,也不能随便给动物喂食。

南部洛基山——埃尔伯特山与朗斯峰

洛基山脉的名称源自印第安人的一个部落,它的名字叫“石头”。英国殖民者最初来到加拿大阿西尼波音地区时,发现这里的山上没有植被,光秃秃的就像石头一样,于是就借用当地印第安人的部落名将它称为“石头山”,英语译为“rocky”。后来这个名字扩展到纵贯南北的整座山脉,中文“洛基”一词是就从英文“rocky”音译而来的。

洛基山脉确实有些地方寸草不生,属于半荒漠景观地带,但很多地方森林茂盛。以南部洛基山为例,这一带气候温暖湿润,在高度较低的山坡上遍布茂密的针叶林,松、杉、柏巍然耸立,一片郁郁苍苍,山间小溪到处可见,水流清冽,许多活泼的鱼儿在水中嬉戏。一阵山风吹来,浓郁的野花香气袭人,沁人心脾,耳边还会响起一阵阵清脆的百鸟争鸣,使这秀丽的景色变得更加迷人。

在美国早期历史上,南部洛基山区曾以另样的“景观”让人着过迷。19 世纪中叶,这里传出发现金矿的消息,数以万计的淘金者从四面八方围聚而来,希望能寻找到黄金,一夜暴富。曾几何时,南部洛基山脉寄托了多少淘金者美妙的梦想。什么时候都

有幸运者，而这种人总是少数，他们如愿以偿地在洛基山中挖到了金子，从此发迹，但大多数人都是两手空空，有的甚至丢掉了性命。如果说他们也有贡献，那就是促进了美国西部地区的繁荣。后来，这里又发现了铜矿和银矿，但经过数年的开采，大部分矿体已经枯竭，淘金梦也就戛然而止了。

由于洛基山脉山体庞大，分布范围很广，南北各部分差异比较明显，所以通常被分为南、北、中三个部分。南洛基山脉包括怀俄明盆地以南或北普拉特河上游东岸向南的山地，这部分山地大多呈南北走向，平行罗列，山体多为前寒武纪的结晶岩组成，高耸入云的山峰此起彼伏，海拔高度大多在 4000 米以上，在云雾中形成一片峰海。有的山峰尖锐，好像一把利剑峰直插云天，有的山峰平坦，好像一个巨人头上戴着礼帽。而不管形状如何，它们的顶部都是终年覆盖着皑皑积雪，在阳光下闪闪发光，奇特异常的冰斗、冰凌随处可见，十分壮观。

南部洛基山脉的制高点是埃尔伯特山，它也是整个洛基山脉的最高峰，海拔 4399 米。埃尔伯特山位于科罗拉多州境内，坐落在丹佛市的西南方。埃尔伯特山虽然很高，却以山路平缓著称。上个世纪 40 年代末，有人开着吉普车爬上山顶；70 年代，又有人骑着自行车来到山顶。而到了 2001 年，美国俄勒冈州立大学一名瘫痪学生基根·赖利，手摇特制的四轮车，花了 4 天时间一下下“摇”上了这座高峰。

对于基根·赖利来说，攀登埃尔伯特山可以用得上“征服”二字，而对于身体健康的普通人来说，7.25 千米的登山行程，1340 米的垂直高度，不会成为多严重的障碍，只是要注意这里有路无标，一个岔口就足以把人引入歧途。

攀登埃尔伯特山有一个好处，那就是可以不慌不忙地浏览沿途的风光。随着高度的变化，路边植被也在悄然变化，先是杨树林、松树林，接着是灌木丛、草窠子、青苔，最后只剩下砂石和雪。如果你爬累了，就坐下来看看天上白云的变幻。它们好像有着亘古未解的仇怨，排列成阵，进行着激烈地厮杀，彼此扭斗在一起，打得难解难分。而太阳一露脸，所有的云团都无声无息地知趣而退。

在科罗拉多州北部还有一座高峰，它就是海拔 4345 米的朗斯峰。如果说西藏是世界屋脊，那么科罗拉多州就是美国屋脊。美国本土有 68 座海拔高度超过 4267 米的山峰，其中有 54 座在科罗拉多州。在这 54 座山峰中，最高的就是埃尔伯特山，而最险峻的却是朗斯峰，它是洛基山支脉弗朗特山脉的最高峰，山顶上覆盖着万年冰雪，向东可以眺望大平原，向西可以俯瞰洛基山脉群山。

从地图上看，攀登朗斯峰的单程为 12.5 千米，垂直高度为 1469 千米，都超过了埃尔伯特山。山路的标记在距山顶 3000 米处中断了，这 3000 米无路可走，只能手脚并用往上爬。据说这正是朗斯峰的险恶所在。当年美国登山队准备攀登珠穆朗玛峰之前，队员们曾集体拉到朗斯峰安营训练。之后，有两名队员登上了珠峰，这使得朗斯峰对登山爱好者的吸引力大大增加。

攀登朗斯峰真正的难关是从海拔 4000 米的拱石口（也叫“钥匙口”）开始的，这是一处风口，风特别大，而且地处背阴，积雪特别厚，如果赶上风雪交加，很多人明明知道顶峰已经不远，也只能知难而退。拱石口是朗斯峰的一个分界，一般人爬到这儿就原路返回了，如果再往前走，就要冒着粉身碎骨的危险。事实上也是如此，从 1887 年至今，已经有 53 人长眠在朗斯峰脚下。

过了拱石口，再爬 2000 米就可以登顶了，但这段路可不是那么好爬的。头顶上是陡立的崖壁，崖壁上边只露出一线青天，脚下一层层的崖壁直到谷底。到了这里就已经不是爬山了，而是变成了攀岩，登山者必须按照前人用油漆涂在崖壁上的路标，一小步一小步地往前蹭。爬过一段陡壁后，前边又出现了一处绝壁，没有台阶和扶手，除了冰一无所有。好在它的垂直距离只有百余米，翻越过去顶峰就近在咫尺了。

朗斯峰的峰顶是一块平地，居然有几个篮球场那么大。这里除了石头外，还有两件东西。一件是美国地理协会的铜徽，标明此处的海拔高度；另一件是拴在

Rocky Mountains

岩石上的一个密封塑料筒，里边藏有一个签名簿。凡是登顶的人都可以在这上边留下姓名，算是有案可查。

为了充分利用洛基山地优越的地理条件，美国联邦政府于 1915 年在丹佛市西北的洛基山中兴建了一座洛基山国家公园，面积为 980 平方千米，朗斯峰就是这个园区中的第一高峰。这里有一条铺着柏油的山脊路特别有名，像条长蛇一样在雪线以上的山峰当中穿来穿去，海拔高达 3713 米，是美国海拔最高的公路。在开车驶上这条公路之前，公园管理人员会认真地检查每一辆车的刹车系统，确保不会发生刹不住车的情况。

洛基山国家公园中有很多漂亮的冰湖，如熊湖、宁芙湖、梦湖、翡翠湖等。湖水清澈明净，群山苍松映在湖面上，水中的倒影仿佛比真实的景色还要漂亮。许多人全家来到这里，在湖边搭起帐篷，过起了野营生活。夜晚，全家人围坐在篝火边，吃着烤熟的美味，唱一曲动听的乡村歌谣，那是一份在都市里寻找不到的乐趣。

对于全家出游的人，在欣赏美景之余，大人可以带上孩子参观这里新奇的自然博物馆，馆中配有专人宣传、讲解，给青少年传授人类学、生物学、考古学、地理学、气候学和环境生态学方面的知识。

在洛基山国家公园里经常可以看到黑熊、麋鹿、山羊等动物，如果运气好的话，你还可以碰到狼。有时候，园中会突然发生“堵车”。原来，那是两只雄壮的公鹿跑到路中间打了起来。它们深深地低下头，挺着粗硬的鹿角向对手撞去，一边还发出嗷嗷的尖叫。两个竞争对手撞几下后就分开了，各自跑一小圈回来接着撞，与人类的拳击比赛很有几分相似。它们就这样大战了好多个回合，直到有一方体力不济败下阵去，路上的车流才重新活动起来。

中部洛基山——黄石国家公园

中部洛基山地以高原为主，中间杂有一些山块。这里地质构造复杂，风光独特，富有远见的美国人早在19世纪末，就在这里建起了著名的黄石公园，吸引了大批游客前来观光、旅行、度假。

黄石公园是全美国历史最悠久的国家公园，早在1872年就开始兴建。黄石公园的这个“黄”来自这里含有较浓酸性成分的水。由于酸性水的长期侵蚀，很多树木枝叶脱落，渐渐枯死，变成了黄色化石，岩石则被地下水涂上了一层浓浓的黄色，那些地下水汇集到一处，又形成了一片片金黄色的水潭。

黄石公园中不光有黄色，还有极为丰富的色彩。纵贯公园北部的黄石峡谷全长24千米，深400米，宽约500米，谷窄且深，两侧的岩石在橙黄色中杂以红、绿、紫、白多种颜色，好似两条曲折的彩带，涂上各样油彩，毫无顾忌地暴露在风吹日晒之中，颜色依然是那样五彩缤纷。

黄石峡谷中流淌着黄石河。由于这里地势高峻，水源充沛，在4000米的长度内就有300多米的落差，于是形成了两道壮丽的瀑布，轰鸣着泄入大峡谷。这两条瀑布一个有130米高，称为上瀑布；另一条有100米高，称为下瀑布，其落差达到94米，比著名的尼亚加拉瀑布还高一倍。站在峡谷腰部的一个平台上望去，黄色的山岩层层叠叠，两条瀑布像白练一般挂在天际，水汽从谷底直上半空，彩虹横跨绝壁，非常壮观。

黄石公园中最负盛名的景观是园中众多的温泉和间歇泉，其中间歇喷泉多达300多处，占全世界间歇喷泉总数的一半以上。这一带温泉与间歇泉数量如此众多，与这里的火山活动有着密切的关系。当地表水遇到地表下面数百米深处的火热岩石，就会变热，有的流进小

洛基山国家公园

溪，有的又流进地下，再奔涌出来就成了热泉。在富含矿物质的水流侵蚀下，地下出现了许多岩洞，而间歇泉就是从这些岩洞里流出来的。

黄石国家公园

黄石公园中的很多喷泉都各有名字，如“诚实喷泉”“孤星喷泉”“楼阁喷泉”“狮群喷泉”“女巨人喷泉”“白圆顶喷泉”等等。“狮群喷泉”得名于它的声音，每次喷水前先喷发蒸汽，同时发出如同狮子吼叫一般的声音。“诚实喷泉”则得名于它的频率，它平均每隔 65 分钟就喷发一次，每次持续 5 分钟左右，100 多年来一直准时无误。它喷出的巨大水柱高达 55 米，滚热的泉水遇到冷气后又凝结成白色的云雾，悬浮在空中，徐徐飘落。为了目睹这一世界奇观，每年都有大批游客蜂拥而至。

“诚实喷泉”每喷过一次后，管理人员就会在观众的欢呼声中，将它下一次喷发的时间写到木牌上，可见它是何等“诚实”。可是如今的“诚实喷泉”已经不“诚实”了，间隔的时间和每次喷发持续的时间都变得时长时短。这种变化实际上是地质情况发生变化的反映。黄石公园的下面埋藏着一座世界上极少有的“超级火山”，在过去的 1700 万年中，它先后有过 142 次大规模的喷发，由此造就了黄石公园的雄奇与壮丽，有人称之为“水与火构成的自然界奇异景色”。“诚实喷泉”的异常是一个不祥的信号，表明这里的地下火山又有“苏醒”的可能。为了慎重起见，目前黄石公园的部分地区已经关闭。

游览黄石公园常常会给人意犹未尽的感觉，如果是这样的话，你不妨从它的南门出来，直接进入大台顿公园。这两座国家公园互为邻居，门票也是通用的，但面貌却大不相同。黄石公园以泉水和峡谷为主体，大台顿公园则以雪山和冰川湖泊而闻名。公园的西部绵延着台顿山脉，山顶终年积雪，白云在山腰缭绕，遇见阳光灿烂的日子，这里的雪山就会变得格外明媚。台顿山下是大台顿公园里最大的湖泊杰克逊湖，此外还有线湖、珍妮湖等，共同装点着这座公园的湖光山色。让人略微不解的是，湖边的很多土地都卖给私人建房，这恐怕在美国的国家公园里是独一无二的。

北部洛基山——班芙公园与贾斯帕公园

北部洛基山包括黄石公园北部到加拿大境内的山地。这部分山地由水成岩构成，冰川活动曾经十分活跃，在冰川的作用下形成了特殊的地貌，U 字形的山谷两旁峭壁陡立，直上直下，光滑平整，犹如斧劈刀削，好似人工开凿出来的一般。

洛基山脉进入加拿大境内后，风光变得格外优美。有人说，加拿大的洛基山脉是一座可以膜拜的神庙，只有到了这里，你才会感到造物的神奇，天地的广阔和人类的渺小。也有人说把 50 个瑞士融合在一起，也赶不上加拿大的洛基山，这种说法算不上夸张。在山脉两侧方圆近 3 万平方千米的土地上，分布着四个世界遗产级的国家公园和三个省立公园，还有众多零散的动物保护中心、自然保护区等等。峰峦绝顶、冰川瀑布、山间温泉、原始森林、河流大湖，凡是你能想象到的自然景观，这里无所不有。而且这里完全是大自然的世界，极少人烟，即便是同样的景观，放到这里就会变得无可比拟。

加拿大境内的洛基山脉可以说是世界上最好的远足地点。这里四季阳光普照，气候怡人，沿着山中的小径走来，随处都是风景，步步都有精彩。被冰川雕塑过的山崖上开满了芬芳的野花，静谧的河谷尽头生长着四季常青的森林，随便向哪个方向望去，你所看到的都是一幅色彩斑斓的水彩画。在这样的地方行走，分明就是在天堂中散步。

一个人在这一带的洛基山中行走，你也不会感到寂寞，随处都有野生动物陪伴着你。一只小田鼠嘴里叼着草棍，正准备回去做窝，看到你来了，就蹲在一块大石头上向你投去好奇的目光。一只正在低头吃草的山羊见了你却不逃遁，只是抬起头来，警惕地打量着你这位不速之客。一头刚刚喝完水的驼鹿离开河边，与你擦肩而过，却对你不加理睬。如果看到黑熊你也不必害怕，只要你不去招惹它，它一般情况下不会主动伤人。

华人导演李安凭借一部《断臂山》，荣获第 78 届奥斯卡最佳导演奖，这部电影的情节荡气回肠，故事背景发生在美国的怀俄明州，而拍摄场景却是“借镜”加拿大阿尔伯塔省的洛基山脉一带。群山环绕

班芙公园

Rocky Mountains

之中，一条骑马小道蜿蜒穿行在如墨的牧场上，碧透的河水流向远方的层峦叠嶂，出现在影片中的这一个个画面，把洛基山最美丽的景色表现得淋漓尽致。洛基山脉是加拿大境内最著名的山脉，原本就是旅游胜地，但阿尔伯塔省的洛基山脉却是一片人迹罕至的处女地。《断臂山》走红后，这里立刻成了很多人神往的地方。

班芙公园

加拿大洛基山脉东麓坐落着加拿大第一个国家公园，它就是班芙国家公园。公园境内最长的一条河叫弓箭河，早年印第安人曾砍伐河边的树木制造弓箭，这条河因此而得名。由于受到冰川的阻隔，弓箭河上形成了一条高约10米的瀑布，流势非常巨大，瀑布两边辟有供游人参观欣赏的小路，这里成了电影导演们经常取景的地方。1883年11月，有三名年轻的加拿大铁路工人为了寻找黄金渡过弓箭河，发现了一条温暖的水流，他们有些好奇，便溯溪而上，结果发现了一个小洞，从里面冒出一股刺鼻的硫磺味。这是一个温泉洞，而当时人们对地下冒出的温泉很感兴趣，于是这里就慢慢发展成为一个休闲度假的地方，同时也揭开了班芙国家公园兴建的序幕。如今，这里每年都要接待来自世界各地的300多万名游客，尤其是那些新婚燕尔的小夫妻，更是把这里当成了爱情盟誓的最恰当的地点。李安之弟李岗的蜜月之行，就选在了班芙国家公园。

除了温泉，班芙国家公园内的奇峰秀水居北美大陆之冠，位于公园中部的路易斯湖风景尤佳。路易斯湖是由冰河流水侵蚀洼地而形成的冰河湖，虽然面积不大，但湖水随光线深浅由蓝变绿，漫湖碧透，如同一块碧绿的翡翠镶在秀丽的山林中，于是得到了“翡翠湖”的美名。泛舟在如丝绸般的湖面上，望着远处那纯洁的维多利亚山，俨然一种身临仙境的感觉。班夫公园中有多处这类冰川湖泊，如被公认为最有拍照价值的梦莲湖等，它们犹如一串串珍珠，把静静的群山点缀得生气勃勃。

在班芙镇和露易斯湖之间有一座古老的大山，名叫城堡山，海拔 2766 米。它的形状好像德国的城堡，巍峨壮丽。“城墙”上的水平重叠岩层就像个三明治，上层和下层分别是石灰岩和白云石，中间夹着页岩，再加上风雨侵蚀的痕迹，展现出城堡山数以亿年的沧桑经历。

雄伟壮观的城堡山是班芙公园中的地理奇观。从不同角度望过去，人们都会发现它呈现出不同的模样与意境。在天气晴朗的时候，阳光照射在耸立于云天之中的石壁上，散射出金色的光芒，显得更加金碧辉煌。顺便提一句，在班芙国家公园入口附近有一座华人岭，19 世纪时，大批华人在北美洲修铁路时居住在这里，因此而得名。

从班芙国家公园向北沿着冰原大道行驶大半天的时间，就来到了贾斯帕国家公园。这两个国家公园加上约霍、库特奈国家公园，还有汉帕、罗布森、阿西尼伯因这三个不列颠哥伦比亚省立公园，共同组成了加拿大洛基山脉公园群，这一地区最美丽的景观全都被涵盖其中。贾斯帕国家公园的西边是罗布森省立公园，园中的罗布森山海拔 3954 米，是加拿大境内洛基山脉的最高峰。

贾斯帕国家公园是这个公园群中最大的国家公园，面积将近 1.1 万平方千米，它是加拿大洛基山脉北边的门户，向有“洛基山上的宝石”的美称，每年来这里游览的游人多达 130 万。19 世纪初期，皮货商人经由阿塔巴斯卡及黄头隘口翻越洛基山，来这里做皮毛生意。1813 年，西北公司在如今的贾斯帕镇附近设置补给站，由一个名叫贾斯帕·赫斯的人负责管理，人们都称它贾斯帕屋。后来贾斯帕屋东迁，并于 1884 年废弃。1907 年 9 月，加拿大政府在这一带营建森林公园，便用贾斯帕的名字为它命名。

贾斯帕国家公园中最著名的景观就是哥伦比亚冰原，它是加拿大洛基山麓最大的冰原，冰原附近汇集着洛基山脉最高的一些山峰，它们截住了从太平洋东移的暖湿气流，从而带来大量降雪，每年最多时可达 7 米。年复一年，积雪在山间堆积起来，渐渐地越压越实，最后形成了如今的哥伦比亚冰原，面积达 518 平方千米，最厚的地方有 760 米。

哥伦比亚冰原北侧边缘上有一条阿塔巴斯卡冰川，它是北美地区每年接待游客最多的冰川。从远处看，这条冰川好像一条冰河从雪山的垭口中间奔流而下，非常壮观。但由于温室效应，在过去的 100 多年里这条冰川融化了许多，已经向后退缩了 1500 多米。前往阿塔巴斯卡冰川参观的人通常先乘坐哥伦比亚冰原接待中心提供的班车来到冰川脚下，然后换乘特制的“冰路大轱辘车”爬上冰川。这种车是特制的，车轮直径将近 2 米，不单在冰路上行走自如，爬几十度的陡坡也非常轻松。车子爬到冰川上以后，游客们可以在冰川上行走拍照，但要注意周围设立的标记，千万不要越界去踩踏未开放的冰川。来到冰川上，游人都能得到一杯“万年冰水”，它是由阿塔巴斯卡冰川表面的积雪融化而来，据说这积雪已有 150 年的历史，是目前所知世界上最洁净的天然水。

从阿塔巴斯卡冰川发源一条大河，它就是阿塔巴斯卡河，河水流经贾斯帕国家公园，一直流进风光旖旎的大奴湖、马里奴湖。不过，洛基山脉中最美丽的湖泊当数园中的玛琳湖，它也是加拿大洛基山麓最大的冰川湖，南北长约 22 千米，东西宽约 1 千米，湖水很深，盛产虹鳟鱼和东溪鳟。玛琳湖周围有很多冰川雪山，但最迷人的地方是靠近冰湖南侧的灵魂岛。单看这个小岛，并无特别之处，岛上只有几棵常青的松树。奥妙在于玛琳湖到了这里，湖面一下子缩到 200 米宽，四周雪峰环绕，碧绿的湖水仿佛被仙人捧在手心里，而湖水上又冒出一个小岛，简直是画龙点睛之笔，难怪灵魂岛被当成了贾斯帕国家公园的标志。

前往玛琳湖的路上，游人们会经过一个季节湖。这个湖春夏季节深达十几米，看上去与其他的湖没有什么两样，可是一到秋天，湖水平面就会慢慢下降，直至湖水全部干涸，当地人都叫它魔法湖。有人猜测，这个湖底可能有洞穴与附近的河流相通。

加拿大洛基山地区美如天堂，但这仙境一般的景色却是要人来精心维护的。加拿大人在这方面动了很多心思，确实用心良苦，比如所有的旅馆酒店在客人居住期间，都不会每天更换床单和浴巾，比如所有的垃圾箱都有锁扣，以防止动物来捡垃圾吃。如此注重环保的氛围让来自外地的游人们也受到了感染，都非常自觉地将能够回收的垃圾单独放起来。看来，人的文明程度与环境也有些关系，谁好意思在天堂里乱扔垃圾呢？

Sierra Nevada
内华达山脉

所在处有美国本土最高峰
景色迷人的国家公园
壮观的优胜美地大瀑布

Sierra Nevada

地理位置:位于美国加利福尼亚州东部,北起拉森峰,南止蒂哈查皮山口,分别与喀斯喀特山和太平洋沿岸山地相接,全长640千米,宽80千米~130千米。

地质特征:构造上属内华达造山带,形成于侏罗纪末至白垩纪初,由于地壳的剧烈变动,如强烈的褶皱和熔岩喷发,大自然的变迁和长期的侵蚀,使花岗岩广泛出露;第三纪以来的抬升和与之相伴随的断层、掀斜作用,形成了自东向西倾斜的花岗岩断块山。

基本地貌:科迪勒拉山系西缘山地的组成部分,呈北北西—南南东走向。东坡断崖平直陡峻,拔起于东侧大盆地之上,相对高差达1500米~3000米;西坡较缓,但深受河流切割,形成许多深邃的峡谷。山体连绵高峻,平均海拔1800米~3000米,有10座海拔在4300米以上的山峰,其中惠特尼山海拔4418米,为美国本土最高峰。

气候特点:属半干燥气候,冬季时间长且寒冷,1月份平均气温为-4℃,7月份平均气温为20℃。

面迎太平洋湿润气流的西坡降水量较多。

动植物分布:东坡植被稀疏,多为灌木草类;西坡森林茂密,有黄松、糖松、道格拉斯冷杉、红杉等,为美国重要林区。常见野生动物有浣熊、野鹿、野绵羊等。

游览须知:生活在这座国家公园里的动物都不怕人,它们会趁你休息的时候,偷走你随身携带的食物。

内华达山脉东坡——惠特尼峰与死谷

说起内华达这个名字，倒是很有些意思。人们都知道，美国西部有个内华达州，但内华达山脉却不在它的境内，而是在相邻的加利福尼亚洲境内。美国有条内华达山脉，西班牙也有与之同名的山脉，在西班牙语中，“内华达”即“雪山”之意。1518 年，一支西班牙探险队来到美洲大陆，发现了这条山脉，就借用本国的内华达山脉为它命名。美国开国后，美国人对此也不计较，就把它保留了下来。

说起内华达山脉的地形来，也很有些意思。山势自东向西倾斜，东坡断崖陡峻，拔起于东邻的大盆地之上，高差达 1500 米~3000 米，许多山峰常年冰雪覆盖，银装素裹。西坡平缓，河流湖泊众多，切割出一条条深邃的峡谷。美国本土的最高峰惠特尼峰就坐落在内华达山脉的东坡，而著名的优胜美地山谷则深深地藏在它的西坡。

惠特尼峰位于加利福尼亚洲中部茵佑国家森林内的红杉树国家公园内，山势也是东险西缓，锯齿状的灰色山棱全是裸露的花岗岩。由东侧登山口处算起，距离山顶 17 千米，垂直高度 1870 米，很适合普通人攀登，因此每年来这里登山和徒步旅行的人很多。为了保护这里的野生动物和植被，有关管理部门做出硬性规定，从每年 5 月到 10 月的开放季节里，每天只准 50 人进山并可在山内露营，同时每天还准许 150 人进山，但必须于当日出山。如果你只申请到了后一种证件而又想登顶，那就得在凌晨时分上路，这样才有可能在天黑之前出山。

幸好惠特尼峰很好爬，只是顶峰下边有一段碎石坡比较难走，这里找不到明显的路，只能凭着感觉往高处走。让登山者感到安慰的是这一带风景很美，山峰的一侧是葱绿的山谷，显露出几分秀气，另一侧则是黄土秃崖，一幅广阔而苍凉的景色。惠特尼峰的顶部仍是一片碎石，但很是平缓，只是来到尽头的悬崖边，才会意识到自己的脚下踏着美国的制高点。山顶上有一块平坦的花

疲地穿行在溪涧之间。园中溪流全都源自吐勒姆河与默塞德河的河水，高山冰川融水为它们提供了丰沛清澈的水源。当溪流流淌在平缓的坡地上，随处都会泛起美丽的旋涡，四处弥漫的水雾在阳光中幻出美丽的彩虹；当溪流绕过挡在河道中的巨石，水石相激的轰鸣声在山间久久回荡；当溪流穿过绿荫掩映的草地，如银的水光唱起了美妙的小夜曲，让万物充满了生机。春天来了，溪水晶莹碧透，深而不浊，满而不溢，时或显示一下桀骜不驯的性格。秋天来了，溪水下降到最低水位，失去了往日的喧嚣与欢腾，好似即将出嫁的少女一样沉静而安详。

岩美水秀是优胜美地公园的两大特色，另两大特色是花艳林苍。说起花艳，这里一年三季都有野花飘香，1300 多种植物把大片的山坡变成刺绣织锦一般。每到春天，一大片一大片的杜鹃花恣意绽放；而到了冬天，好似一只鲜红拳头模样的赤雪藻则在冰雪之中传递着阵阵暖意。

说起林苍，指的不是这里有 30 多种树木，而是世界上最高大的树种都生长在这里，如红杉树、针叶树、红冷杉、白松、黄松、雪松、山桧等。位于优胜美地山谷南部 60 千米处的马里帕沙巨杉区，向来最能招徕游人。这里有大约 500 棵巨大的红木，其中许多树木的树龄已超过 2000 年，其中一棵叫“大灰熊”的红木，树冠如伞，树围巨大，树皮爆裂，树根裸露，已经在这里矗立了 3000 年，至今依然“张牙舞爪”。“岗哨石”上耸立着一棵被称为“杰弗莱”的孤松，古拙苍劲，虬枝盘环，舒展着巨臂，仿佛在向远道而来的客人招手致意。

早些年，优胜美地公园中有过一棵红杉树，其树根部空了一部分，形成一个可容汽车穿过的大洞，走人更是绰绰有余，号称“加州隧道”。这棵大树已在 1969 年被大风雪击倒在地，但倒地的树干依然不失“树王”的威风，顽强地抗拒着腐朽。

优胜美地山谷

优胜美地公园中有着数量众多的浣熊和野鹿，最大的哺乳动物是美洲黑熊，大约有 500 多头。它们大多在夜间觅食，主要吃鱼、蜂蜜和浆果。每到秋季，你就会看到它们到处寻找吃的东西，那是尽力为漫长的冬天多积攒些脂肪。如果你准备在这里露营，那么一定要把食物收藏好，不然晚上黑熊就可能光顾，把好吃的东西劫掠一空。白天，你所要注意的是松鼠，它们的胆子很大，会瞅准你打瞌睡的时机，翻开你的包裹寻找零食。这样的遭遇固然让人有些懊恼，却不会败兴，这是动物朋友跟你开的玩笑，也是山区旅游趣味独特的经历。

Cascade Range

喀斯喀特山脉

南段火山极其密集
集中了诸多自然景观
有过 20 世纪以来地球上规模最大的火山爆发

Cascade Range

地理位置:位于美国西部,南接内华达山脉,北与加拿大海岸山脉相连,从美国加利福尼亚州向北经俄勒冈州和华盛顿州延伸到加拿大,全长 1127 千米。

地质特征:形成于中生代内华达造山运动,大部分由喷出岩组成。北段主要由古生代花岗岩和较老的变质岩构成,中段和南段均覆盖着第三纪熔岩。第四纪时山脉有大量火山喷发,形成许多火山锥。

基本地貌:属太平洋海岸山脉的一部分,呈北西北—南东南走向,山体自南向北逐渐增高,平均海拔在 1800 米~2500 米。许多山峰海拔在 3000 米以上,其中胡德山海拔 3424 米,是俄勒冈州的最高点,雷尼尔山海拔 4392 米,是喀斯喀特山脉的最高峰。

气候特点:山脉以东气候干燥,阳光充足,年平均温度在-7℃~30℃之间,年平均降雨量为 460 毫米;山脉以西为海洋性气候,冬暖夏凉,年平均温度在-3℃~28℃之间,年平均降雨量为 690 毫米。整个山脉是世界上降雪量最多的地方之一,但海拔较低的沿海地区降雪不多。

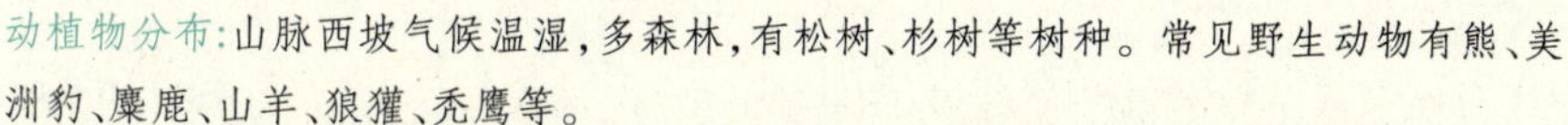

动植物分布:山脉西坡气候温湿,多森林,有松树、杉树等树种。常见野生动物有熊、美洲豹、麋鹿、山羊、狼獾、秃鹰等。

游览须知:前往喀斯喀特山最好的交通工具就是汽车。美国公路交通非常发达,车资比火车、飞机都便宜。

喀斯喀特山脉之——圣海伦斯火山

美国境内有 1500 多座火山,其中有 150 多座在过去的 1 万年中曾经爆发过。以火山爆发的次数而论,它仅次于印尼和日本。美国的火山大部分在喀斯喀特山脉和夏威夷群岛上,这是太平洋板块向北美板块俯冲而产生的结果。喀斯喀特山脉大部分为熔岩和火山喷出物所覆盖,尤其在它的南段,火山锥林立,一部分尚在活动中,其中最有名的是圣海伦斯火山。

圣海伦斯火山位于美国西北部华盛顿州的卡斯开兰治地区,海拔 2950 米。流经这一地区的哥伦比亚河有两条支流,一条叫考利兹河,另一条叫威拉特河,考利兹河上游有一座圆锥形的山峰,头上戴着雪冠,高高地隆起在一片美丽的森林之上,它就是旅游者熟悉的圣海伦斯火山。据文献记载,它曾在 1857 年喷发过一次,此后便一直默默无闻,人们误以为它已“弹尽粮绝”,无需担惊受怕了。可是谁也未曾料到,就在 1980 年,昏睡百年的圣海伦斯火山突然惊醒过来,造成了美国历史上罕见的灾难。

圣海伦斯火山

从 1980 年 3 月起，圣海伦斯火山就一直隆隆作响，火山上空不时出现小片水汽和火山灰云。5 月初，山上又鼓起了一个山包，高约 106 米，此后火山口上一直浓烟密布。这些都是火山喷发的征兆，但没有人预料到它的喷发会酿成巨大的灾难。5 月 18 日这一天，圣海伦斯火山的顶部突然炸裂开来，灼热的泥浆、火山灰夹杂着各种怪异的气体咆哮着顺着山坡向下倾泻，毫不留情地吞噬了一些来不及逃离的人们。山下的河水温度转瞬间升到摄氏 90 度，河里的鱼儿几乎全被煮熟了。与此同时，水蒸气和火山灰以每小时 402.3 千米的速度，冲到 1.6 万米的高空，并随着气流向东飘游，竟然扩散到 4000 千米以外的地方，使周围近百千米的晴空顿时变色，昏暗无光。粗硬的火山灰石从空中淅淅沥沥地散落到地面上，在远隔 804 千米的蒙大拿和怀俄明之间的公路上堆积起来。火山爆发后，火山口仍现红光，温度高达摄氏 500 多度，并且不断冒烟。

这次火山爆发是美国有史以来最严重的“自然爆炸”，其威力相当于当年美国投掷在日本广岛的原子弹（当量为 2 万吨）的 500 倍，造成 57 人死亡，几百人失踪，390 平方千米的土地变成了不毛之地，野生动植物几乎全部罹难。这次火山喷发还是迄今为止世界上最大的火山灰崩，所喷出的熔岩和火山灰总计达 4 亿立方米，大约相当于公元 79 年发生的维苏威火山大喷发。

圣海伦斯火山喷发后，附近的地形发生了明显变化，原来的火山锥顶部完全崩坍，高度降低了近 400 米，形成了一个新火山口。这一带的湖泊和峡谷则被填高了 60 米~90

米，形成了许多小湖。

圣海伦斯火山一鸣惊人，立时成为当时的世界头号新闻。待其火山活动趋于稳定后，成千上万的游客出于好奇纷纷前往喷发现场，欣赏这大自然大发雷霆所造成的独特景观。

1980年那次大喷发以后，圣海伦斯火山又有数次喷发，每次都来势凶猛，巨大的撞击声中，白色的水汽和烟雾混杂着升起，但威力远远不及1980年那一次。而它那一次为什么会突如其来地大发脾气，专家们至今仍然迷惑不解，但他们一致认为，它的最后一鸣还没有到来。至于它下一次会在什么时候爆发，那就属于大自然的高度机密了。

在圣海伦斯火山附近，还有许多火山喷发形成的山峰，如亚当斯峰、胡德峰、拉森峰以及克雷特火山口湖等，其中胡德峰是俄勒冈州的最高点，它终年积雪，傲然肃立，好像一位巨人在护卫着人迹罕至的旷野。位于加利福尼亚洲北部的拉森峰海拔3187米，是喀斯喀山脉中最南端的火山，也是世界上最大的穹顶火山。在这里能找到所有的火山类型，包括穹顶火山、盾状火山、火山渣锥以及层状火山等，在世界范围内寻找，这样的地方只能找到少数几个。

拉森峰也是一座活火山，曾在1900年~1921年间陆陆续续多次喷发过，以1915年那次喷发规模最大，浓烟滚滚高达5千米，岩石飞迸，短短几秒钟内便将附近的树木全部摧毁。在随后的两年里，它连续喷发了150多次，直到1921年才安静下来。如今，在熔岩和碎石覆盖的地面上已经长出了树木，火山口也已冷却，但是火山深处仍有熔岩沸腾。公园中有数处地壳裂口，不断冒出恶臭的气体，由此证明这里的火山活动一刻也没有停止过。

1916年8月，以拉森峰为中心建起了国家公园，热气腾腾的温泉，清澈平静的高山湖泊，环抱的雪峰，铺展的草甸，成为这里独特的景色。公园内湖泊密布，多达40余处，东部有被称为链形湖群的三大湖泊，西部有门桑尼塔湖，湖水晶莹碧绿，深而不浊，满而不溢，映进皑皑雪峰的倒影，美丽如画，使得整个公园显得沉静和安详。终年积雪则是这里的绝景，即使是在酷热难当的盛夏，背阴的山坡上仍然是一片闪亮的白雪。公园北部出口处有一个瀑布，由大大小小几十个细小的瀑布形成，白练如帘，雾气迷茫。“喀斯喀特”意为“小瀑布”，指的就是这条山脉拥有许多火山湖和小瀑布，而拉森峰国家公园恰恰能体现出喀斯喀特山脉的这一地理特色。

喀斯喀特山脉之——雷尼尔山

喀斯喀特山脉的最高峰雷尼尔山也在它的南段，位于华盛顿的西部，高高地耸立在西雅图的后方。作为美国最高的火山，雷尼尔山又号称世界上最雄伟的山岭之一，这并不是因为它本身有多高，而是因为它比邻近的高峰高出近2500米，大有横空出世的气魄。经由美国东部前往俄勒冈地区和自太平洋进入普吉特海峡的西海岸的船只，都把高耸入云的雷尼尔山当做陆标。此外，雷尼尔山还是华盛顿州的地标，许多商品都用它作为图案。

按照当地印第安人的说法，雷尼尔山是“神的住所”，天降大雪或火山喷发，那都是天神生气的结果，所以他们对这座山敬畏有加，没有人敢往山顶上攀爬。1792年，英国探险家乔治·温哥华船长首次登上雷尼尔山，便以他的好友皮特·雷尼尔的名字来为它命名。

温哥华初次见到雷尼尔山时，不禁被它云封雾罩的景色所陶醉。雷尼尔山常年云雾缭绕，只有在夏秋之际的晴朗日子里才会一露雄姿。站在山顶上向四周望去，1500米以下的景色全被隐没在雾海之中，只有较高的山峰探出一角，仿佛海中的浮岛。若是站在西雅图太空针塔上远眺雷尼尔峰，它就像一只倒扣

Cascade Range

的碗，山坡和缓地向下延伸，山脚下蒙着云雾，缥缈的云海上恍惚着世界上最标准、最美丽的锥形火山口，给人以可望而不可即的神秘感觉，也会让人联想到日本的富士山。

雷尼尔山是华盛顿州最有名的旅游胜地，这里集中了冰川、瀑布、森林、湖泊和丰富的野生动物等自然景观，一年四季游人不断。雷尼尔山的夏季风光最为迷人。这里蒐集了27条冰川，位于东坡的埃蒙斯冰川是美国最大的冰川，其余的如厄斯奎利冰川、考里兹冰川和英格兰哈姆冰川等也都很有名。随着气温的增高，冰川开始慢慢消融，玉珠一般的水滴汇集成一条条湍急的溪流，在山间跌宕出一道道飞泻的瀑布，流水之声不绝于耳，在山谷里久久地回荡。

雷尼尔山

在雷尼尔山旅游，可以沿着一条长达145千米的山间小路漫步。这条山路有一个充满诗意的名字——寻幽山径。山径两侧的风光因海拔不同而变化，低处是茂密的森林，高处是银色的冰雪世界，冰原与密林之间是高山草地，草地上野花竞放，成了一片美丽的花海。沿着美丽而宁静的寻幽山径一路走去，听泉、赏花、呼吸森林中带着芳香的空气，还能看到小松鼠跑来跑去，远处的山谷里成群的野鹿在吃草晒太阳。游人在这条路上可以尽情观赏，只是要懂得规矩，不能摘花，不能践踏草皮，也不能随意喂野生动物。除了这条寻幽山径外，雷尼尔山中还有百余条步道，两旁都是令人赏心悦目的山林美地，也是徒步运动爱好者的最爱。

顺着寻幽山径可以爬到雷尼尔山的半山腰，路上你会看到许多全副武装的登山者，正在向雷尼尔山的顶峰攀登。一般来说，大部分人爬到3000米处，就会因为空气稀薄而败下阵来。雷尼尔山积雪的山顶景色非常迷人，而且夏季又是攀登雷尼尔山的最好季节，因此引来了不少登山爱好者。然而，这座山的攀登难度很大，熔岩、冰川、冰原、冰洞、深沟和塔形冰块等极为复杂的地形极具挑战性，美国登山队的主要训练场所就设在这里。对于专业运动员来说，攀登雷尼尔山不会有什么危险，而对于只有勇气与体力的登山爱好者来说，这座山是不可轻易尝试的，据说每年都有人在山上丧生。

为了保护雷尼尔山的自然环境，美国人于1899年以这座山为中心，建起了面积约9.8万公顷的雷尼尔山国家公园。公园里有两处景点极受人们的珍视和爱护，一处叫“天堂”，另一处叫“日出”。“天堂”位于雷尼尔山的西南方，这里地势极高，绿草如茵仿佛图画，山景壮丽，还有潺潺流水和清澈的瀑布与湖泊，在“天堂”的北边流淌着著名的天堂河。“日出”位于雷尼尔山北部，这里是雷尼尔山国家公园内海拔最高的景点，在这里可以欣赏到冰河的奇景，还可以眺望公园内秀丽的贝克山以及浩瀚的太平洋。

雷尼尔山国家公园还是滑雪和冬游的好场所。由于太平洋吹来的东风湿度较高，这里一年中有将近270天下雨，地球上有史以来全年最大的降雪量就出在这里。1971年~1972年冬季，园中乐园谷一带的降雪量创下了世界纪录。如此丰厚的降雪为滑雪运动提供了绝好的条件，而滑雪运动则为雷尼尔山的严冬增添了欢快的色彩。雷尼尔山的冬季大雪封山，银装素裹，但有些岩洞依然冒着热气，矿泉中流出的水依然微微发烫。洗个矿泉澡，不仅能消解疲乏，据说还有治病的奇效。

喀斯喀特山脉在华盛顿州的西北部进入加拿大境内，在两国接壤处有一座北喀斯喀特山国家公园，它是喀斯喀特山著名的旅游胜地之一，以高山景观见长，拥有数以百计的冰瀑、高峰、峡谷和湖泊等。这里广泛分布着冰蚀地貌，湖岸陡峻的冰蚀湖碧波荡漾，冰川切削而成的角峰就像印第安人的石刀。爬上角峰，能眺望到银光闪闪的特赖姆雪山和皮基特岭。这座公园分为四个部分，包括南部荒原区、北部荒原区、切兰湖和罗斯湖国家休养区，其中更为壮观的是南部荒原区，这里覆盖着大面积的冰川，一座座冰山就像上瓷釉的犬齿，从冰原上拔地而起。这些山峰都不高，很少超过2400米，但美国人称之为“我们最壮美的阿尔卑斯”。北部荒原区潮湿阴冷，夏季多雨，冬季飞雪，群山常常隐没在迷濛的云雾之中。北喀斯喀特山国家公园还是一个野生动植物保护区,生活着黑熊、美洲豹、麋鹿、山羊、狼獾、秃鹰等动物。公园里湖泊遍布,又是垂钓和泛舟的好地方。

在喀斯喀特山脉南段有一个火山口湖,它是美国最深的湖泊,世界排名第七,最大深度 589 米,面积达 54 平方千米。大约 7700 年之前,在如今俄勒冈州南部有一座海拔 3600 米的梅扎马火山,一次大爆发过后,山头被炸掉了 1000 米,火山口塌陷,形成一个直径 9.5 千米的几近圆形的大坑。在长时间的冷却后,大坑中注满了雨水雪水,从而形成这个火山口湖。这个湖既无进水口,也无出水口,湖水的来源主要靠年平均 13 米的降雪,所以湖面变动很小,湖水清澈,呈深蓝色。这里的水温即使在夏季,也不会高于摄氏 13 度。梅扎马火山还有过几次小的喷发,形成一些火山锥,这些火山锥露出湖面成为小岛,名叫维扎特岛。它高出水面 213 米,顶部留有一火山口。

1902 年,这个火山口湖被辟为国家公园。公园中有环湖公路,湖中有游轮,还有很多户外活动设施。湖的四周围绕着熔岩峭壁,高约 150 米~600 米,火山岩屑经长期风化后,形状奇特,色彩各异。湖区内松杉茂密,空气清新,夏季野花盛开,景色优美,每年都能吸引 50 万人来这里游览。

Appalachian
阿巴拉契亚山脉
几条平行山脉的统称
又称阿巴拉契亚高地
阿巴拉契亚山道闻名于世

北段阿巴拉契亚山——白山山脉

阿巴拉契亚山脉实际上是几条平行的山脉的统称，它们都在大西洋沿岸平原西侧，由东北向西南延伸。这几条山脉全都山势柔缓，海拔一般只有几百米，只有南部部分地段海拔超过了 1000 米，所以它又常常被称为“阿巴拉契亚高地”。据地理学家的研究，阿巴拉契亚山脉的地质年代非常古老，大约在4.8亿年前就已经崛起在美洲大陆上了，那时候美洲大陆和非洲大陆还连在一起，它和非洲阿特拉斯山脉也连成一体，后来这两块大陆分离开来，这两条山脉也跟着分家了。当初的阿巴拉契亚山脉应该比现在高峻得多，但由于地质年代过于久远，风霜雨雪的侵蚀力量磨平了它的诸多棱角，变成了一个个平缓的高原、丘陵和谷地。

阿巴拉契亚山脉的地貌特征十分明显，北窄南宽，北低南高，于是地理学家通常把它分为南北两段。阿巴拉契亚山脉的北段位于康涅狄格河河谷上游东岸地区，延伸到康涅狄格州、马萨诸塞州、新罕布什尔州和佛蒙特州等州境内。这一带山势平缓，从高原表面缓慢升起的山峰海拔只有几百米。相比之下，横亘在新罕布什尔州北部和缅因州中西部的白山山脉就算是崇山峻岭了。它是阿巴拉契亚山脉向北延伸的部分，较高的山峰有 86 座，大都在海拔 900 米以上。这些山

地理位置:位于美国东部，南起美国的阿拉巴马州，北至加拿大的纽芬兰和拉布拉多省，最北部余脉延伸到魁北克的加斯佩地区，连绵 2600 千米。

地质特征:由新生代造山运动所产生的隆起，导致古褶曲的底盘完全露出，结晶质的岩石裸露于地表。主要由前寒武纪和下古生代变质岩与花岗岩组成。当时的美洲大陆和非洲大陆还连在一起，阿巴拉契亚山脉和非洲阿特拉斯山脉实际是一体的。

基本地貌:基本呈东北—西南走向，明显特征为北窄南宽，北低南高。北部宽度为 130 千米~160 千米，海拔为 300 米~500 米，南部宽度为 480 千米~560 千米，部分地段海拔为 1000 米以上。最高峰是位于北卡罗莱纳州境内的圣米切尔峰，海拔 2040 米。

气候特点:地处温带和亚热带，冬季昼夜温差不大，平均温度在 2℃~7℃左右，夏季白天较热，早晚较凉，平均温度在 26℃左右，春秋季比较温和。由于受大西洋暖流的影响，降雨比较丰富，年降雨量达 1000 毫米以上，在蓝岭地区，年降水量可达 1750 毫米。

动植物分布:遍山覆盖着茂密的森林，名贵木材有云杉、铁杉和雪松等。常见野生动物有黑熊、浣熊、白尾鹿、野猪等。

游览须知:阿巴拉契亚山脉北部和南部的一些山区交通不便，直至上个世纪初还处于与世隔绝的状态。为了防止迷路，可以到书店里买一张登山地图。那种地图是用防水纸印的，湿了也没有关系。

峰有一些冠以美国早期总统的名字，如华盛顿山（海拔 1916 米）、亚当斯山（海拔 1739 米）、杰斐逊山（海拔 1715 米）、麦迪逊山（海拔 1668 米）等。这些山峰的顶部都覆盖着白雪，当朝阳初升时，灿烂的阳光照亮了起伏的群山，放射出夺目的光辉，犹如一座座神奇的白色圣殿，白山的名字也许就是由此而来。

白山山脉的主峰是华盛顿山，它也是东北美的最高峰，惟其高所以才成为美国人工播云降雨的试验场。华盛顿山历来就以夏季登山和冬季滑雪而著称，早在 19 世纪的时候，从美国各地前来攀登这座山的人就络绎不绝。华盛顿山虽然不太高，但比较险峻，普通人要想徒步登上它的峰顶，那是要冒一定风险的。有一次，冒险家马申在攀登这座山时遭遇了恶劣的暴风雨，险些丧命。这段经历让马申产生出一个想法，那就是修建一条特殊的铁路，让齿轨火车把人们送到山顶。经过一段时间的筹划，马申的想法获得了新罕布什尔州立法机构的批准，并于 1866 年开工。1869 年，华盛顿山上的铁路正式开通，一辆老式的蒸汽车头，拖着一节车厢，从海拔 900 米的地方把游人带到海拔 1900 米的山顶，全程大约有 5 千米，要行驶 1 小时 15 分钟。

迄今为止，在华盛顿山上爬上爬下的还是当年最初启用的车头和车厢，无论刮风下雨还是下雪，它们都忠于职守，每年把 7 万多游人运送到山顶。冒着缕缕白烟的火车在嵌齿的铁轨上踽踽而行，已经成为这里的一道亮丽的风景线。不过，在高速飞机和互联网时代里，乘坐这种老牛一般的蒸汽式火车，实在是太缓慢了。但很多人就是喜欢这种慢吞吞的节奏，据说能找到一种历史感觉，还能改善自己的心情。有些开发商不止一次地打过主意，想在山上建缆车，那样就会招揽更的多人来华盛顿山游览，这个主意却遭到当地人的强烈反对，他们把华盛顿山上的齿轨火车当成这个地区一个历史遗产。要知道，它是世界上最早的齿轨铁路，只比美国建国晚不到百年，当地人完全有理由以它为自豪。

华盛顿山区一年四季游人不断。春可踏青，夏可登山，那浩瀚的森林，嶙峋的山石，

大雾山国家公园

还有1000多个小湖星罗棋布，给游人提供了赏玩大自然的广阔天地。秋天来华盛顿山则可欣赏到色彩绚烂的秋叶。远远望去，满山秋叶如落英缤纷，以红色为主色调，好像印象派大师的画作；走到近前仔细看，树上的叶子并非都是红色，这一带都是黄色的，那一片又是橘黄色的，层层叠叠，煞是好看，仿佛画家的彩笔即兴涂抹而成。沿着这里的山间小路走去，踏着满地落叶，颇有“花径不曾缘客扫”的意境。

冬天到华盛顿山来滑雪，会让人感觉格外开心。这里的雪有两个特点，一是特厚，二是特洁净。雪厚对于初学滑雪者的最大好处，那就是摔了不疼，就好像摔在厚厚的垫子上。由于雪厚，雪道的旁边到处都是大雪堆，若是躲闪不及，就会一头钻进去，半天也爬不出来。从雪堆里往外爬的时候，你会意外地发现这里的雪不是白色的，而是淡蓝色的。人们总是用“白”来形容雪的清洁，而到了华盛顿山你才会知道，雪白到了顶点竟变成了淡蓝色。

在漫长的地质时代里，白山山脉经历过强烈的冰蚀作用，从而留下了极为显著的地貌特征，悬崖峭壁林立，好似刀削斧砍出来的一般。嶙峋的石头千奇百怪，有的像兔子伏在地面上，有的像硕大的椅子等待着什么人去就座，还有的好像缩小的金字塔。白山地区还分布着许多呈V字形切痕的深谷，如卡特谷、克劳福德谷、弗兰科尼亚谷、金斯曼谷、平克哈谷、迪克斯维尔谷等。其中弗兰科尼亚谷最为有名，来这里的游人最多。

弗兰科尼亚谷的一侧有一座普罗辉尔（意为“侧面人像”）山，山上的悬崖间有一个天然的侧面人像，深目浓眉，高鼻长颈，俨如雕塑家的杰作，实际上是漫长岁月的风刀雨箭刻蚀出来的“作品”。这就是闻名遐迩的“山中老人”。像这样的景观在很多山中都能找到，而它的名气之所以格外响亮，主要得益于美国著名作家霍桑，他在短篇小说《巨石面像》中曾描述过这一天然奇景，让它的神奇随着他的作品越传越远，于是便吸引来了无数的游人。

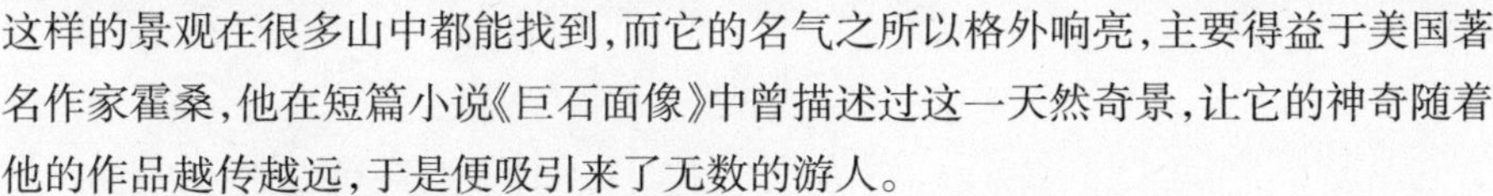

“这块人面巨石乃威力无边的自然母亲一时兴起，在一座陡峻的山坡上，用许多巨大的岩石堆积而成。这些石头乱七八糟堆在一起，远远看去，酷似一张人脸，仿佛一位巨人或泰坦（希腊神话中的巨人族）把自己的相貌刻上了悬崖峭壁。有宽阔的大额头，足有100尺；有挺拔修长的大鼻子和巨大的嘴唇。这张嘴倘张开说话，发出的声音肯定如雷贯耳，响彻山谷。不错，要是观者距离太近，就辨不出这张大脸的轮廓，但见一堆巨大笨重的石头胡乱堆在一处。不过，后退一截，又能看到一副奇妙的面容。退得愈远，愈觉它像一张人脸，完整无缺。待到它在远处变得模模糊糊，被山中的云层雾气所包围，人面巨石竟实实在在活了一般。”

白山山脉中的高山不止一座，美景不止一处。山中处处溪水清澈，瀑布直泻而下，宁静的湖水泛着宝石一般的蓝光。雪线以下郁郁葱葱，重重的森林一眼望不到边际。1911 年后，白山大部分地区都被划归国家重点森林保护区，山区状况得到了改善，交通日趋便利，目前已经发展成为旅游避暑的胜地。

南段阿巴拉契亚山——大雾山与阿巴拉契亚山道

南段阿巴拉契亚山脉从美国的宾西法尼亚洲、马里兰州、田纳西州等州境内一直延伸到加拿大境内。这段山脉还可以细分为两部分，以洛亚诺克河为界，北边很多地方都是由一条主要山脉及附属山脉组成，南边从宾西法尼亚洲南部到佐治亚洲北部就是著名的蓝岭陡坡。在这段山脉上有两个闻名全美的国家公园，一个是弗吉尼亚洲境内的雪兰多国家公园，另一个就是位于北卡罗莱纳州与田纳西州交界处的大雾山（又译成“大烟山”）国家公园。

雪兰多国家公园在蓝岭陡坡上，是春秋赏景的最佳去处。春天，目力所及之处都是葱葱茏茏的群山，无边无际，路边的杉树枝叶浓密，几乎把整条路都遮蔽在树阴之下，路旁铺满了五颜六色的野花，令人心旷神怡。秋天，满山遍野的树木展示出各种各样的颜色，绚丽多姿，连绵百里，那是成千上万的秋叶集合起最后的生命力，创造出无与伦比的辉煌。

来到雪兰多国家公园，还会给人一种回归自然的美妙感觉。夕阳西下的时候，

穿行在窄窄的小径上，路边的野草长得齐膝高，已经开始泛黄，三五成群的野鹿在不远处吃草、闲逛，即使你走到触手可及的距离内，它们也不会跑开。它们不仅不怕人，似乎还把人类当成了好朋友。如果你打算在这里露营，刚刚支好帐篷，野鹿们就会尾随而至，显然它们早就知道在这里能找到吃的。正像一本旅游指南中说的那样："如果在这里你看不到鹿，那就是你的问题了。"

大雾山国家公园在雪兰多国家公园的南边，它是美国东部（密西西比河以东）最大的自然保护区和国家公园，几乎北美东部的所有高峰都位于它的范围之内，有16座山的海拔高度超过1800米。

早在19世纪初，就有一批拓荒者来到这里从事农耕。在大雾山西部有一个山凹，那就是早期拓荒者们居住的地方。这一带依山傍水，土地肥沃，至今还完整地保存着水车、小木屋、教堂等遗址，让游人想象着当年有如世外桃源的生活。到了20世纪初，伐木商人曾在这里修起了运送木材的铁道，一度打破了这里的寂静。幸好这里很快就变成了国家公园，才使得它像一块未经雕凿的美玉，持久地展示着原始的美貌。

由于阿巴拉契亚山脉拦住了来自大西洋的湿润暖流，这里的降雨量十分丰富，从而滋生出美国最大的处女林，几乎覆盖了整个大雾山。山顶一带长满了以加拿大冷杉和云杉为主的针叶林，山腰处长满了阔叶林，山脚下长满了高大的栎树、松树、铁杉，原生树超过100种，而植物的种类甚至比整个欧洲还要多。

大雾山的名字也与这里的森林有关。山林的上空总是笼罩着一层淡淡的薄雾，几乎天天不散，于是人们就给它取名大雾山。当地土著则把它称为"冒出蓝色烟雾的地方"。这雾气是从哪里来的呢？原来，这是针叶林捣的鬼。这种树能释放出碳化氢，经太阳光的反射，就会产生雾气升腾的样子。雾气中的大雾山有着朦胧之美，而它的变化多端又给它增加了梦幻色彩。清晨，大雾弥漫，高处的山峰在雾气中变得影影绰绰；中午，山雾变成了缕缕轻烟，缓缓地滑过山腰；日落时分，山雾又成了玫瑰色的云帘，映衬着夕阳下紫色的山岭。一天之中，不同的时刻就有不同的景色。

大雾山中拥有着北美大陆上最肥沃的土壤，使得这里植物繁茂，每到夏天，整个大雾山就成了野花的王国，北美杜鹃、山茱萸和月桂树把一面面山坡都变成了天然大花坛。大雾山中流淌着上百条溪流，它们从山上一路奔流而下，流进山前如水晶般透明的湖中，滋润着山中无数活泼的生命。尖嘴的狐狸，敏捷的美洲野猫，胆小的土拨鼠，笨拙的浣熊，在溪水中愉快游动的成群的鲟鱼，都在这里安下了家园。还有那些美丽的小鸟，越高的树枝上站得越多，歌声也越发响亮。这里最有名的动物之一是黑熊，据说整个大雾山中有600多只，是全美密度最大的区域。游人们经常能看见它们大摇大摆地在路旁漫步，旁若无人地寻找着黑莓、覆盆子和橡树子。另外，这里的两栖动物种类最为繁多，光蝾螈就有27种，数量之多称得上世界之最。

从雪兰多国家公园到大雾山国家公园，有一条公路相通，它蜿蜒盘旋在山脊之上，可谓名副其实的“天路”。沿途青山连绵，绿色不断，景色非常优美，称得上世界上最美的一条公路。这条公路长达 800 千米，却只是阿巴拉契亚山道的一部分。阿巴拉契亚山道是世界上最长的步行山道，起自美国东北部缅因州的卡塔丁山，向西穿过阿巴拉契亚山脉，一直伸展到乔治亚洲的斯普林格山。沿途穿过美国 14 个州，通过 8 个国家森林、6 个国家公园、60 个州立公园和野生动物保护区，全长 3360 多千米。山道共有 500 多处出入口，每隔一二十千米就备有三面有墙的掩蔽棚供行人休息野营。一般来说，需要 6 个月的时间才能步行走完全程。

阿巴拉契亚山道是 1922 年至 1937 年间由一群志愿者修筑的，专门用于休闲旅行。山道及其附近的一些土地大部分被阿巴拉契亚山俱乐部买下，任何人不准开发，因此山道沿途基本上保持了天然的风貌。阿巴拉契亚山俱乐部的总部设在波士顿，目前有 9 万多名会员，下面有一连串分支。每到春末夏初，就到了俱乐部的会员们出力流汗的时候了，由他们负责管理和维修“领地”范围内的山道，不过这些都是义务劳动。

行走在阿巴拉契亚山道上，根本不用担心迷路，沿途都有白色的路标，或者嵌在岩石里，或者涂在树干上。如果你走累了，想下山休整一番，就找蓝色路标。按照蓝色路标指示的山道，你就可以来到附近的小城，吃顿像样的饭，好好洗个澡，再精力充沛地重返山道。

据说每年都有 2000 多人从山道的一端向另一端进发，起初都是雄心勃勃，但到头来能坚持走到终点的只有 400 多人。对于大多数人来说，利用周末或假期选择一段山道走上一两天或更长的时间，信马由缰地观赏一路上的好风光，轻松一下筋骨，调理一下心情，简直就像度假一般。“走山道，就像是在逛公园。”这样的美好感觉不属于那些试图征服沿途所有山峰的登山者，只属于所有在阿巴拉契亚山道上不紧不慢走来的人们。

Mount Rushmore

拉什莫尔山

以独特的人文景观闻名
雕刻着美国四位总统的头像
又称“拉什莫尔山国家纪念碑”

地理位置:位于美国南达科他州的黑山地区,在巴登兰以西不远的地方。

地质特征:形成于前寒武纪,山体由花岗岩组成。

基本地貌:南达科他州西部边境有一条黑山山脉,长约192千米,宽约80千米,平均高度比附近的平原高出1000多米。黑山山脉的最高峰是海拔2177米的哈尼峰,拉什莫尔山坐落在哈尼峰的东北侧,海拔1841米。

气候特点:属温带气候,全年平均最高气温为31℃,最低气温为-16℃,天气比较寒冷。全年平均降雨量在500毫米左右。

动植物分布:除雕像所在的东南坡上部外,全山长满了苍松翠柏。

游览须知:为了防止雕像受到损害,拉什莫尔山禁止游人攀登。

说起美国的人造奇观，人们不约而同地就会想起拉什莫尔山。在这座山东南坡靠近山顶的峭壁上，刻着四位美国总统的头部巨型雕像。每个雕像从下颏到头顶部，分别从 18 米到 21 米不等，鼻子长 6 米，比埃及的狮身人面像的面部还要大一倍。如果按正常人面部与身体的比例，他们的身长应该高达 141 米。对于本民族的杰出人物，别的国家或是建纪念碑，或是铸塑像，而美国人却别出心裁，把他们敬仰的总统雕到了山上，让他们与高山永久地浑然一体，山即是像，像即是山，令人肃然起敬。

拉什莫尔山原为一座寂寂无名的小山，它的旁边是一座矿山，归纽约著名律师查尔斯・拉什莫尔所拥有。1885 年，拉什莫尔以自己的姓氏将它命名为“拉什莫尔山”，这就是拉什莫尔山名字的来由。拉什莫尔当时一定有借山扬名的心思，却万万不会想到会名存后世。

1923 年，南达科他州的历史学家多恩・鲁宾逊首先萌发出在黑山山脉上雕刻巨像的念头，但他所设想的是雕刻出一些西部片中的英雄好汉，以此吸引人们来游览美丽的黑山地区。鲁宾逊的这个想法引起了雕塑家格桑・波格隆的巨大兴趣。1924 年秋天，他接受鲁宾逊的邀请一起去观看地形。波格隆一眼望见了卓然屹立在群山之上的拉什莫尔山，它沐浴在秋日的阳光之中，闪动着异样的神采，立刻认定这里是他实现自己的夙愿最理想的地方。

波格隆出生在美国的爱达荷州，后来去法国的巴黎学习绘画，曾拜在著名雕塑大师罗丹的门下学习雕塑。他的胸中早就涌动着一个酝酿已久的念头，那就是把美国历史上四位功勋卓著的总统的形象雕刻出来，创建一个“民主圣地”，供国人瞻仰。波格隆的这个想法一提出来，就得到了鲁宾逊的热烈赞同。这个非凡的想法公之于众后，引起了很多人的关注，时任美国总统卡尔文・柯立芝持支持态度，而美国国会却大唱反调，双方展开了旷日持久的争论。直到 1927 年，这个建造计划才获得了国会的批准。得知这个消息后，有一个美国人特别兴奋，他就是那位名叫拉什莫尔的律师，一下子就捐出了 5000 美元。

1927 年 8 月，以拉什莫尔山国家纪念碑为名的工程正式开工，柯立芝亲自前来主持

Mount Rushmore

Mount Rushmore

开工仪式。波格隆当时已经 60 岁了，头发都掉光了，但这项具有历史意义的工程焕发出了他的青春活力，使他下定决心把余下的全部精力都倾注在这个作品中。开工之前，波格隆首先制作了一幅 1:10 的设计图，然后按图塑造出每个头像的石膏模型，大小相当于真实作品的十二分之一。有了满意的石膏模型后，再用水平棒做垂直测量，定出基准点，放大标定在山岩的相对位置上，用白色的石灰浆画出雕像的轮廓线。根据这些线条，工人们按照面积大小、深浅不同的要求，在一片片工作面上，用风钻以及不同规格的钻头，打出成千上万个大小不同、深浅各异的小洞眼，然后填上不同分量的炸药。这一切都经过了精心的测算，爆炸后的岩石距离成品要求只有 2.5 厘米。据资料显示，单是四位总统的头像，炸去的花岗岩废石就多达 100 多万吨。所以有人说，拉什莫尔山的巨型雕像是用炸药炸出来的。更准确地说，它是定向爆破技术与 20 世纪雕刻艺术的完美结合。

爆炸造型后，只是显现出粗糙的人物雕像毛坯，还需要精细加工。据史料记载，当时参加这项恢弘工程的雕塑家多达 360 人。他们坐在由钢索牵引的钢质平台上，凌空移动，用手中的电铲一点一点地进行打磨修饰，以达到最理想的效果。经过众多工程技术人员和艺术家的 14 个寒暑的忘我拼搏，波格隆的创意终于变成了现实。1930 年华盛顿头像揭幕，1936 年杰弗逊头像揭幕，1937 年林肯头像揭幕，1939 年罗斯福头像揭幕。

在这 14 年间，工程曾经几次中断，实际用于工作的时间加起来才六年半左右。开工伊始，资金全靠私人捐助，后来联邦政府才给予财政支持。资金不足的难题解决后，又遇到了岩层厚度不足、出现裂缝或瑕疵等难题，而这些问题往往在外表看不出来，刻到内层发现后，只好临时改变构图。在整个工程中，大的修改就做过 9 次，清走的石头在 10 万吨以上。

四座头像完成后，波格隆又投入到整体处理中，以加强四座雕像间的联系，使它们更加协调。1941 年 3 月 6 日，在工程未完全结束时，波格隆带着他未遂的遗愿离开了人世。他的儿子林肯·波格隆也是一位雕塑家,他继承了父亲的遗志,投入到紧张的工作中,终于在同年底完成了这一举世瞩目的伟大工程。遗憾的是,小波格隆只完成了纪念碑的头像部分,而按照格桑·波格隆原来的设想,人物应该雕刻到腰部。

尽管有着这样的缺憾,拉什莫尔山的巨像依然称得上20世纪人类雕刻艺术的杰作。当然,它的成就首先不在艺术上,而在于它是一部用雕像写成的美国早期历史,在众人仰望的高山上镌刻出了"美国精神"。

华盛顿代表着民主自由的精神。他是美国的第一任总统,又是第一位连任两届的总统。在其第二任期将满时,他决意不再接受要他担任第三届总统的要求。美国总统不能连任三届的惯例就是他开创的,当然更不能终身。在拉什莫尔山的巨像中,他的位置在最右边,其他三人只雕出了头部形象,惟有华盛顿是一座胸像。他的头部是圆雕,从衣领部分开始向浮雕过渡,右边的衣领转成浮雕线刻,保留了原来的山形,左边衣领刻成浮雕,肩部和胸部因山形而粗刻,因此整个雕像头部五官形象突出,清晰而集中。他嘴巴紧闭着,眉宇略锁,似乎在思索着什么;浓黑的眉毛下一双大眼睛射出睿智的光芒,安详地望向远方,仿佛对未来充满了信心。

杰斐逊代表着爱国的精神,他在华盛顿雕像的左边。杰斐逊是著名的《独立宣言》的起草人之一,还写出了大量振奋人心的文章,激发了美国人民的爱国激情。他的雕像突出了他作为美国民族和民主革命先驱者的风采和智慧,头发弯曲,前额突出,双眼炯炯有神,头部微仰,嘴角微抿,悠闲中透露出一份果敢和坚强。

罗斯福代表着积极向上的精神。他在位时最爱引用这样一句西非谚语:说话温柔,大棒在手,定能成功。卸任后,他不想去过安静平凡的日子,而是领着一支探险队到非洲探险去了。他的雕像与林肯的雕像只刻了脸部,脑后与石山连在一起,颈与胸部都没有刻出来。罗斯福的头像下颌略收,唇上短髭粗而浓,双目深陷,两眉紧锁,面部棱角分明。与其他三人不同的是,他戴着一副秀丽的眼镜。老波格隆对罗斯福头像投入了最多的热情,他认为罗斯福的眼镜对自己的技艺是一个挑战,而最终他用作品向世人证明了他高超的技艺。

林肯代表着奋发图强的精神。这位深受美

Mount Rushmore

Mount Rushmore

国黑人和下层人民爱戴的伟人，常见的形象是一脸浓黑的络腮胡子，脸很长，而雕像所展示的是一副严肃认真的表情，双眉紧紧地锁着，前额上的皱纹非常刺眼，目光注视着远方，好像有些怒气未消的样子。

如果按照年代排列，罗斯福应该排在林肯之后，但是出于艺术上的考虑，老波格隆把罗斯福放在林肯的右边，使他与两旁的雕像形成了更为鲜明的对比。四座雕像的面部虽然不朝向一个焦点，但是他们都看着远方，而且排列在相同的高度上，左边三座雕像颈项以下的横线都是连贯的，隐去了他们的胸肩，加强了雕像之间形与神的联系。这组巨型雕像既彼此呼应，融为一体，又显示出不同的性格和特征，可谓栩栩如生，音容宛在。

自从巨像雕刻完工后，拉什莫尔山就成了著名的旅游胜地，每年有 200 多万来自世界各地的观光者到此来领略巨像的风采。特别是每年的 2 月，这里更是人山人海。华盛顿和林肯的诞辰分别是 2 月 22 日和 2 月 12 日，美国人把这两个日子称为“华盛顿节”和“林肯节”，也叫“总统节”。在“总统节”里到拉什莫尔山来缅怀人们心目中崇敬的领袖，要比平时更有意义，拉什莫尔山俗称“总统山”，其由来就是如此。

为了表示对四位总统的崇敬之情，也为了防止雕像受到损害，拉什莫尔山国家纪念公园的管理部门禁止游人攀登这座山，前来观瞻的人可以在山脚下的观瞻台上一睹石像的风采。每天上午，当阳光洒满山峰的时候，那是瞻仰巨像的最好时机。每年 6 月至 9 月间，为了使游人在晚上也能真切地欣赏这一艺术杰作，这里备有照明设备。在灯光下观赏雕像，能产生不同寻常的艺术感受。

Sierra Maestra

马埃斯特腊山

所在处有古巴最高峰
海天一色的旅游胜地
被视为古巴革命的圣地

Sierra Maestra

地理位置:位于古巴东南部,东起关塔那摩湾,西至克鲁斯角,长约250千米,宽约30千米。

地质特征:古巴岛过去曾与北美大陆相连,通过一条陆桥相互联络,后来断裂开来。马埃斯特腊山与美国加利福尼亚半岛上的内华达山脉地质构造基本相同。

基本地貌:由几条平行的山脉组成,沿古巴南部海滨自东向西延伸,主峰图尔基诺峰是古巴最高峰,海拔1974米。

气候特点:属亚热带气候,5月~10月为雨季,11月~4月为旱季。年平均温度为25℃,年均降雨量为1375毫米。

动植物分布:北坡森林密布,树木种类繁多,盛产雪松、热带松、西方松、加勒比松等,还出产桃花心木、黑檀等名贵木材。主要农作物有甘蔗、玉米、香蕉、水果等,还出产咖啡、可可、烟叶等。

游览须知:古巴有付小费的习惯,一般情况下每次给2美元~3美元即可。可携带价值2000美元的雪茄烟出境,但必须有发票,倘无发票只准带50支雪茄烟。

1956年11月25日凌晨,一艘破旧的“格拉玛”号游艇悄悄驶出墨西哥湾的图斯潘港,向古巴岛进发。船上坐着82名古巴远征军的成员,其中有一位是卡斯特罗,日后成了古巴共和国的总统;另一位是随队医生格瓦拉,日后被誉为古巴起义军中“最强劲的游击司令和游击大师”。当时古巴在巴蒂斯塔独裁政权的统治之下,卡斯特罗等人准备去掀起一场革命风暴,把古巴人民从水深火热中解救出来。

经过7天7夜的漂泊,他们终于到达了古巴东南部科洛腊多斯海滩一个叫贝利克的地方。不料想，他们刚一登陆，就遭到巴蒂斯塔政府军队的袭击，82 名远征队员有 70 人丧生，剩下的 12 个人在卡斯特罗的率领下侥幸冲出重围。他们白天躲藏，夜间行军，全凭着格瓦拉不算丰富的天文知识，经过几个月的艰难跋涉，终于转移到层峦叠嶂的马埃斯特腊山区，在这里创建了革命根据地。在马埃斯特腊山山民的支持下，游击队越打越强，貌似强大的巴蒂斯塔政府，最终被一群骑着骡子的浪漫主义英雄所推翻，建立起了今天的古巴人民共和国。

马埃斯特腊山作为古巴的革命圣地，其地位相当于中国的井冈山。它的名字也像井冈山一样，随着革命的成功而载入史册，并传遍了全世界。对于古巴人来说，还有一个意外的收获，那就是古巴雪茄因此红遍全球。卡斯特罗在马埃斯特腊山打游击时，曾留下一张手持雪茄的照片，人们通过这张照片认识了卡斯特罗的大胡子，也认识了伴随着战争硝烟点燃的古巴雪茄，仿佛古巴革命的胜利与这淡紫色的雪茄有些关系。其实，当年的情景并不像后人想象的那样轻松。1958 年 5 月，巴蒂斯塔政府派出 17 个营的兵力，围剿马埃斯特腊山中只有区区数百人的游击队，经过两个月的苦战，游击队才转危为安，那时候的卡斯特罗是没有心思品尝雪茄的香味，马埃斯特腊山物资奇缺，买不到卷烟，只好自己动手卷烟抽，顺便也能驱赶蚊子。而如今，雪茄已经成为古巴最受欢迎的出口商品。

马埃斯特腊山不仅是古巴共和国的摇篮，还是一座富有光荣革命传统的名山。这里的居民很少老实巴交的乡下汉，大部分是外来户，有的是逃避外国侵略者或

大庄园主的迫害，有的是不满本国的独裁统治，于是从各地迁来，聚集在马埃斯特腊山区。这样一种人群构成就使得这里很容易成为一个火药筒，溅来一点儿火星，就会发生爆炸。古巴历史上多次大规模的起义都发生在这里，那是毫不奇怪的。1868 年，爱国领袖卡洛斯·德斯佩德斯在马埃斯特腊山区的雅腊小镇上发表了著名的“雅腊宣言”，并且领导了历时 10 年的第一次古巴共和国独立战争。1895 年，第二次古巴共和国独立战争期间，古巴民族英雄何塞·马蒂从多米尼加率领远征军在马埃斯特腊山区附近的普拉依达斯登陆。1927 年，5000 多名当地山民举行武装暴动，反抗来这里霸占土地的美国人。卡斯特罗把这里选做根据地，应该说是一个极为明智之举，如果换了别处，古巴革命或许就会夭折。

卡斯特罗当年在马埃斯特腊山打游击时，把总部建在了图尔基诺峰。它是马埃斯特腊山脉的主峰，也是古巴的第一高度。山势巍峨，陡峭险峻，层峦叠嶂，风景奇美。山南坡是临海的断崖峭壁，这里有三座逼近海岸的山峰，沿海山麓遍布珊瑚礁，千姿百态的怪石耸立在岸边崖下，曲洞幽壑到处可见。一条条水流从峡谷中奔泻而下，形成了无数的急流、飞瀑、深潭。靠海一边的山脚处到处都是卵石滩，布满了五颜六色的石头，大小不一，光滑晶莹。它们都来自于山崖断壁，由水流冲击而来，当地人称之为“漂石”。随着海浪的轻轻拍打，漂石会发出奇异的声响。

如今的图尔基诺峰已经成为旅游胜地，游人们在这里可以欣赏到海天一色的壮阔景象，还可以体会小桥流水的精巧景致。沿着山坡走来，你会看到一座座天然的石室、石洞、石桥。石室浅而昏暗，但清凉幽静。石洞深而黝黑，对着它高喊一声，回声悠扬不绝，仿佛历尽沧桑的叹息。石桥跨越在一条条溪水之上，桥下流水潺潺，奔向远方，犹如一首舒缓的牧歌；而当溪流从高处跌落，变成悬在山间的一帘白纱，牧歌又变成了淡雅的水彩画。图尔基诺峰的风光自然无法与世界上那些名山大川相比，但在古巴岛上却是美景天成，无处可比。

作为旅游胜地，来图尔基诺峰的不光有普通人，也有大人物频频光顾，但他们来这里的目的不仅是观览如画的山地风光。卡斯特罗曾背着步枪和背包，带领 400 名年轻医生登上了图尔基诺峰，那是有象征意义的。格瓦拉的夫人阿莱达曾穿着橄榄绿的军服登上了图尔基诺峰，那也是有着某种象征意义的。卡斯特罗的弟弟劳尔在他 70 岁生日那天登上图尔基诺峰，一路上谈笑风生，还是有着某种象征意义的。

在巍峨绵延的马埃斯特腊山的怀抱里，还坐落着一座美丽的山城，它就是古巴的第二大城市圣地亚哥。走进市区，就走进了郁郁葱葱的山

Sierra Maestra

中。它西靠马埃斯特腊山，北临加勒比海的关塔那摩湾，一边是峻峭挺拔的山，一边是温柔多情的海，这山海相接的刚柔组合曾让横行于17世纪的加勒比海盗垂涎不已，而为了应付海盗的频频袭击，圣地亚哥人在沿海建起了一系列防御工事，还建起了著名的莫罗城堡。

每年的7月，古巴独有的狂欢节——火节就在圣地亚哥举行。整整一个星期，圣地亚哥全城人都沉浸在无比的欢乐之中，唱歌跳舞，不眠不休。选一个晴朗的夜晚，站到马埃斯特腊山上，不仅能看得见全城灯火辉煌，还能远眺到牙买加的灯光。你还可以到城外海拔1234米的圣胡安山顶上看一看，那里耸立着一块巨大的岩石，重7.5万吨，堪称世界一大奇景。

圣地亚哥是一座历史悠久的城市，早在1514年就有了一定规模，还成为古巴的第一个首都。圣地亚哥又是古巴的英雄城，古巴“祖国之父”卡洛斯·德斯佩德斯、民族英雄何塞·马蒂的墓地都在这里。圣地亚哥的狂欢节活动也与一段英勇悲壮的历史连在一起。1953年7月26日，26岁的卡斯特罗趁狂欢节敌人守卫松懈之机，率领100多名青年攻打位于圣地亚哥市区的蒙卡达兵营。这里是巴蒂斯塔政权的第二大军事要塞，守军有上千人，训练有素，装备精良，结局可想而知，许多战士惨遭杀害。但这看似胆大妄为的行动却打响了古巴革命的第一枪，拉开了古巴人民反独裁斗争的序幕。古巴革命胜利后，蒙卡达兵营被改为“7.26”学校城，并在学校城的一侧建起了一座纪念馆。在这个纪念馆中，游人可以看到“格拉玛”号游艇的模型。当年，在这艘只供十几人游憩的艇上，竟挤了82个人，而最后幸存下来的12个人，居然靠着不起眼的山地游击战，解放了古巴全岛。

从蒙卡达兵营到“格拉玛”号游艇，再到马埃斯特腊山，这条路上不仅印上了卡斯特罗个人的足迹，也印上了一部现代的革命传奇。

挺进雪岭绝域

向往

最高最美的境界

澳洲

南极洲

Puncak Jaya

查亚峰

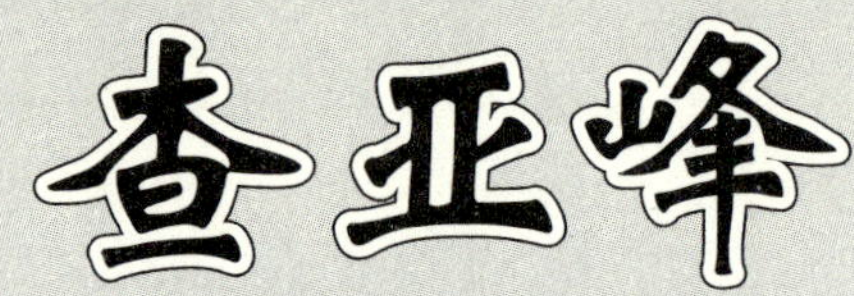

大洋洲的最高峰
地球上岛屿中最高的山峰
攀登难度很大

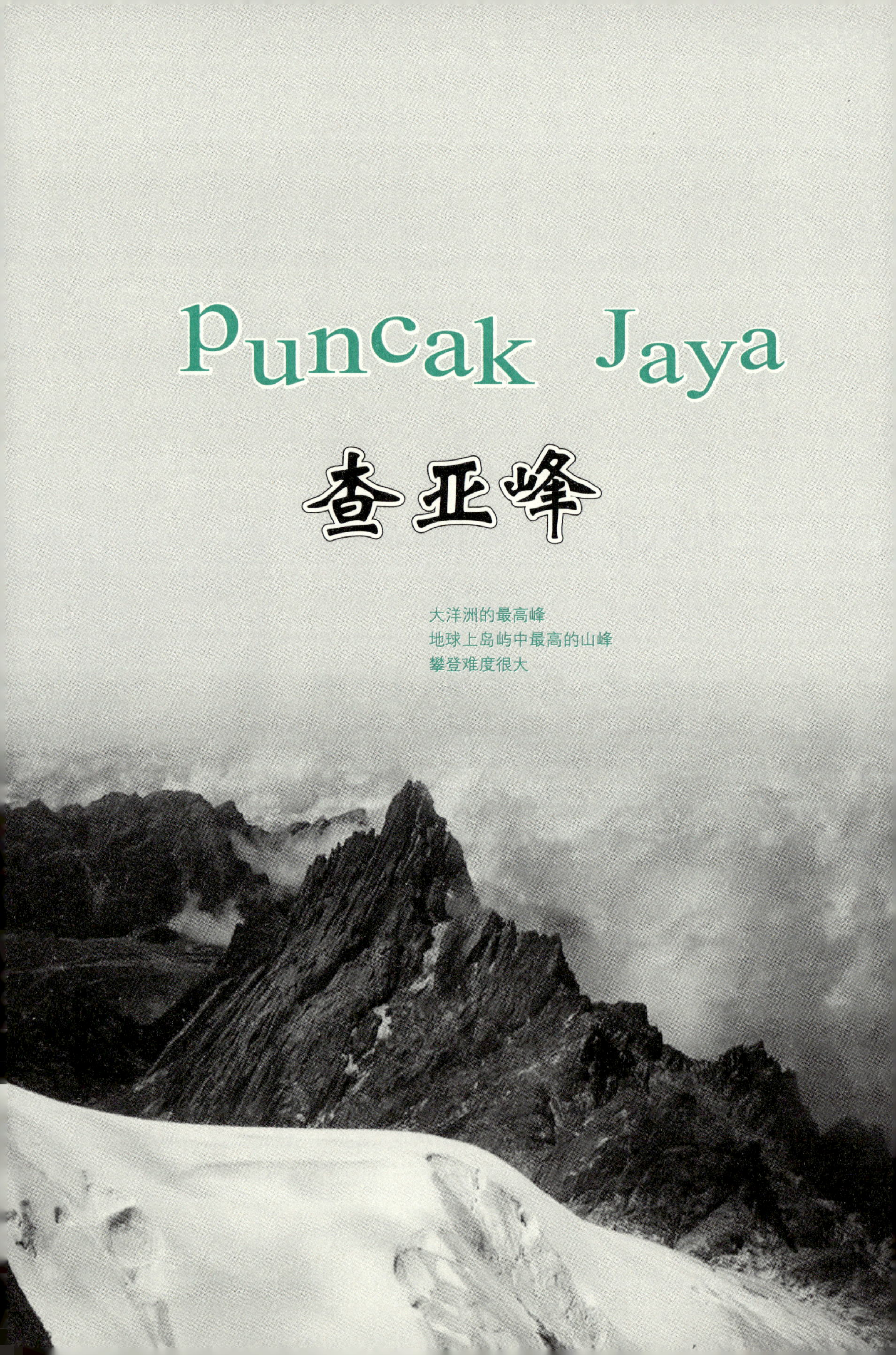

Puncak Jaya

若把查亚峰放到喜马拉雅山脉中,它就会变成一个默默无闻的小山包,而仗着独特的地利,它昂扬地进入了世界名山的行列。

查亚峰所在的地方是新几内亚岛,于是它就有幸成为地球上所有岛屿中最高的山峰。在地理上新几内亚岛属于大洋洲,而大洋洲很少高山峻岭,于是它就有幸成为地球七大洲的最高峰之一。不过,围绕着查亚峰的名头还是存在着不少争议。一般地图上查亚峰标高为 5030 米,但专业杂志上其标高为 4862 米。如果真是这样的话,大洋洲第一高峰的桂冠就得戴到海拔 4884 米的皮拉希多峰头上。由于政治统属的关系,新几内亚岛的西部归印度尼西亚,查亚峰位于印尼境内,而印尼是个亚洲国家,所以有人认为应该把它划到亚洲。另外,由于查亚峰不对外开放,一般人很难接近,很多登山者都选择澳洲大陆上的科西阿斯科山作为大洋洲的最高峰来攀登。时间一长,就好像大洋洲出了两个最高峰。

要想攀登查亚峰,就得到新几内亚岛上去,印度尼西亚人称它为伊里安岛。查亚峰曾叫卡斯腾兹峰、苏加诺峰,当地人还称它为恩加巴鲁峰,现名查亚峰,意为“伟大(之)峰”。1962 年,一个叫希里查·汉里的人首次登上了这座山峰,他还写了一本书,名叫《我来自石器时代》。在这本书中,他不仅介绍了自己攀登查亚峰的经历,还描述了他和达尼人生活在一起的经历。伊里安岛上的少数民族很多,其中最有名的就是达尼人,他们的生活方式至今还停留在石器时代,身上几乎一丝不挂,男人在身上挂一个葫芦,女人围着草裙。和穿着现代服装的人站在一起,他们毫无忸怩之态。对于登山者来说,攀登查亚峰相当于到一个

地理位置:位于新几内亚岛中西部,属印度尼西亚,为苏迪尔曼山脉的主峰。

地质特征:属年轻的造山带,但由于受到强烈的切割和剥蚀,在均衡作用的直接影响下,使之成为大洋洲的最高峰。

基本地貌:海拔 5030 米,峰顶终年冰雪覆盖,呈锥形。

气候特点:属热带雨林气候,高温多雨,山下温度一般都在 27℃左右。但因受季风影响,1 月~4 月西北风盛行,5 月~8 月在东南信风控制之下。年降水量约为 2500 毫米左右。

动植物分布:植物种类繁多,森林茂密,四季常青,其中攀缘植物特别茂盛。在海拔 3500 米以上的高山地区生长有蕨类、高山草甸乃至苔藓地衣之类的寒温带植物。珍贵的野生动物有袋鼠、袋熊等。

游览须知:在一般情况下,这座山不对旅行者开放。登山队需要得到印度尼西亚军方、安全局、警察局、文化体育部等多个部门的批准下才能成行。

未知的地带探险，而最大的收获之一就是回归石器时代的珍贵见闻，这座遥远的高山由此而增加了巨大的吸引力。

经常攀登高山的人，都积累起了在冰雪上行走的经验，而查亚峰坐落在赤道附近，山上虽然有冰雪覆盖，但非常松软，手碰上去就会化掉，与坚硬的冰雪相比，潜藏着更大的危险。攀登高山还要注意防止冻伤，而查亚峰上气温很高，炎热而潮湿，滋生了很多蚊虫，什么皮肤病、肠胃病、热带疾病都成了这里的常见病。要登山，先防病，成了攀登查亚峰的一大特色。

查亚峰上到处都能看到裸露的岩石，对于攀岩爱好者来说，这座奇美的岩石山会给他们提供一个施展身手的大好舞台。这里的灰岩经雨水冲刷后，形成了数不清的条、洞、棱，全能用来作为攀爬的支点。灰岩中还含有丰富的石英，它们裸露出来，摩擦力很大，无论是脚踏上去，还是手摸上去，感觉都很牢固。

查亚峰山势陡峭，攀登难度很大，即使经过专门训练的人，也不一定爬得上去。第一个难关是一条 20 米宽的裂缝，下边深不见底。要想跨越这个裂缝，只有先顺着它的一侧下到裂缝里边，两边的距离逐渐变窄，有一处只有两米多宽，从这里可以跳过去。跳的时候不能往下看，那样会丧失跳的勇气，但又不能闭着眼睛跳，因为对面立脚之地很小，必须抓住旁边的岩石才行。

攀登查亚峰的第二个难关是一段长 50 余米的直壁，类似珠穆朗玛峰北侧最难攀登的“第二台阶”，人的身体要倾斜 80 度横着移动，每挪动一步都充满了凶险，需要互相保护才过得去。有一次，一支欧洲登山队来到这里，结果只有一半人爬上去了，另一半人无功而返。

爬上这段直壁，沿着起伏的山脊走过去，就能顺利到达顶峰。相比之下，这段路要好走一些，但必须仔细辨认，不然就找不到顶峰在哪里。这里的一条条山脊都很相似，无数个石尖无规则地竖立着，犬牙交错地一层层垒起一个个山头，并排屹立在山脊上，很难确定究竟哪一个才是查亚峰的真正顶峰。好在它们彼此离得不远，相距只有十几米，找错了可以再重找。

登顶成功总是能让人激动万分，热泪盈眶是常有的事情，但立在靠近顶峰的一块金属纪念板，却在随时提醒着人们，登顶只是成功的一半，只有安全下撤了才叫成功。那是 1981 年，印尼“玛巴拉俱乐部”的一个成员登上查亚峰后，从山顶顺着索具往下滑，一不小心坠下了山崖。那块金属纪念板就是为了纪念这个不幸事件而立，同时也给后来者以提醒。在经过那块金属纪念板踏上回程时，所有的人都会更加小心翼翼。登顶只意味着攀登全程的一半，这是所有登山者的共识。

走过了最危险的地段，紧张的心情放松下来，你可以留意寻找一种灰白色的絮状花朵，它生长在查亚峰的山麓，是印度尼西亚的稀有植物，当地人叫它“永不凋零之花”。从外表上看，这种花儿没有什么惊人之处，却受到了登山者的钟爱，大概是因为它顽强的生命力鼓舞了登山者，永远满怀信心地去冲击下一个目标。

Puncak Jaya